三峡文旅研究丛书

三峡文旅研究
SANXIA WENLÜ YANJIU
（2024）

梅继开 主编

旅游教育出版社

《三峡文旅研究丛书》编委会

组织编写单位：三峡旅游职业技术学院
　　　　　　　宜昌市教育局
　　　　　　　宜昌市文化和旅游局
协助编写单位：宜昌文化旅游职业教育联盟
　　　　　　　宜昌市三峡茶文化研究会
主　　任：梅继开
副 主 任：朱昌林　石希峰　柏　松
委　　员：熊　杰　张耀武　杨德芹　王长勇　朱晓培　郑涛涛
　　　　　苟幼松　张丽利　陈　凌

《三峡文旅研究（2024）》编委会

主　　　编：梅继开
副 主 编：朱昌林　石希峰　柏　松
执 行 主 编：张耀武　杨德芹
执行副主编：陈湘江　董群梅

序　言

"要繁荣发展文化事业和文化产业，创新实施文化惠民工程，大力推进文化数字化，让社会主义先进文化为经济发展增动能增效益、为旅游休闲增内涵增魅力、为城乡社会增正气增活力。"2024年5月习近平总书记的这个重要论述，为新时代文化与旅游研究指明了方向。三峡旅游职业技术学院文旅研究特色鲜明，曾荣获"中国旅游职业教育优秀院校""全省旅游管理类高等院校人才培养突出贡献奖"。学校立足"宜荆荆恩"，辐射长江三峡流域，为服务区域经济社会高质量发展贡献积极力量，编辑出版《三峡文旅研究丛书》恰逢其时。

《三峡文旅研究丛书》以习近平新时代中国特色社会主义思想为指导，深入学习贯彻习近平文化思想的核心要义、精神实质、丰富内涵和实践要求，以科教融通推动职业教育高质量发展，产教融合实现优质教育资源共享，以教育数字化推动教育转型，以教育发展服务人的全面发展。

《三峡文旅研究（2024）》主题为宜昌三峡"建设世界级旅游目的地"，主要涉及文旅融合、文旅教育、文化传承与发展、旅游经济与开发等板块，主要特色有以下三个方面。一是研究领域垂直，地域特色突出。选题紧密围绕宜昌文旅发展，深度挖掘宜昌地区的文旅资源。选题内容具有较高的学术价值，能够吸引广大读者对宜昌地区文旅产业的兴趣和关注，突出宜昌特色、湖北特色、三峡特色。二是论点新颖，学术内涵有深度。本书集合众多专家学者的研究成果，他们深厚的学术背景和丰富的实践经验使得本书传达的观点具有前瞻性和创新性，能够为读者提供全新的视角和思路。三是主题鲜明，本书立足宜昌文旅产业谋创新。本书包含对宜昌地区文旅产业发展现状和未来趋势的分析，还融入可操作性的建议和对策，对推动宜昌地区文化旅游融合发展具有重要意义。

《三峡文旅研究丛书》也将与宜昌文化旅游职业教育共进共促，并将助力三峡旅游职业技术学院社科普及基地建设质量提升，更将助力学校充分发挥专业和智力优势，发挥文旅新业态智库作用，对区域经济发展和宜昌建设长江大保护典范城市发挥积极作用。

全国第六届黄炎培职业教育杰出校长

三峡旅游职业技术学院党委书记、校长

梅继开

2024 年 12 月 18 日

目录

三峡文旅融合

宜昌文化旅游职业教育联盟协同育人机制优化策略研究
………………………………………………………………梅继开 2
新时代文化和旅游融合发展现状分析研究……………刘涛涛 8
宜昌体育旅游高质量发展内涵、困境与路径‥程 锟 孔雨欣 15
文化和旅游融合发展趋势分析
——以湖北省宜昌市为例………………………………艾维维 24
宜昌文旅融合发展的对策研究……………………………胡 莹 33
信义文化融入当阳市研学旅游的价值与实践路径研究
………………………………………李 想 黄 华 马乐夷 43

三峡文旅教育

为世界级旅游目的地城市建设贡献教育力量
——宜昌市文旅人才培养情况调研报告………………石希峰 60
现代旅游产业变迁与旅游职业教育数字化变革…………陈菁华 66
数字化背景下营销类专业课程体系建设的实施路径研究
………………………………………………………………吴 婧 82
研学旅游背景下研学旅游指导师研究文献综述
………………………………………………邓 月 田粟一 89

宜昌学前教育与托育服务产教联盟建设研究
………………………………… 王艺博　高婧雯　郭琴剑　94

"新双高"背景下高职学前教育专业群课程建设探索
………………………………… 杨　洋　范博文　邓　凡　109

飞机机电设备维修专业"双师型"教师团队建设研究
………………………………………………… 董群梅　118

中高职学前教育专业核心课程衔接问题分析及对策研究
………………………………………… 王　玥　云晶晶　123

文化传承与发展

黄牛开峡文化的内涵生成、价值意蕴与传承路径 …… 田粟一　136
论宜红古茶道与荆楚文化的协同发展 ……………… 钟爱平　143
试论中华饮食文化的分期及其基本特征 …… 王　岳　倪姝伟　151
数字技术赋能屈原文化"两创"的路径研究
………………………………………… 刘俞君　赵晓芸　159
从三峡人家到世界舞台：非遗文化在高职英语教学中的价值
与融合路径 …………………………… 范博文　杨　洋　166

旅游经济与开发

复苏元年旅游业发展十大演进趋势 ………………… 阚如良　174
空气负离子在自然景观旅游开发中的应用与管理策略
………………………………… 刘丰亮　王　宇　商庆坤　180
加强"宜昌宜红"区域公共品牌推广的实践路径研究
………………………………………………… 蒋　洁　187
新质生产力助力中小景区发展路径研究 …………… 郑雪霏　191

宜昌民宿产业发展研究
………………………易红燕　云晶晶　周任重　孟小琴　198
电子商务在现代旅游市场营销中的应用………………吴　倩　210

茶与茶文化

传统文化视角的茶义引申与特殊义群生成
………………………………龚永新　张耀武　黄啟亮　216
茶疗茶养………………………………………高小芹　陈　明　225
茶产业助力宜昌乡村振兴发展研究…………景振华　陈　明　231
宜昌茶俗漫谈…………………………………………何宏江　241
茶叶的中国与世界源流…………………………………楚　庄　247
民俗茶艺创编初探
——以创新茶艺《梦回清江》为例…………闫雅琪　王安琪　258

三峡文旅融合

宜昌文化旅游职业教育联盟协同育人机制优化策略研究

◎梅继开

摘　要：文化旅游是宜昌"3+2"主导产业之一。本文旨在探索宜昌文化旅游职业教育联盟（以下简称"联盟"）协同育人机制优化策略，为世界级旅游目的地城市建设提供人才支撑和智力支持。本文简单阐述了联盟的组建过程、组织结构以及运行模式；总结了其在优化专业设置、人才培养、服务发展等方面取得的积极成效及面临的挑战；针对性提出了强化政府统筹指导，构建多元主体协同育人模式；完善产教对接机制，营造产教融合良好发展氛围；持续强化内涵建设，提升文旅人才培养质量等优化策略。

关键词：职教联盟；产教融合；文化旅游；协同育人；宜昌文化旅游职业教育联盟

一、引言

文化旅游是富民产业、朝阳产业，也是拉动内需、促进就业、增加收入、活跃市场的重要力量。文化旅游是宜昌"3+2"主导产业之一。做强做大文旅产业是提升宜昌城市品质和国际知名度的重要路径，也是推动新旧动能转换的重要引擎。随着三峡水运新通道等国家重大战略工程的加快启动，和沿江高铁、呼南高铁等重大交通基础设施项目的加速推进，宜昌文旅业发展迎来新的机遇，建设世界级旅游目的地城市的宏伟目标未来可期、大有可为。世界级旅游目的地城市建设离不开职业教育人才支撑和智力支持。宜昌文化旅游职业教育联盟作为区域文旅产教融合的重要载体和平台，其协同管理的效率直接影响教育质量与产业服务能力[1]。联盟在培养高素质技术技能人才、推进旅游业全面提质转型中发挥着不可或缺的作用。因此进一步优化联盟协同育人机制，提高人才供给水平，为加快世界级旅游目的地城市建设提供人才支撑和智力支持，具有重大意义。

二、联盟基本情况

（一）组建过程

联盟于2020年11月18日正式成立。其响应国家深化产教融合、校企合作的政策号召，旨在整合区域内文化旅游教育资源，提升职业教育服务地方经济社会发展的能力。联盟由宜昌市教育局、市文化和旅游局共同指导，三峡旅游职业技术学院作为理事长单位，联合中高职学校、行业企业及研究机构，共同搭建了一个集人才培养、技术创新、社会服务于一体的交流平台。

（二）组织结构

联盟的组织结构包括理事会、秘书处和多个专业委员会。理事会由理事长单位、副理事长单位和各成员代表组成，负责决策联盟的重大事项。秘书处设在三峡旅游职业技术学院，负责日常运营和协调工作。专业委员会则根据联盟内各成员的专业特色和行业需求设立，如旅游管理、酒店服务、导游服务等，以推动专业领域的深度合作和资源共享。

（三）运行模式

联盟运行模式采取"政府引导、学校主体、企业参与、社会支持"的模式。政府提供政策引导和资源协调，学校作为教学主体，企业深度参与人才培养方案设计和实践环节，社会力量则通过提供实习岗位、项目合作等方式支持联盟发展。联盟成员通过定期的联席会议和专项工作小组会议，共同讨论和制定合作策略，共享资源，解决实际问题，实现了教育链、产业链、创新链的深度融合。

三、联盟协同育人成效

联盟自成立以来，始终坚持文旅教育和文旅产业的对接，聚焦产教融合，为宜昌输送了大量的高素质技术技能型文旅人才，在协同育人、推动区域文旅产业发展方面取得了积极成效。

（一）对接产业需求，优化专业设置

联盟的成员单位中共有 13 所职业院校开设与文化旅游相关的大类专业，其中，高职院校 2 所，中职学校 11 所。成员院校均积极对接文化旅游产业发展需求，优化专业布局，培养高素质技术技能型文旅人才，为加快建设世界级旅游目的地城市助力赋能。成员职业院校开设文化艺术、旅游大类专业 30 个，在校生 7663 人。其中，高职专业 18 个，中职专业 12 个。联盟已基本形成以中职为基础、以高职为主体的文旅人才培养职教体系。联盟理事长单位开设文旅专业 19 个，覆盖了文旅全产业链，并且与开设文化旅游类专业的中职学校联合开展文旅类专业"3+2"中高职贯通培养。

（二）聚焦人才培养，深化校企合作

联盟成员单位在资源共享、实训基地共建、一体化人才培养改革、"双师型"教师队伍建设等方面开展了一系列合作。理事长单位牵头区域中高职贯通培养和联盟文化旅游专业建设工作，统筹联盟成员签订中高职一体化"校校企"贯通培养协议。联盟内中高职学校与旅游行业企业深度合作，共建文旅产业相关产业学院 8 个，共建实习实训基地 240 余家，共同开发紧密结合生产实际的实训教材，建设新型活页式、工作手册式教材 30 余本，并配套开发信息化资源 200 多个，开发在线精品课程 40 门，在一定程度上实现了教学资源共建共享。联盟成员单位共建双元育人的双导师队伍，建立了行业企业导师库。

（三）发挥平台优势，服务行业发展

联盟高质量承办了 2024 年湖北省职业院校技能大赛酒店服务、研学旅行、导游服务等赛项，以及"宜荆荆"都市圈中职技能大赛、宜昌特色美食制作职业技能竞赛等文旅赛事 50 余项，促进了行业技能人才培育，彰显了联盟的凝聚力和影响力。联盟成员单位年均为区域文旅产业输送岗位实习学生 2000 余人，高职单位本地就业率达 40.57%。

四、联盟协同育人机制面临的挑战

联盟在协同育人、服务发展方面虽然取得了一定成绩，但依然面临着一些问题与挑战。

（一）联盟成员主体利益诉求不一，合作关系不深入

校企协同育人模式可以有效地弥补传统教育模式在应对实际需求上的不足，为

学生提供真实的应用平台，同时也为企业创造了直接参与人才培养的机会[2]。联盟院校成员单位文旅人才培养具有系统性、长期性、持续性与衔接性，而企业作为营利性组织机构，更期望短期内能获得具有一定实践经验的技能人才。笔者在调研过程中发现，诸多文旅企业仅希望在旅游旺季使用学校的实习学生解决当下的用人缺口问题，淡季既不想承担人才培养责任，也不想介入学校的人才培养工作。企业运行营利性的价值与人才培养的长期性冲突使得主体间的价值认同观念难以形成，以至于校企双方的合作难以深入。

（二）行业激励政策供给不足，企业育人积极性不高

宜昌是湖北省产教融合试点城市，市政府印发了《关于进一步推进职业教育发展的意见》，完善了政府统筹推进、部门分工合作、社会广泛参与的工作格局，并出台了《职业院校订单班考核办法》，大力推行人才定制培养，对于和企业开展订单班的职业院校予以每班 1 万元的奖励，但对企业无相关激励措施。这导致企业和行业缺乏参与产教融合、协同育人的积极性和主动性不高。

（三）联盟活动组织形式单一，供求难以有效对接

宜昌市文化和旅游职业教育联盟作为宜昌市文旅产教融合的主要载体，成员单位有 120 余家，旨在打造"共建、共享、共赢、共长"合作发展平台。但是在实际运作过程中发现，政校行企合作关系的构建缺乏内在凝聚力，要素整合度不足，企业之间看似相互联系，但实际自主性较高，在协调时阻力较大。联盟发挥的平台和桥梁作用有限，年均组织 1~2 次活动，基本是联盟的年会，很难通过联盟促进产教、供需双方的有效对接。

五、联盟协同育人机制优化策略

针对文旅职教联盟在协同育人机制建设中遇到的痛点及难点，联盟可从以下几个方面进行探索，不断优化协同育人机制，提升人才培养质量。

（一）强化政府统筹指导，构建多元主体协同育人模式

文化旅游作为宜昌市的主导产业之一，亟须教育、文旅等部门高位统筹、加强协作，构建多元主体协同育人模式，力争解决产教融合建设的利益相关者之间关系诉求不一、合作不深的问题，进一步把握职业院校学生和文旅企业双方的共同利益诉求，激发校企合作双方的内在驱动力，构建长期稳固的合作关系。相关部门要开发市级产教融合智慧服务平台，推动产教信息对接、精准服务、专业运营、高效融

合、数据共享，促进旅游人才培养与产业人才需求更为精准地对接与融合，不断提升文旅人才的培养质量。

（二）完善产教对接机制，营造产教融合良好发展氛围

构建校企协同育人模式成为教育发展的必然趋势[3]。要持续深化长效机制，完善政府统筹推进、部门分工合作、社会广泛参与的工作格局。要优化宜昌市文旅职业教育联盟的长效运行机制，建立职业教育产教融合部门联席会议制度，健全常态化的校企对接工作机制。完善"1（职教联盟）+1（高职学院）+N（中职学校）+N（行业企业）"中高职贯通培养、校企双主体育人的人才培养模式。紧紧依托宜昌在旅游业高质量发展方面的区域优势和在旅游教育领域的良好基础，促进文旅产业和文旅人才的对接，营造良好的产教融合发展氛围。

（三）持续强化内涵建设，提升文旅人才培养质量

近年来，康养度假、文化体验、乡村休闲、研学科普、数字旅游等新业态为文旅人才培养提供了新方向。随着AR、VR、智能互动等科技手段的应用，沉浸式文旅迎来快速发展期，发展文旅行业的新质生产力也对职业院校的文旅人才培养提出了新的挑战。联盟应进一步对接文旅产业发展需求、产业技术及职业岗位能力需求，在人才培养定位、教学内容、培养方式等方面作出新的变革，挖掘文旅高素质技术技能人才培养的新内涵。要始终围绕立德树人的根本任务，优化专业布局，提升关键办学能力，推动职业教育"五金"新基建，引导院校加快对文旅产业应用型、复合型、专业型人才的培养，鼓励企业联合院校开展专项人才订单班培养。促进康养文旅、研学旅游、红色旅游、智慧旅游等人才的数量和质量的提升。

六、结语

文旅产业发展离不开职业教育的支撑，职业教育的发展也离不开文旅产业的引领。宜昌文化旅游职业教育联盟作为宜昌文旅人才培养的主阵地，在推动宜昌文旅产业发展中发挥了不可或缺的作用。联盟在协同育人过程中取得了积极成效，但也存在一定的问题。只有在培养模式创新、对接机制完善、内涵建设加强等方面不断努力，才能推进旅游业的全面提质转型，为打造世界级旅游目的地城市贡献职教力量。

《教育强国建设规划纲要（2024—2035）》中强调，要建设产教融合的职业教育体系。宜昌文化旅游职业教育要加快发展，就要对接"一体两翼五重点"现代职教体系建设改革的重点任务，打造跨区域文旅行业的产教融合共同体，并且在此基础上在对标世界级旅游目的地要求、打造区域文旅产教融合范式、服务宜昌文旅产业高质量发展等方面需进一步发挥作用，这是联盟协同育人工作的重中之重。

⊙ 参考文献

[1] 李鹏，石伟平. 中国职业教育类型化改革的政策理想与行动路径——《国家职业教育改革实施方案》的内容分析与实施展望[J]. 高校教育管理，2020，14（1）：106-114.

[2] 李永旭. 校企协同育人动力机制优化与创新研究——以艺术设计专业为例[J]. 知识文库，2024，40（17）：107-110.

[3] 卢涵，张香美，张敬轩，等. 食品类专业校企协同育人路径优化及保障机制探索[J]. 创新创业理论研究与实践，2022，5（12）：141-143.

● 作者简介

梅继开，男，三峡旅游职业技术学院党委书记、校长，教授，主要研究方向为职业教育。

新时代文化和旅游融合发展现状分析研究[①]

◎ 刘涛涛

摘　要：在文化产业日益繁荣的时代背景下，积极推动文化产业和旅游产业紧密融合，既能够促进产业本身的繁荣与发展，还能够更好地推动产业迭代、国民经济发展和人民生活幸福。我国自文化和旅游部门合并以来，文化和旅游融合发展的深度和广度不断加强，各类新兴文旅项目不断涌现。本文梳理了国家层面文旅融合的相关政策，综述了当前文旅融合研究理论的进展，对新时代我国文旅融合现状进行了总结，并提出文旅融合发展的机遇和挑战。

关键词：新时代；文旅融合；现状；分析

文旅融合即文化产业和旅游业融合发展，通过统筹文化事业、文化产业发展和旅游资源开发，进一步满足新时代人民群众对美好生活的向往和精神文化的需求，综合提升国家的文化软实力和经济发展水平。随着文化和旅游部的成立，我国文旅融合进入崭新的发展阶段。从国家政策层面到旅游企业经营层面，从专家学者到普通百姓，文旅融合在理念上和行动上都受到重点关注。

一、国家层面文旅融合相关政策分析

2009年，原文化部与国家旅游局联合发布《关于促进文化与旅游结合发展的指

[①] 基金项目：中国职业技术教育学会智慧文旅职业教育专业委员会2023年度文化和旅游深度融合研究课题阶段性研究成果之一。

导意见》，首次对文化与旅游的关系进行表述，提出要促进文化和旅游的融合，开创文化旅游工作的新局面。2012年，《国家"十二五"时期文化改革发展规划纲要》指出要加快发展文化产业，积极发展文化旅游。2014年，国务院出台《关于推进文化创意和设计服务与相关产业融合发展的若干意见》。2016年12月，国务院出台《"十三五"旅游业发展规划》，着重提出文化旅游和旅游文化的发展。2018年3月，文化和旅游部及各地文化和旅游局的组建，加强了文旅融合发展的行政体制保障。2019年5月，文化和旅游部出台的《文化和旅游规划管理办法》，是文旅产业融合发展的纲领性文件。2019年10月，完善文化和旅游融合发展体制机制被写入中共中央推进国家治理体系和治理能力现代化议程。2019年6月以来，中共中央办公厅和国务院办公厅相继出台《关于建立以国家公园为主体的自然保护地体系的指导意见》《关于进一步激发文化和旅游消费潜力的意见》《长城、大运河、长征国家文化公园建设方案》，建设文旅融合区等四大主体功能区。2021年4月，文化和旅游部出台《"十四五"文化和旅游发展规划》，强调要推动文化和旅游市场融合发展。2021年8月，党中央等多部门出台《关于进一步推动文化文物单位文化创意产品开发的若干措施》。2021年12月，国务院出台《"十四五"旅游业发展规划》，重点强调文化和旅游融合发展的重点任务、目标、内容和途径。

文旅融合从顶层设计了结合、整合到融合的整体发展思路，相关政策为文化与旅游产业的具体实践指出了政府推动、市场推广、产业融合、项目开发等四方面的实施路径。文化和旅游部独立出台以及其他国家部委出台的政策文件，进一步推进文化和旅游产业在各种层次、领域上协调发展和融合发展，形成了良好的政策扶持和推进的环境。

在国务院、文化和旅游部及有关部委等相关文旅政策的保障下，文化旅游精品项目增多，优质品牌增强，文化旅游新业态不断出现，文旅项目开发水平和质量快速提升，文化旅游服务设计更加注重创意和特色创新，特色文化旅游景区大量涌现，我国文化旅游产业融合发展呈现出喜人态势。

二、新时代文旅融合发展理论研究概述

近年来，旅游等研究者从不同角度对文旅融合理论与实践展开研究，并取得了丰富的研究成果。通过中国知网以"文旅融合"为主题进行综合搜索，截至2023年8月21日，共有学术期刊刊发论文4849篇，学位论文410篇，会议论文183篇。

特别是2018年文化和旅游部成立后，文化产业和旅游产业融合的研究成果数量呈现抬升式增长，以文旅融合为立足点的研究成果丰富而又全面。根据研究主题，关于旅游产业、公共图书馆、乡村振兴和乡村旅游、融合发展路径以及地方实证研究等方面的研究论文相对集中。

王昕认为文旅融合发展主要是为实现两个领域的转型提升，一方面可以促进文化自信建立，以文化带动旅游产业的发展；另一方面又可以提升旅游产业经济增长，以旅游促进文化的消费。厉新建和宋昌耀从产品供给、市场需求、融合环境等方面解读了文化和旅游融合高质量发展的逻辑框架，研究得出文化和旅游高质量发展需要三大创新机制：推动文化旅游融合的要素供给创新机制、市场主体建设创新机制和资源保护创新机制。范周（2019）认为文化和旅游融合是一种思路、发展理念，但不是在旅游活动中加入某些简单的文化元素，也不是文化资源旅游产业化的单纯发展目标，更不是此消彼长、消融解构的产业间关系。侯兵等（2020）指出高质量发展背景下，更应该注重文化和旅游产业融合的成效问题。吴倩、邢希希等（2020）认为旅游产品开发需要文化产业的创意思维去丰富产品的内容和类型，而文化的传播可以依托旅游产业发展去扩大营销途径，文化和旅游产业在产品特性、目标导向、价值体现等方面也存在相似性。张祝平（2021）研究指出文化和旅游融合有利于提升产业综合实力、促进创新发展、产业升级转型，核心目标在于实现文化产业和旅游产业各资源要素的互换和整合。燕玉霞（2021）认为，文旅融合也可以从不同的文化产业和旅游产业融合构成多元化产业，如中国的红色文化旅游、工业文明旅游、农村文明旅游等。要想真正促进文旅发展，并充分发挥文旅融合的潜在深远影响，可以将文化产业与食、住、行、游、购、娱六大板块相关的旅游产业相融合。戴斌（2021）从经济、文化属性和产业、事业特征出发，对文化和旅游进行分析，提出从需求侧定义的旅游企业将代替从供给侧定义的旅游企业。厉新建和宋昌耀（2022）针对我国文化和旅游的"十四五"相关规划，为进一步夯实发展基础，围绕高质量文旅融合进行了学术和实践的再思考、再探索。研究指出高质量文旅融合发展路径主要有资源组合、产品整合、渠道结合和体制磨合。

通过分析以上典型研究文献，可见我国学者主要从文旅融合的概念、内涵、机制和途径以及文旅融合区域实证方面展开了研究。研究主要从产业融合的层面分析，在全面性和深入性上相对不够完善。

三、我国文旅融合发展现状总结及问题分析

（一）文旅融合丰富了旅游新场景

《2022年上半年全国文化消费数据报告》指出，超过90%的受访者表示会在旅游中进行文化体验，文化体验已成为旅游消费的重要组成部分。游客的文化体验内容包括文化场馆参观（29.6%）、打卡文艺小资目的地（46.1%）、看剧观展（47.9%）、演艺/节事（31.1%）、民俗体验（16.1%）等。文创产品在景区等地遍地开花。专项调研数据显示，在2022年上半年文化消费支出中，以文创为代表的购物占比达55%。

文旅融合不仅带来了品类丰富的旅游场景，满足了游客休闲愉悦和对地方文化感知的需求，而且为地方文化的传承和发展，搭建了创新性、活力性发展空间。我国不少旅游景区加强规划策划，提档升级，开发文旅融合体验项目，为游客打造全新的旅游体验和服务。承载着独特地方文化、创意设计、现代运营理念的文化休闲空间如雨后春笋，显著增强了新消费群体的获得感。同时，繁华的夜经济、夜旅游已成为旅游目的地夜间消费市场不可或缺的部分，如喜庆红火的西安年、故宫的上元之夜等一系列夜游项目引爆市场。

旅游产业的多元和跨界融合，能够将旅游产业与其他产业进行融合交叉，相互渗透，从而形成新的文旅项目体系，发挥消费的马车拉动效应，有利于传统产业的提质增效和转型升级。

（二）文旅市场呈现细分新赛道

当下旅游市场赛道开始细分，文旅项目的专业化、精细化、精准化分工更为明显。近距离城市近郊微度假、旅游去旅行社化、大型酒店摘星转型突围，亲子游、研学游、乡村度假旅游、康养旅游方兴未艾，呈现出文旅市场细分、细化的态势。我国多数热门旅游景点、线路行程都大同小异，随着个性化、差异化的消费需求凸显利好，一线城市的主题游、定制游持续增长，内容为王、体验为王，细分市场成为新风口。

中国目前共有3类新兴消费客群呈现新的消费意愿。第一类是Z世代消费客群。Z世代是伴随互联网发展而长大的一代。第二类是银发族消费客群。据报告，"十四五"时期我国60岁及以上老年人口总量将突破3亿，占比将超过20%，我国将进入中度老龄化阶段。携程发布的《银发族出游趋势洞察》显示，以"50后""60后"为突出代表的老年群体表现出强劲的消费需求。第三类是新女性消费

客群。携程《她旅途》消费报告显示，超六成的家庭旅行度假是由女性主导，无论是选择目的地、制定预算还是安排行程，女性都扮演着关键的主导角色。

（三）沉浸式文旅业态成为新风尚

我国文旅项目从最初的观光游览发展为主题娱乐，现在开始向沉浸式互动体验发展。文旅行业正在逐步从新奇转为体验，进而转到沉浸式开发，吸引越来越多的青年群体，愿意进行文化旅游和消费。沉浸式场景撩拨心弦，触发心底情感，使游客全身心参与、参与感强、互动性强、体验性好的沉浸式体验成为备受瞩目的文旅新业态。沉浸式主题公园、沉浸式景区、沉浸式演艺、沉浸式文旅综合体、沉浸式商业场景等新业态不断涌现，呈火爆发展态势。西安长安十二时辰主题街区开业一年来，累计接待游客量超过200万人次。沉浸式剧本娱乐行业、沉浸式电影潮玩、多元化沉浸式剧情体验主题娱乐场馆、全景式全沉浸戏剧主题公园等文旅项目在全国百花齐放。

（四）文旅产品供给与市场需求不甚匹配

虽然市场上出现了诸如网红文创产品、特色小镇、特色村落、特色街区，但在个性特征方面的创新不多，粗放化的仿制文旅项目不在少数。部分旅游景区缺少特色内容体验，自然人文美景突出，场景体验和内容打造少，观光型多、休闲体验型少。我国夜间文旅消费和业态相似度高，个性特征少，顺应夜间文旅消费需求的项目数量不多，开展夜游服务的景点不多，夜间文化休闲消费项目形式较为单一。商业休闲景区化等跨界融合项目比较少，例如"商业＋体育＋文化"特色商圈、"冰雪＋"产业发展、营地、骑行等新型项目不足。从我国"双减"政策大力推行以来，研学旅游及亲子旅游的需求开始释放。但是现实中，研学旅游产品更多的是旅游，而没有研究、学习的实质。

总体来看，高品质文旅项目比较缺乏，代表性旅游景点缺乏独有的文化IP，尚未形成有影响力的区域产品品牌体系。只有具有深度体验、鲜明特色的文旅项目才会受到市场青睐，市场需要的是艺术性和实用性兼有的融合产品。通过购买这样的产品，人们可以得到收获感和幸福感。我国人均GDP超过8000美元，已进入品质化旅游时代，品质化创新贯穿了旅游全产业链。当前文旅产品供给需要品质化和品牌化，而品质化的旅游产品供给要从满足游客多元化的旅游需求出发，文旅项目需要从个性化需求开始研究，进行针对性定位和设计，并按规划开发，运营要精细化管理。

（五）文旅融合质量还有提高空间

优秀的文创产品，不仅能让公众在潜移默化中深入感知历史、品读文化，还能唤起集体记忆，凝聚情感共识。它们具有丰富的外在形式，符合多元的审美诉求，内容是对我国各地优秀文化和中国故事的生动讲述。以《千里江山图》为例，从故宫博物院研发的镇纸、茶宠等周边文创产品到"画游千里江山——故宫沉浸艺术展"，从歌曲《丹青千里》到舞蹈诗剧《只此青绿》，通过品类纷呈的文化产品，《千里江山图》走进了广阔的公众视域。

虽然我国文旅项目类型丰富，但是大多依赖于门票经济，游客慕名而来却不会在目的地住下来，文创产品开发停留在初级层次，文旅融合并没有融入旅游全产业链，文化创意产品未能很好地激起人们的购买欲望。

文化是旅游的灵魂，但当前文旅融合依然存在政策融合浅层化、产品融合初级化等问题，文旅融合的深度、广度和真实度有待提高。各地文旅创新水平普遍较低，对本地特色文化内涵挖掘力度不足，旅游资源和文化资源尚未找到真正的契合点，旅游项目的文化内涵挖掘和内容表现力不够，开发模式较为单一，形式同质化普遍，多元化和创新性不足。这影响了文旅融合的效果和区域旅游价值的发挥，地方政府和文旅企业要重视开发特色旅游项目，增强目的地吸引力。

⊙参考文献

[1] 柴焰. 关于文旅融合内在价值的审视与思考 [J]. 人民论坛·学术前沿, 2019（11）: 112-119.

[2] 宋瑞. 如何真正实现文化与旅游的融合发展 [J]. 人民论坛·学术前沿, 2019（11）: 24-25.

[3] 王昕. 文化与旅游融合发展的策略分析 [J]. 环渤海经济瞭望, 2019（11）: 35-36.

[4] 范周. 文旅融合的理论与实践 [J]. 人民论坛·学术前沿, 2019（11）: 19-22.

[5] 吴倩, 邢希希, 潘艳芬. 文化与旅游融合：理论建构、现实困境及发展对策 [J]. 农村经济与科技, 2020（20）: 26-29.

[6] 张祝平. 以文旅融合理念推动乡村旅游高质量发展：形成逻辑与路径选择 [J]. 南京社会科学, 2021（7）: 20-23.

[7] 燕玉霞. 新常态下文旅融合发展新路径分析 [J]. 海峡科技与产业, 2021

（2）：37-42.

［8］厉新建，宋昌耀，殷婷婷.高质量文旅融合发展的学术再思考：难点和路径［J］.旅游学刊，2022（2）：13-16.

［9］厉新建，宋昌耀.文化和旅游融合高质量发展：逻辑框架与战略重点［J］.华中师范大学学报（自然科学版），2022，56（1）：21-24.

［10］侯兵，杨君，余凤龙.面向高质量发展的文化和旅游深度融合：内涵、动因与机制［J］.商业经济与管理，2020（10）：19-21.

［11］戴斌.论文化和旅游融合发展的企业主体性［J］.发展研究，2021（12）：17-19.

［12］李书昊，魏敏.中国旅游业高质量发展：核心要求、实现路径与保障机制［J］.云南民族大学学报（哲学社会科学版），2023，40（1）：152-160.

作者简介

刘涛涛，男，三峡旅游职业技术学院副教授，主要研究方向为旅游管理。

宜昌体育旅游高质量发展内涵、困境与路径

◎程 锟 孔雨欣

摘 要：本文采用文献资料法、逻辑分析法，以宜昌体育旅游产业高质量发展为研究目标，阐明体育旅游产业高质量发展内涵，结合宜昌体育旅游市场实际，从资源、模式等方面分析宜昌体育旅游产业发展现状，提出影响宜昌体育旅游发展的阻滞因素及路径选择，旨在厘清宜昌体育旅游发展脉络，加强体旅融合，促进宜昌市体育旅游的高质量发展。

关键词：宜昌；体育旅游；高质量发展

随着全民健身浪潮和体育强国目标的构建，体育产业具备了极强的发展潜力和动力，呈现出蓬勃发展的态势。国家相继出台多项政策，助力体育产业发展。党的十九大明确提出"广泛开展全民健身活动，加快推进体育强国建设"的目标。2019年9月17日，国务院办公厅印发的《关于促进全民健身和体育消费推动体育产业高质量发展的意见》指出："在新形势下，要以习近平新时代中国特色社会主义思想为指导，强化体育产业要素保障，激发市场活力和消费热情，推动体育产业成为国民经济支柱性产业，积极实施全民健身行动，让经常参加体育锻炼成为一种生活方式。"体育旅游产业作为体育产业的重要组成部分，同时也是体育与旅游相结合的健身方式。它集健身、休闲于一体，从平原到崇山峻岭，从繁华都市到美好乡村都能见到体育旅游的身影。宜昌在发展体育旅游方面拥有得天独厚的条件，无论是自然资源还是人文底蕴，都能给体育产业与旅游产业融合发展提供支撑。通过对宜昌体育旅游市场的分析及指标体系构建的研究，充分发掘宜昌体育旅游产业的发展潜能，

盘活现有资源，多方面探究发展路径，推动宜昌体育旅游产业的高质量发展。

一、体育旅游高质量发展理论透视

（一）体育旅游

体育旅游业是体育产业与旅游产业高度融合的新兴产业，是以生态旅游资源为载体，以体育健身休闲为导向，以满足人民日益增长的对美好生活的需要为目标，向大众提供相关服务产品的一系列经济活动，涉及装备制造、竞赛表演、设施建设等业态。

（二）高质量发展

"高质量发展"是 2017 年中国共产党第十九次全国代表大会提出的新名词，表示中国经济由高速增长阶段转向高质量发展阶段。党的十九大报告指出，中国经济已转向高质量发展阶段，必须坚持质量第一、效益优先，推动经济发展质量变革、效率变革、动力变革，提高全要素生产率。因此，在高质量发展的背景下，其发展形式应转变为集约式，即以质量为主线，效益为根本的发展方式。也可概述为不以发展规模和速度为主的发展方式，而是追求质量全方面发展。

（三）体育旅游高质量发展的内涵

宜昌体育旅游业高质量发展就是将体育产业与旅游业融合发展，依托宜昌地理位置、人文资源、经济水平，探索体育旅游融合发展的新路径，从创新、协调、绿色、开放、共享五大维度调整目前发展现状，兼顾经济与社会效益，打造宜昌特色体育旅游品牌。

二、宜昌体育旅游发展现状分析

（一）宜昌市体育旅游资源现状分析

宜昌市作为全国文明典范城市、全国著名旅游城市、世界水电之都，其所蕴含的旅游资源非常丰富，不但有丰富的自然地貌风光，更有优秀的人文风貌，旅游产业更是宜昌市倾力打造的城市名片。

1. 宜昌市体育旅游自然资源现状分析

宜昌古称夷陵，地处湖北中西部，位于长江中下游交界处、鄂西山区向江汉平原的过渡地带。境内旅游自然资源丰富，地貌较复杂，高低悬殊，山地、丘陵、平原兼有。地势自西北向东南倾斜，处于鄂西山地到江汉平原的过渡地带。西北部是大巴山，西南部是武陵山，长江从西向东横贯全境。长江流经市域237千米，清江流经市域153千米，10千米以上河流有99条。宜昌市气候属于亚热带季风气候，适宜的气候催生了丰富的植被，全市森林覆盖率48.5%。独特而丰富的自然资源催生了以独特的地理景观而著称的清江画廊、三峡大瀑布、三峡大坝等国家5A级旅游景区及百里荒、朝天吼、九畹溪等一系列国家4A级旅游景区。

2.宜昌市体育旅游人文资源现状分析

宜昌是一座拥有2700多年灿烂历史的文明古城，历史文化底蕴深厚，是巴楚文化的摇篮，是三国时期吴蜀之争的主战场，同时还拥有"世界水电之都""中国动力之肺"的美称。这里诞生了伟大的爱国主义诗人屈原、出使边塞的求和使者王昭君、养蚕缫丝之母嫘祖、地理学家杨守敬等历史文化名人。优秀的人文文化资源催生了如三峡人家、屈原故里等国家5A级旅游景区以及车溪民俗风景区、玉泉寺、昭君村、杨守敬书院等一系列国家4A级旅游景区。

3.宜昌市体育旅游保障资源现状分析

高质量的发展背后一定离不开高质量保障的支持。为了促进宜昌市体育旅游产业的高质量发展，宜昌市政府在政策上以及基础保障设施上作出了巨大努力。宜昌市近年来推出了许多相关的旅游优惠政策，如面向全国大学生实施的门票优惠政策，面向中高考毕业生的门票减免政策，面向外省游客的凭来宜机票、车票、高速收费等票据可享受酒店+景区双重优惠。同时，宜昌作为全国著名旅游城市，其相应配套的服务设施也很全面，如宜昌市交运集团开通了多条热门景点交运直通线路，保障了游客的交通出行。其配套的旅游酒店也十分齐全，据调查全市共有星级酒店46家，其中五星级2家，四星级12家，三星级26家，二星级6家。

（二）宜昌市体育旅游模式分析

为全面贯彻落实习近平总书记关于文化和旅游工作的重要论述，2022年宜昌市人民政府印发了《宜昌市文化和旅游发展"十四五"规划》，该规划立足新发展阶段，贯彻新发展理念，服务和融入新发展格局，坚持以人民为中心，以高质量发展为主题，以供给侧结构性改革为主线，充分发挥文化铸魂、文化赋能以及旅游为民、旅游带动的作用，加快建设文化旅游体育强市。在宜昌市的文化旅游发展进程中，随着主体文件的颁布，宜昌人民、社会各界积极响应，宜昌市"旅游+体育+互联网"产业体系已崭露头角，并形成了以赛事、休闲、民族传统、乡土文化等四大主体的发展态势。

1. 体育赛事牵引游

大型体育赛事的举办是对一个城市综合影响力的肯定，以宜昌市举办的2023宜昌国际马拉松赛事为例，该赛事的举办成功吸引了国内外马拉松热爱者来宜参赛，参赛规模达2.2万人次。同时，湖北省第十六届省运会也如期在宜昌举办，此次省运会参赛人数超3万人次，办赛规模为历届省运会之最。大型体育赛事的成功举办必将牵引旅游产业的增长，比赛不仅提高了城市参与运动的活力，更是成功地将宜昌这张亮丽的名片推出了国门，提高了宜昌的国际知名度，并成功地为宜昌体育旅游发展孕育了新的生机。体育赛事在宜昌的成功举办牵引出以赛事举办为核心，餐饮、交通、住宿、旅游、购物等联动发展的产业链条新的增长极。

2. 休闲体育参与游

随着宜昌市体育旅游的高速发展和各景区旅游资源的多元化开发，宜昌要发挥好山水地理的优势和良好的生态景观，将宜昌打造成中国山水运动休闲之都。如正在打造的朝天吼动感漂流、五峰高山滑雪、百里荒高山伞降、三峡激情溪降、远安田园马拉松，以及有氧登山、趣味路亚、时尚电竞等时尚体育运动，形成了以宜昌特色为主导的休闲体育运动圈。宜昌在发展休闲体育旅游的过程中逐步建立了"体育+旅游+赛事"的旅游产业链条，达到了以户外体育参与来促进休闲体育旅游消费业融合发展的目的，形成了独特的体育参与旅游体系。

3. 民俗体育传承游

民族传统体育是从民众生产与生活实践中发展起来的。宜昌市境内拥有长阳和五峰两个土家族自治县，殷实的少数民族群众基础推动了民族传统体育的发展。湖北省第十届少数民族传统体育运动会在宜昌五峰的成功举办并圆满闭幕更是印证了民族传统体育欣欣向荣的发展局面。同时在宜昌秭归，过端午划龙舟这一著名的传统运动项目每年都在屈原故里如火如荼地进行着，2023年该地更是成功举办了国际划联龙舟世界杯这一国际性赛事，以此来对优秀的中华传统文化及运动进行传承。

4. 乡土体育观赏游

随着人民生活水平的不断提高，乡土体育也随之发展。在宜昌，乡土气息主要蕴藏在传统土家族聚集地。因此，宜昌乡土体育近年来的发展也主要围绕乡土传统体育运动展开。重点围绕清江流域，对接长阳、五峰、宜都，结合三地优秀传统乡土体育运动，串联起清江画廊、清江方山、天龙湾、柴埠溪等旅游景区，联动恩施、湖南，做好土家民俗文化活态传承与利用，形成灵山秀水与土家风情体育相结合的特色风情体验之旅。

（三）宜昌市旅游经济效益分析

随着人民物质生活水平的不断提高，人均可支配收入的不断增加，以及人们对美好生活的需要日益增长，旅游消费的热情极大提高。宜昌市旅游经济效益主要包括两部分。一是自然、历史、文化等资源参观的门票及附带吃、住、行服务业等收益；二是以"体育＋旅游"模式所产出的体育产品消费、体育赛事门票、体育运动服务等收益。从图1-1可看出，宜昌市旅游总收入在2008—2019年呈现逐年正增长趋势，在2019年达到了高位，旅游经济得到长足发展。宜昌市旅游业快速有力的高质量发展，则进一步推动了体育旅游产业的高质量发展。

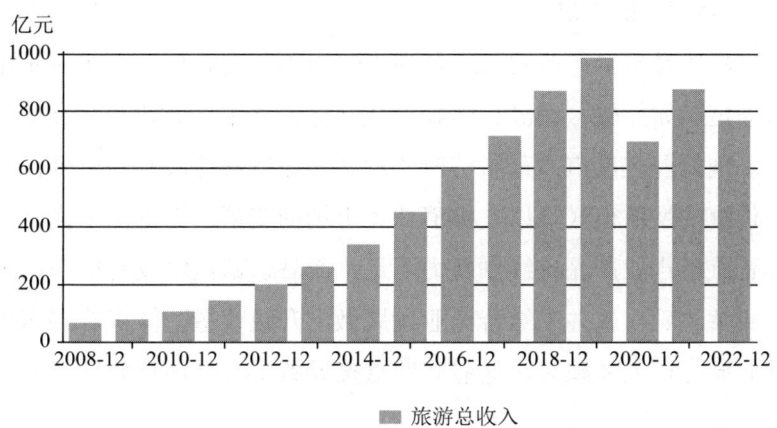

图1-1　2008—2022年宜昌市旅游收入数据（数据来源：宜昌市统计局）

三、宜昌市体育旅游高质量发展阻滞因素

（一）政策制定实施滞后

体育旅游的高质量发展要求将体育旅游产业与国际化接轨，构建国内国际双重发展的新格局。因此政府应该出台财政、税收、土地、金融、基础设施等全面的产业扶持政策，以此来助推体育旅游高质量发展。宜昌市作为全国知名旅游城市，在旅游产业发展方面有自身独特的见解和经验，但在体育旅游产业发展经验方面还存在空白，相关政策的制定实施较为滞后，政策覆盖面缺乏全面性，对相关体育旅游产业并未构建完善的政策管理机制，体育旅游市场并没有宏观的政策统筹协调，体育旅游相关衍生产业在产品统计、产品审批、市场监管、消费服务方面缺少政策引导机制，从而无法统筹建设符合宜昌特色的体育旅游产业，并推动宜昌体育旅游产

业高质量发展。

（二）市场供需矛盾突出

近年来，体育旅游产业市场的供应与需求关系基本趋于稳定。自我国成功举办了北京冬奥会、成都大运会、杭州亚运会等一系列规模宏大的体育盛会后，民众对体育的热情只增不减，对体育旅游市场的需求逐步增加，现阶段体育旅游市场发展迅速，市场规模也不断扩大，投入资金较为充裕，但市场发展存在周期性以及实践化的检验期，无法在短时间内打造出符合民众期许的体育旅游产业，产业发展的周期性和民众需求的时效性成为宜昌市体育旅游市场的基本矛盾。

（三）产业转型动能不足

当前，宜昌体育旅游产业发展还显现出较为单一的态势，产业多元化转型融合发展未深入涉足，如体旅+保健、体旅+数字化、体旅+农业等复合型产业发展模式暂未显现。现阶段宜昌市体育旅游产业发展还保持着传统发展思维，产业转型的动力不足，传统的发展模式难以支撑消费者市场的变革，提供不了优质服务。其主要体现在体育旅游产业产品持续创新力不足，产品营销策略没有展现出眼前一亮的营销措施，相关基础设施并未结合产业发展做出升级改造，体育旅游市场消费较为乏力，体育旅游专业人才缺乏，这些问题直接导致了宜昌体育旅游产业转型升级发展乏力。

（四）科技创新供给欠缺

新一代科技创新智慧化发展是体育旅游产业发展的内在驱动力，提供有效的科技创新供给，是促使体育旅游产业提质增效的有效途径。宜昌在体育旅游产业发展中缺乏有效的科技创新供给。如在政府层面，虽然各级政府已经在着手建设自身的智慧化运动地图以及相关健身圈等数字平台，但市场有效服务率不高，其平台模式较为固化，相关衍生服务并未联通，有效功能并不全面。其中缺乏科技创新供给对体育资源的有效整合利用。市场层面缺乏创新型科技人才，进而导致市场缺乏高端数字化产品及服务，增加了产业发展成本，且缺乏有效的数字化共享平台。

四、宜昌体育旅游高质量发展路径选择

（一）科技创新驱动体育旅游转型升级

体育旅游相关产业创新涵盖两个方面，一是加大相关研发投入，利用现有5G、人工智能、VR等科学技术，开发综合性体育旅游信息服务平台，打造智慧体育服

务综合体，开通综合体线上一体化吃、住、行消费平台，以游客体验为中心，服务于游客的旅行规划，实现全市"体育+旅游"数字化发展。二是提高相应"体育+旅游"活动次数，充分保障高质量体育赛事与旅游结合次数，丰富相关复合型科技人才储备，以保障高质量发展周期，鼓励相关专利的研发，并加强知识产权的维护。总之，科技赋能是"体育+旅游"产业高质量发展的核心引擎之一，充分利用科技创新，助推体育旅游产业创造良好的消费环境，站在消费者的立场，积极培育宜昌体育旅游市场。

（二）绿色生态引领体育旅游可持续发展

宜昌作为世界清洁能源都市，绿色、低碳发展更是渗入生产生活的方方面面。在"体育+旅游"方面，宜昌要率先引领绿色低碳的发展模式，结合城市实际，探索绿色生态旅游品牌、绿色低碳办赛方法、绿色环保参赛模式的特殊经验，并完善"体育+旅游"衍生产业的绿色发展标准，做到全方位低碳环保，以绿色体育旅游助推宜昌建设长江大保护典范城市。

（三）区域协调发展共促多元化产业发展

宜昌作为湖北省副省域中心城市，现辖五区、三市、五县，具有丰富多样的旅游资源。高质量发展离不开科学的组织协调。一是协调好体育旅游资源的使用。特别是少数民族自治区及偏远山区体育旅游资源的使用和开发，整合相关地区的体育配套设施以满足特殊地区的体育公共需求。二是协调好城乡体育旅游发展。城乡体育旅游发展认同度较为明显，要统筹发展，切勿"一刀切"式发展，要尊重城乡差异化，加大乡村体育旅游资源投入力度，充分吸收乡村发展经验，有机结合乡村与城市特色，打造特色乡村体育+旅游地区。三是区域间合作发展。在体育旅游资源上，区域间可合作举办体育赛事+旅游活动，整合多区域资源全力发展相关项目，建立区域一体化交通网络，提高体育旅游便捷度，相关顶层政策互通合作，打破区域壁垒，构建一体化共享模式。四是优化政策导向。各级政府要充分研究并出台相应便民利民的优惠政策，调动体育市场发展积极性，规范体育行业发展门槛，加大对体育旅游行业投入。

（四）产业共享有效培育体育消费主体

宜昌作为湖北省副省域中心城市、宜荆荆都市圈核心城市，共享融合是未来发展的主旋律。旅游业作为宜昌的支柱产业，更是宜昌的城市名片。"体育+旅游"产业的共享将大幅度增强区域消费主体的培育。首先宜昌要扩大体育产品与服务的获取机会，增设体育场地设施，加大体育公共产品与体育财政的支出，将体育旅游产业做到普惠性，真正服务于人民大众。其次要充分扩大产业发展，积极促进跨区域产业融合发展，进而增加体育旅游产业衍生收入，扩大相关产业就业岗位数。通过上述两个维度的融合发展，为宜昌市乃至周边区域培育出有效的体育消费主体，以此促进宜昌体育旅游高质量、可持续发展。

（五）开放融合发展打造新发展格局

宜昌作为全国文明典范城市、世界水电之都，在国际国内近年来都享誉盛名。值此建立长江大保护典范城市之际，更应加快建设宜昌国际旅游城市的步伐。体育作为联系国家文化的精神纽带，以此为抓手来建设宜昌国际文化新面貌不失为一个不错的选择。在此基础上，宜昌应大力加强体育交流与合作，增进国际体育文化交流；引进国外体育赛事来宜举办，扩大宜昌的国际影响力；大力发展体育产业国际贸易，增大相关产业贸易出口额；出台相关贸易政策，提升宜昌体育产业国际贸易额。

五、结语

在新时代背景下，高质量发展是推动我国体育旅游产业的内在动力和重要标准。在国家和各级政府的政策支持下，宜昌市发展高质量绿色、健康的体育旅游产业具有重要的战略意义，以宜昌市独特的地理优势与深厚的历史底蕴推进体育与旅游深度融合，通过科技创新、区域协调、绿色生态、开放融合、产业共享等方面对宜昌市体育旅游进行升级转型，塑造具备核心竞争力的体育旅游高质量发展新优势。

⊙ 参考文献

［1］国务院办公厅.关于促进全民健身和体育消费推动体育产业高质量发展的意见（国办发〔2019〕43号）[EB/OL].（2019-09-04）[2023-05-27].https://www.gov.cn/zhengce/content/2019-09-17/content_5430555.htm.

［2］国家旅游局，国家体育总局.关于大力发展体育旅游的指导意见.[EB/OL].（2016-12-22）[2023-08-20].https://www.sport.gov.cn/n20001280/n20745751/n20767277/c21385200/content.html.

［3］宜昌市文化和旅游局.关于印发《宜昌市体育发展"十四五"规划》及《宜昌市广播电视发展"十四五"规划》的通知[EB/OL].（2022-03-09）[2024-

05-16］.http://whly.yichang.gov.cn/content-12813-962298-1.html.

［4］董亚琦，吴静涛，王春顺，等.大数据助力体育旅游高质量发展的价值与路径［J］.体育文化导刊，2022（12）：1-6.

［5］王逊，张小林，周石其.消费升级驱动体育旅游产业高质量发展机理及实现路径［J］.体育文化导刊，2022（10）：15-20.

［6］黎镇鹏，张泽承，李志敢.新发展格局下体育旅游产业高质量发展阻滞因素与应对策略［J］.体育文化导刊，2022（12）：7-12+28.

［7］仵森，张京菁，王定宣.全域旅游视域下泸州市体育旅游产业现状分析［J］.内江科技，2021（12）：89-91.

［8］周铭扬，缪律，严鑫.我国体育旅游产业高质量发展研究［J］.体育文化导刊，2021（4）：8-13.

［9］刘彦彤.成渝地区双城经济圈体育旅游产业高质量发展路径研究［J］.文体用品与科技，2023（16）：136-138.

● 作者简介

程锟，男，三峡大学体育学院，硕士研究生在读，主要研究方向为体育产业。

孔雨欣，女，三峡大学体育学院，硕士研究生在读，主要研究方向为体育产业。

文化和旅游融合发展趋势分析
——以湖北省宜昌市为例

◎艾维维

摘 要：文化和旅游融合发展让文化更富活力，旅游更富魅力。本文通过梳理宜昌文化与旅游融合发展的历史进程，明确文旅融合发展在提升旅游产品文化内涵、强化文化保护和传承、优化地方产业结构、增强人民幸福感等方面的重要意义，对宜昌文旅融合发展的未来趋势做出预测：内容上的全面化、产品上的优质化、参与上的全民化、形态上的多元化、目的上的生活化，以期指导宜昌文旅融合发展，对其他城市文旅融合实践也不无裨益。

关键词：文化；旅游；融合发展；宜昌市

文化和旅游融合发展是时代趋势。文化和旅游的相互支撑、相互渗透，有助于推动旅游高质量发展，实现文化高效能传播。近年来，我国陆续出台了多项相关政策，文旅融合趋势不断加强。2018年3月，文化部和国家旅游局合并，成立文化和旅游部，为进一步促进文化和旅游融合发展提供了组织及制度上的保障。

当前学术界的理论研究主要集中在产业融合的动因、机制、模式、路径及效果方面，学者们均强调文旅融合已成必然趋势，提出数字文旅、科技支撑等趋向，但未对具体趋势进行阐述，也没有结合现实案例展开分析。宜昌是中国优秀旅游城市，A级旅游景区数量位居全国前列，旅游资源丰富；拥有2400多年历史，是屈原和王昭君故里，世界水电名城，文化积淀深厚。以宜昌为例，剖析文化和旅游融合发展的趋势，既可以指导宜昌文旅融合发展，也对其他同类城市文旅融合实践具有较强借鉴意义。

一、文化和旅游融合发展的历史进程

中国的旅游业和文化产业伴随改革开放而生。文化和旅游融合发展，与党和政府在改革开放进程中每一个重要阶段的文化及旅游发展路线、方针、政策密切相关，与之相适应，宜昌文化和旅游融合发展也与我国波澜壮阔的现代化进程同步。纵观改革开放以来宜昌文旅融合的发展历程，可以将其分为探索融合期、逐步融合期、快速融合期和全面融合期四个阶段。

（一）宜昌文化和旅游的探索融合期（1978—1992年）

改革开放初期，邓小平同志指出，文化是为劳动者服务的，是"一门行业""一个领域"，随着生产力的发展，人们精神方面的需要会增加；并在"黄山谈话"中明确提出，旅游是综合产业，会开发和带动多个行业。

改革开放揭开了宜昌市文旅融合的序幕。宜昌对外开放的扩大和深化促进了涉外旅游业的发展。1978年，宜昌旅游综合接待能力较弱。自1979年起，宜昌地委和市委将加快旅游业的发展作为推动宜昌经济由传统型向外向型转变的重要工作来抓，国际旅游业呈现良好的发展势头，全年接待的涉外旅游者人数比1979年增长10倍。1981年1月，长江被葛洲坝水利枢纽工程成功截流。由此，到宜昌进行参观访问、旅游观光的外国人、外籍华人和港澳台同胞人数大增。1982年，宜昌旅游业开始由外事接待转向旅游接待，增加了旅游外汇收入，促进了宜昌经济发展。

1978—1992年是宜昌文化和旅游的探索融合期。此阶段，文化和旅游开始尝试在入境旅游中融合。宜昌的水电文化吸引着入境旅游者，是重要的旅游吸引物，旅游活动也成为宣传城市文化、展示城市形象的窗口。

（二）宜昌文化和旅游的逐步融合期（1992—2011年）

党的十四大确立了社会主义市场经济体制的改革目标，随后全面启动和实施了在社会主义市场经济体制基础上的文化和旅游融合发展。

1992年4月，七届全国人大五次会议作出长江三峡水利枢纽工程启动的决定，令长江三峡备受世界瞩目，三峡旅游急剧升温。次年，宜昌旅游资源开发兴起，旅游码头和豪华游船陆续立项和建造，各县市区纷纷开发旅游景区，独特的峡江风光由旅游资源优势成功转化为旅游经济优势。但是，1997年长江截流使得三峡游带来的轰动效益很快消失，三峡旅游迅速陷入低谷。在严峻的市场形势下，宜昌旅游开始理性探索。长江三峡旅游发展有限责任公司于2003年正式成立，该公司以市场化经营、专业化管理的方式为公众提供三峡大坝参观旅游服务。2007年，三峡大坝旅

游区成为全国首批5A级旅游景区和全国首批工业旅游区示范点之一，三峡大坝成为继"三峡游"之后宜昌最重要的旅游名片，"金色三峡，银色大坝，绿色宜昌"的旅游口号深入人心。

这一阶段，宜昌旅游的基础设施得到了极大改善，文化和旅游融合发展的水平显著提高，文化旅游产业业态成为宜昌旅游产业发展的基本业态，通过文化旅游产业的发展初步形成国内旅游、出境旅游和入境旅游三大市场结构。

（三）宜昌文化和旅游的快速融合期（2011—2017年）

党的十七届六中全会首次提出建设社会主义文化强国，推动文化产业与旅游等相关产业融合发展，推进文化科技创新；指明了文化和旅游、科技等融合发展是中国特色社会主义文化发展和文化旅游产业发展的主要方向。

2011年，宜昌市委、市政府先后制定了《宜昌市旅游业发展"十二五"规划》《宜昌市文化事业和文化产业发展"十二五"规划》，印发了《关于加快旅游业转型升级、建设三峡国际旅游目的地城市的决定》等文件，出台了一系列推进文化旅游产业发展的政策措施，文化旅游发展的政策环境不断优化。在此基础上，编制《宜昌千亿文化旅游产业三年行动计划（2014—2016年）》《宜昌市文化旅游产业发展规划（2013—2016年）》，强调积极推进文化和旅游深度融合，统筹规划，市场主导，开放融合，定目标、分阶段、有步骤地稳步发展文化旅游产业。

这一时期，文化旅游融合进一步纵深发展，文化旅游产品创新速度迅速提高，文化旅游相互赋能，文化旅游业被列入六大千亿产业；文化旅游品牌发展和品牌影响力在进一步提高，如屈原故里端午文化节、中国宜昌长江钢琴音乐节、中国长江三峡国际旅游节连续举办多届，已成为全国具有重要影响力的节庆活动。

（四）宜昌文化和旅游的全面融合期（2017年至今）

党的十九大以来，文化与相关产业融合发展已全面进入新时代中国特色社会主义的战略架构中，成为全面建成小康社会，实现中国梦的重要组成部分。2017年，全域旅游首次写入政府工作报告，我国旅游从"景点旅游"向"全域旅游"转变。

《宜昌市旅游业发展"十三五"规划》明确提出，推进旅游业融合发展，开展"文化+旅游"，宜昌旅游自此步入旅游业的黄金发展期、结构调整期和转型发展期，走向文化和旅游的全面融合。宜昌以创建国家全域旅游示范区为抓手，奋力开创旅游高质量发展的新局面。2016年，远安县、秭归县、长阳土家族自治县、夷陵区、五峰土家族自治县被列入国家全域旅游示范区创建名录。2019年9月4日，夷陵区入选首批国家全域旅游示范区。2019年2月，根据省委、省政府批准的《宜昌市机构改革方案》，宜昌市文化新闻出版广电局、宜昌市旅游发展委员会与宜昌市体育局的职责整合，组建宜昌市文化和旅游局，有效破除了文旅融合的体制机制障碍。

在全域旅游的理念下，宜昌文旅融合开启新阶段，从偏重"旅游+"到"旅游+"与"+旅游"并重，即从提升旅游业文化内涵，到文化产业主动与旅游业融合，将文化转化为旅游资源，形成如遗址旅游、博物馆旅游、旅游文创等旅游产品；从产业融合到理念融合、机构融合等，文旅融合的外延更广。如今"屈原昭君故里，世界水电名城"的旅游宣传语，是文化和旅游全面融合的缩影。

二、文化和旅游融合发展的重要意义

宜昌文化和旅游融合发展进程未曾停歇，自改革开放起，历经四个阶段。对于宜昌而言，文旅融合具有深远意义。

（一）有利于提升旅游产品文化内涵

文旅融合意味着将文化元素全方位融入旅游生产及消费全过程，积极推动旅游项目的文化创新，提升旅游商品的文化创意，让游客在旅游中充分体验到优秀中华传统文化、浓郁地方民俗文化和现代都市时尚文化。宜昌在推动旅游业发展中深入挖掘文化元素，通过举办国际民间艺术节、长江三峡国际旅游节、长江钢琴音乐节、枝江桃花节、五峰土家女儿会等节庆活动，展示了宜昌丰厚的历史底蕴，提升了旅游景区与旅游产品的文化内涵，擦亮了特色旅游文化品牌。

（二）有利于强化文化保护传承和传播

旅游是文化传承、传播与交流的载体，将旅游需求导向融入文化产品的创作过程中，将旅游发展手段注入现代文化产业体系建设全局中，能有效推动地方文化的传承与保护。昭君故里兴山县以打造"昭君文化旅游目的地"为发展战略，丰富了原昭君艺术节的节庆内涵，举办了"昭君文化旅游活动月"系列活动；全力建设昭君村、昭君特色小镇、昭君别院等以昭君文化为内核的旅游吸引物，开发了《昭君别乡》情景剧、《梦回故里》光影秀；联合昭君出嫁地西安、和亲地呼和浩特等成立了昭君文化旅游联盟，打造国家级特色精品旅游线路。2018年，360万游客访兴山、忆昭君，旅游促进了昭君文化品牌的传播和影响力的提升。

（三）有利于优化地方产业结构

文化产业与旅游产业作为现代服务业中两个具有发展潜力的产业门类，均旨在满足人民的精神消费需求，具有天然的耦合性。文化旅游市场庞大，对于促进消费

需求升级、推进产业结构转型有着不可替代的作用。宜昌将文化旅游列为六大重点培育的千亿产业之一，是优化地方经济结构的重要推手。文旅融合使旅游产业进入更多地依靠文化资本等软性要素驱动的阶段，能够实现旅游产业内部结构优化升级，有利于构建新型文化旅游产业体系，促进文化旅游产业转型升级和高质量发展。

（四）有利于增强人民幸福感

文化、旅游被称为改善民生的"幸福产业"，是持续增强人民幸福感、获得感的重要手段。一方面，文旅融合助力脱贫攻坚。宜昌各地200多个乡村农事节庆活动贯穿全年，形成了一批集农业观光、休闲娱乐、文化交流等于一体的乡村文化旅游示范点，截至2018年底，旅游产业帮助两万人实现脱贫。另一方面，文旅融合实现美好生活。经由改善旅游品质，转变文化载体，市民和游客的满意度均大幅提高。宜昌市城市规划展览馆、宜昌博物馆、屈原故里文化旅游区等文化场馆和文化旅游景区不仅是游客热衷的打卡地，也是市民休闲的重要场所。宜昌市多次入选最具幸福感城市，被评为全国文明城市。

三、文化和旅游融合发展的未来趋势

基于对宜昌文化和旅游融合发展阶段的把握及对文旅融合重大意义的分析，预测宜昌文旅融合发展的未来趋势，有助于推动新时代文旅融合的深度发展。

（一）内容上的全面化

文旅融合步入全面融合期，就是从现阶段的理念和职能融合走向产业、市场、服务、交流推广等各方面的广泛融合、深度融合。

理念融合已创新，相对于"文化是旅游的灵魂，旅游是文化的载体"的传统观念，新时期文旅融合的理念逐渐从"体用二分"过渡到"体用一致"的新阶段，旅游和文化共生互融，密不可分。

职能融合有突破，在完成宜昌市文化和旅游局职能配置、内设机构和人员编制规定的基础上，将各项职能落到实处，并在工作中进一步细化、完善，以"十四五"规划编制为契机，制定体现融合发展、具有前瞻性的发展规划和针对性政策，整合好已有工作抓手。

产业、市场、服务、交流融合将发力。在产业融合方面，积极寻找文化和旅游产业链条各环节的对接点，发挥各自优势，形成新的增长点，促进业态融合、产品融合，持续释放大众文化和旅游需求。在市场融合方面，以文化市场综合执法改革为契机，推动文化和旅游市场培育监管工作一体部署、一体推进，促进市场主体融合、市场监管融合，全力推动文化市场综合执法队伍整合组建。在服务融合方面，统筹公共服务设施建设管理、公共服务机构功能设置和公共服务资源配置。在交流融合方面，从工作层面、渠道方面、载体方面着力推进对外和对港澳台交流融合。

（二）产品上的优质化

人民群众休闲度假对基础设施、公共服务、生态环境的要求越来越高，对个性化、特色化文化旅游产品和服务的要求越来越高，旅游需求的品质化和中高端化趋势日益明显。伴随着需求品质化，宜昌市文旅融合发展也呈现出产品优质化的趋势。

传统的以文化资源为吸引物，将文化和旅游简单叠加来发展文化旅游的方式已经改变，文化和旅游开始有机融合。以屈原故里文化旅游区为例，以往在景区观看一场演出，来一次走马观花式的采风就被认为是文化旅游；而现在，持续三个月的百余项惠民活动，使端午文化、屈原文化融入人们生活，唤醒文化记忆，抒发家国情怀，积聚起最深沉的文化自信，对游客具有持久的吸引力。品端午美食、看文艺交流、观龙舟竞赛、观骚坛诗会等活动的有机组合打造出了高品质的文化和旅游融合发展的产品。此外，宜昌市通过改善服务质量，优化文旅产品品质。2019年4月底《宜昌市旅游服务提质升级工作方案》正式发布，宜昌市将从景区服务、窗口形象、旅行社及导游服务、餐饮服务、交通服务、智慧旅游服务六个方面开展提质升级行动。

（三）参与上的全民化

文旅融合不仅仅关乎文化和旅游主管部门及文旅企业，只有全民参与、共建共享，才能促进文旅融合的健康发展。

校政行企四方联动。三峡旅游职业技术学院作为宜昌一家以旅游为特色的公办高职院校，把学院旅游类专业品牌和教育类专业优势相结合，开设研学导师方向；把非遗教育与旅游专业教育相结合，非遗传承人进课堂教学，学校中青年教师跟进辅导，以赛代考，是高校参与文旅融合人才培养的成功典型。2019年7月，由市教育局、市文化和旅游局、宜昌三峡职教集团文化旅游专业委员会主办，三峡旅游职业技术学院、秭归县职教中心承办的宜昌三峡职教集团文化旅游专业委员会校企合作恳谈会召开，会上发起成立宜昌市旅游职业教育专业发展联盟，搭建了政企产学沟通的对话平台。

多类市场主体积极参与。宜昌在推动文旅融合中，鼓励文化旅游产业市场主体参与公共文化建设。目前，已形成了"三峡大坝免费游""一二美术馆、汪国新诗书画院、袁裕校家庭博物馆、杨守敬书院等免费开放""流动图书进景区"等文化市场主体参与公共文化供给的特色品牌。钢琴创意产业园、三峡国际珠宝博艺园、稻花香酒文化园、长盛川非遗基地、五峰茶博馆等正成为研学旅游的新高地。外地游客及当地居民在参加文旅活动的同时，还踊跃建言献策，如为2017年宜昌旅游主题形象口号公开征集活动，贡献作品8641组。

（四）形态上的多元化

形态上的多元化，即文旅融合不再局限于原有形态，将在时间形态和空间形态上进行延展。

在时间形态上，夜游经济将成为宜昌文旅产业的新蓝海。夜经济是城市竞争的新赛道、城市活力的新标志，也是打造城市品牌、促进产业融合、推动消费升级的新引擎。通过夜游带动整体夜间经济的发展，是宜昌推动旅游转型升级的重要抓手。长江夜游船成功运作三年，三游洞启动"夜游西陵峡"项目，屈原故里试水夜间赏花，文旅企业、夜游相关企业及各地政府在夜游业态、产品方面的创新探索，正在为宜昌夜游经济的发展勾勒美好的蓝图。

在空间形态上，独立的文化空间或旅游空间将不复存在，文化和旅游在空间上逐步融合，城市文化空间成为游客的目的地，旅游空间成为文化的活动地，异地游客与本地居民在同一空间感受文化价值。针对宜昌市的公益性、效益性文化空间，如博物馆、网红书店等，通过融入观赏和体验元素进行休闲旅游转化；针对旅游交通、旅游食宿、旅游游乐、旅游购物的空间，如旅游客运大巴、酒店、景区等，则融入交通文化、餐饮文化、娱乐文化、艺术地域特色等元素，从而提升旅游空间的文化价值，增强文化体验。

（五）目的上的生活化

文化和旅游都与生活相关，文化来源于生活而高于生活；旅游是一种生活体验，更是一种生活方式，因此文旅融合的方向是生活。文化和旅游融合将转化为更多的旅游生活"新业态、新空间"，融合成为"可亲近、可触摸、可体验、可消费、可享受"的好产品、好服务。

文化贴近生活。发展新一代沉浸式体验型文化和旅游消费内容，如沉浸式影院、沉浸式展览、沉浸式娱乐、沉浸式演艺，即运用数字化的展示手段及AR/VR等新技术，把以往观赏为主的内容升级为体验度更高的经历，长江首部漂移式多维体验剧《知音号》打破了传统戏剧中老套的台上台下形式，观众可以不受限制地游走于戏剧场景中，和演员们进行面对面的亲密接触与互动，进而了解武汉文化，给宜昌以成功示范。

旅游回归生活。文化和旅游的简单相加不是真正的文旅融合。很多旅游企业开始探索，创新开发深度体验游产品，让游客"像当地人一样生活"，体验不一样的人生。这既丰富了旅游产品，也让更多的游客真正参与到文化旅游产业中，分享文化和旅游融合发展的成果。

宜昌文化和旅游融合发展自改革开放起步，经历了探索融合期、逐步融合期、快速融合期和全面融合期四个阶段，具有提升旅游产品文化内涵、强化文化保护和传承、优化地方产业结构、增强人民幸福感的重大意义，呈现出内容上的全面化、产品上的优质化、参与上的全民化、目的上的生活化的发展趋势。基于趋势分析，我们有理由相信，宜昌文化与旅游融合发展必定前景广阔。

⊙参考文献

［1］雒树刚．努力推动文化建设和旅游发展再上新台阶［J］．商业文化，2019（1）：80-89．

［2］杨心羽，杨子，王风成．诗与远方正逢时［N］．三峡日报，2018-08-01．

［3］张耀武，范博文．文化与旅游融合关系论略——以湖北省宜昌市为例［J］．职大学报，2014（3）：72-75．

［4］周建标．文化产业与旅游业的产业链融合机制探究［J］．新疆社科论坛，2017（5）：54-57．

［5］傅才武，申念衢．新时代文化和旅游融合的内涵建构与模式创新——以甘肃河西走廊为中心的考察［J］．福建论坛（人文社会科学版），2019（8）：28-39．

［6］程善兰．文旅融合视角下苏州历史文化旅游街区的保护与路径探讨［J］．商业经济研究，2017（12）：135-137．

［7］王资博．民族地区文化产业跨界融合发展的路径思考［J］．贵州民族研究，2015，36（10）：143-146．

［8］张耀武，范博文．宜昌市旅游与文化深度融合研究［J］．武汉商学院学报，2015，29（2）：12-16．

［9］丘萍，张鹏．浙江省文化产业与旅游业耦合协调及融合评价［J/OL］．浙江理工大学学报（社会科学版）：1-7［2019-10-01］．http：//fgfy208e51c2dd88406685526280e50de659hv5o6ckoq9b9k6qwf.fffg.wap.gxlib.org/kcms/detail/33.1338.TS.20190618.1336.004.html．

［10］把多勋.改革开放40年：中国文化旅游融合发展的价值与趋势［J］.甘肃社会科学，2018（5）：10-20.

［11］田志奇.文旅融合下旅游目的地互联网思维的产品营销及创新［J］.旅游学刊，2019，34（8）：8-10.

作者简介

艾维维，女，三峡旅游职业技术学院教师，主要研究方向为旅游管理。

宜昌文旅融合发展的对策研究

◎ 胡 莹

摘　要：在加快培育旅游新质生产力的新时代背景下，文旅融合是发展的必然，是满足人民追求高品质旅游和美好生活需要的重要途径。宜昌文化旅游资源十分丰富，在进行文旅融合发展的过程中，出现了开发质量不高、文化挖掘尚浅、创新引领不足、开发模式单一、配套设施及服务不完善等问题。结合宜昌文旅发展需要，本文提出了做好顶层设计、挖掘文化内涵、强化特色引领、创新开发模式、完善配套设施和提升服务技能等对策和建议。

关键词：宜昌；文化；旅游；文旅融合；发展

一、发展背景及概况

（一）宜昌文化

宜昌历史悠久，是巴楚文化发源地、著名三国古战场，拥有远安嫘祖文化、兴山昭君文化、秭归屈原文化、长阳巴楚文化、土家文化、茶文化和柑橘文化。此外，民俗底蕴也非常丰富，长阳山歌、巴山舞、峡江号子、哭嫁歌、赛龙舟、土家摔碗酒等众多民俗文化跨越历史长河传承至今，成为不可多得的宝贵文化遗产和旅游资源。到目前为止，被列入世界非遗名录的有屈原故里端午习俗；被列入国家级非遗名录的有王昭君传说、屈原传说、土家族撒叶儿嗬、长江号子等19项；被列入省级非遗名录的有45项，市级非遗名录80项；国家级非遗传承人有12人，省级非遗传承人有103人，市级非遗传承人有444人。在宜昌乡村地区，民间传说、民风民俗、民歌民谣、民间文学、民间故事、民俗语言、乡规民约、吹打乐、花鼓戏、巴山舞、长阳南曲、民间版画、服饰和传统的农耕文明都承载了丰富多样的文化内涵。

（二）宜昌旅游

宜昌市位于长江沿岸、崇山峻岭之间，以丘陵和山地为主，自然风景优美，历史底蕴深厚，民俗风情独特，开发了许多旅游风景区，如长江三峡、清江画廊、屈原故里、柴埠溪大峡谷、九畹溪漂流、三峡大瀑布、三峡竹海、百里荒、快乐谷、昭君古汉文化游览区、古潮音洞、鸣翠谷、天柱山、三游洞、车溪等，构筑了宜昌良好完整的旅游生态，是鄂西生态文化旅游圈的重要节点。

其中，宜昌文旅产品十分丰富，可以满足游客的多样化需求。一是文化活动精彩纷呈，优质文化服务"飞入寻常百姓家"。其中，宜昌博物馆、市图书馆、市群艺馆也受到许多游客的欢迎。二是旅游景区突破传统观光模式束缚，旅游产品结构渐趋多元，创新旅游产品、项目及活动不断涌现，如三峡国际房车露营地等。此外，宜昌乡村旅游转型升级效果显著，住特色民宿、享民风民俗、品乡土菜肴成为游客旅游新风尚，如长阳清舍、远安拈花谷民宿、五峰栗子坪村板栗、白溢坪千禧果、官庄葡萄园、枝江同心花海、小台农庄等均受到游客的青睐。

旅游产业是宜昌经济发展中的战略性支柱产业。《宜昌市旅游业发展"十三五"规划》提出，顺应旅游需求多元化、复合型趋势，推进"商、养、学、闲、情、奇"等旅游供给侧结构性改革，着力构建复合型产品体系，将宜昌建设成长江三峡国际旅游目的地、中国休闲度假特色地和鄂西乡村旅游首选地，强化全国重点旅游城市地位，加快建设世界水电旅游名城。

（三）文旅融合发展

世界旅游组织将文化旅游定义为："人们想了解彼此的生活和思想所发生的旅行。"据亚太旅游组织"游客愿意支付的额外项目"调查结果，有60%的人愿意为"有机会获得更多的文化体验"买单。当前旅游消费者已经从简单的观光旅游转为沉浸式、体验式旅游，具有独特地域特色文化的旅游产品更能吸引游客沉浸体验，触发游客的情感共鸣，并形成美好而独特的个人体验和记忆，最终形成良好的消费黏性。

文化是旅游的灵魂，旅游是文化的载体，文化和旅游相辅相成、不可割离，共同构成了一个有机整体。用文化的理念发展旅游，用旅游的方式传播文化，不仅能丰富文化产品和服务的供给类型和供给方式，更能实现传统文化的创造性转化和创新性发展。文化旅游产业是最具活力的新兴产业,可以为传统产业创造新的增值空间,赋予传统产业巨大的品牌效应,而且已经呈现出了前所未有的生机和活力。产业融合作为一种经济现象,不仅可以因适应产业增长而发生产业边界的收缩或消失;还能够吸引游客开拓商机,最终实现文化保护和旅游产业开发的双赢,以达到"以文促旅,以游养文"的目的。

二、宜昌文旅融合发展中存在的问题

宜昌是华中地区重要的旅游目的地,拥有许多优质的山水资源和底蕴深厚的民俗文化资源。但是,文化资源的旅游开发程度普遍较低,在开发过程中存在很多问题,具体如下。

(一)文旅业态的整体开发质量不高

一方面,宜昌文化资源尚未得到充分挖掘,与旅游的融合发展尚不紧密,甚至大多属于表层的展览展示,在文化活化、传承与再造等方面缺乏动力和有效举措,如土家文化资源的典型代表——吊脚楼,目前仅限于静态展示,仅供游客看看和坐坐,游客却不了解其形成原因、存在的科学原理、传承的内在机制以及环境适应性等。另一方面,宜昌文化资源的开发方向大多为观光体验,缺乏参与和体验性项目,未形成完整的文旅产业链,游客仅在感官上感受到短期愉悦,而未能通过文化体验满足游客的内在需求,便难以产生二次消费甚至多次消费。此外,宜昌文旅业态缺乏创意开发,仍有很大的提升空间。

(二)文旅业态的特色文化挖掘尚浅

宜昌文旅产品类型较少且同质化现象严重,对相关文化元素的挖掘不够深入,导致项目文化含量较低,文化利用率不高,资源呈现较薄弱,在价格和品质方面缺少梯次维度,留给游客消费的空间和场景简单而直白。虽然核心文旅产品拥有充分的空间和投入,但品质体验化不高,如车溪的民俗展示和表演、三峡人家的哭嫁等旅游之外的延伸体验都未能达到理想效果,游客的参与度、体验感和满意度相对较低。此外,宜昌有些旅游开发商忽视经济与社会效益的统一,把一些投资规模小、建设品位低的项目包装成文旅项目,甚至为追求经济效益而歪曲文化、恶搞媚俗,导致相应项目很难获得健康和可持续发展。

(三)文旅业态的创新和引领性不足

目前,宜昌市文化和旅游融合领域较少,创新和创意不足,未形成有效引领,深度合作方面有待加强，主要表现为：①文化内涵的有效呈现不足，很多地方性文化尚未得到很好的彰显和传播；②旅游景区的特色定位不准确、不清晰，忽略了文化是旅游的灵魂的核心地位，在优秀传统文化的创造性转化、创新性发展上存在短板，缺乏有效引领；③无法形成"特色聚集—人流聚集—消费聚集—产业升级—特色创新—再聚集"循环式上升发展的良好模式。

（四）文旅业态的开发模式过于单一

目前，宜昌文化和旅游的融合开发浅显简单，抄袭模仿严重。项目设计风格、经营模式等缺乏创新，同质化竞争十分严重，文化与旅游进行融合开发的路径较少，旅游产品与普通商品差异不大，销售业绩不佳。文旅项目的开发模式十分丰富多样，但宜昌文旅项目开发缺乏创新性思维和有效的路径手段，目前仍局限于目标顾客群、市内或省内、产品类型等方面，在开发模式的选择和应用方面还有较大空间。

（五）文旅业态的配套设施不够完善

在当前大力发展新质生产力的背景下，宜昌整体的文旅配套设施不够完善，尤其是不同的县区存在较大差距。文旅基础设施既包括餐饮、住宿、交通、游玩休憩、购物、娱乐等服务设施，也包括信息技术等相关设施。宜昌的基础与服务设施建设不够完善，在一些偏远区县，如远安等，缺乏相应的配套设施，导致文化旅游业发展受到很大限制，呈现为不同地区的开发强度、发展程度及经济收益差异很大。

（六）文旅融合相关服务尚不够完善

首先，文旅融合存在公益性服务不完善、差异性服务不到位和附加性服务不充分等问题。其次，宜昌文旅深度融合的理念不明、协同发展的路径不清、服务游客的意识不强，整体表现为服务质量不高，难以给游客带来深度体验。最后，文旅活动中服务质量不高，各项服务相对松散，未形成统一的服务标准和"一站式"服务体系，缺乏有效的整合与对接。

三、宜昌文旅融合发展的对策

文旅融合是现阶段发展的主旋律，各类文化及旅游资源进入融合新阶段。这既是机遇也是挑战，需要相关政府人员、业界人士和学界人士的共同努力和深入探索，才能群策群力，有效形成文旅融合发展的新局面。对于宜昌文旅融合发展，根据其在融合发展过程中存在的问题，经过系统研究，有针对性地提出以下对策。

（一）做好顶层设计，落实文旅规划

从供给角度来看，符合市场需要的产品才是畅销品，文化和旅游的融合，催生出了一大批文旅产品，形成了丰富多样的产业形态。在宜昌文旅融合发展过程中，必须坚持明确定位、有机融合、协同发展及服务人民的理念，开发出被市场认可、符合游客需求、具有一定内涵的文化旅游产品，如昭君主题酒店、屈原文创剧目、土家旅游景观、民俗旅游商品及地方小吃等。在文旅项目开发过程中，应重点挖掘宜昌独有的文化资源，使文化从口口相传、书籍记录、历史典故和神话传说中走出来，进行有效的物态化、活态化和业态化转变。对此，具体对策主要有：

第一，畅通文化界和旅游界的对接交流，在充分了解宜昌文旅发展现状的基础上，针对宜昌文旅融合中的突出问题，多组织相关专家学者进行研究、座谈和探讨，加强双方之间的沟通，在沟通交流中形成共识，并采取有效措施付诸实践。

第二，政府部门提供政策及规划支持，制定并出台促进宜昌文旅融合的指导意见或政策文件，通过整体规划和顶层设计，规定融合发展的若干方向性、原则性、指导性要求，确定融合发展的领域、顺序、方式和路径等。

第三，树立宜昌文旅融合的典型案例和先进标杆，利用榜样作用，激励并促进宜昌文旅的进一步融合。

第四，高效落实顶层设计，明确发展顺序，尤其是较容易融合的领域，如文创领域、演艺领域、建筑领域、文化领域和产品开发领域，作为加快推进文旅融合的前沿阵地，辅以系统研究、统筹规划、文化创意、开发落实、营销推广和市场运作，让文旅融合更加有序高效地实现。

（二）挖掘文化内涵，完善文旅体系

第一，更深入、更系统地发掘和整理宜昌的人文资源，通过创新创意和系统规划，增加互动延长游客停留时间，拉长旅游产业链条。

第二，深入考察宜昌民俗、节庆、礼仪、宗教仪式及传统技艺和民间艺术等物质、非物质文化遗产，发挥历史学家、文学家、建筑师、园林设计师、民间手工艺者、传统服饰设计者、音乐美术人才、书法艺术家、雕刻师等专业人员的智慧与才能，依靠手工艺和科学手段，将旅游资源进行创意化二次甚至多次开发，充分挖掘旅游资源的文化内涵，突出其发展潜能。

第三，通过系统性顶层设计，将宜昌市文化和旅游资源整合起来，使其搭配协调、有效融合，形成规模化的文化旅游景观，丰富其集合性价值，形成集聚和扩大效应。

第四，瞄准定位，深入挖掘宜昌文化价值，并重新赋予其新时代内涵，创新多样化形式，从不同角度提炼相关旅游资源蕴含的文化内涵、象征意义及深刻意象，找出合理高效的开发，满足游客求新、求奇、求异、求特的欲望，全面提高旅游景观的品位与档次，有效提升旅游产品文化和游客体验价值。

第五，引导旅游经营者充分了解游客生活、信仰、娱乐等方面的习俗，以及文化需求、文化精神特征和文化消费心理，如审美、求新、求异、求奇、求特、求知、求乐和从众习惯，在此基础上契合相应的文化需求，开发有特色、有创意的旅游项目。如氛围营造、场景设计、环境打造、吸引力提升、感染力及亲和力加强等，使游客能身临其境地深入体验独特的旅游魅力，由此留下深刻印象，甚至实现二次或多次消费。

第六，重视对宜昌各类旅游文化资源的加工与整合，串联起主题性强、地方特色明显的文化旅游资源，设计特色鲜明的旅游线路，并通过创意营销，打造独具特色的文化旅游品牌。

第七，打造文化旅游品牌时，也应注重发掘知识内涵，满足游客的多元化消费需求，构筑多元立体的文化旅游融合发展新模式。

第八，通过营销策划不断更新项目内容，提升景区文化内涵和品位，塑造文化品牌与形象，提升旅游景区的综合竞争力，打造"一站式"旅游消费和文化娱乐基地，着力构建文化旅游系列活动品牌。

（三）强化特色引领，创新文旅业态

文化和旅游的融合发展和双向互动，需要主管部门、社会各界尤其是创意阶层，对宜昌本地文化进行充分挖掘和适量导入，如历史片段、情节故事、思想脉络等，并基于此创新文旅业态，强化特色的引领作用。

第一，准确把握宜昌目标客户群的消费需求，深度理解其消费画像，鼓励甚至奖励创新，活化宜昌本地文化，优化宜昌文旅产业结构和布局。

第二，搭建对话平台，促进产学研沟通，利用大型博览会、展览会等平台进行项目对接和沟通，发展外向型经济，引入外部力量，丰富区域产业结构。

第三，优化设计水平，完善授权模式，强化知识保护，与更多艺术家及手工艺者合作，将优质文化资源加以活化并整合起来，促进创意开发与特色化发展。

第四，充分发挥文化旅游业的龙头带动作用和联动作用，用文化贯穿，整体进行开发、宣传和促销。

第五，文旅融合发展所涉行业及部门众多，产业链复杂，可选择区域合作、产

业集群、全域化旅游、集约化发展等发展路径。

第六，对相关资源进行严格保护、合理开发，科学经营旅游产品，争取永续利用，打造有创意、有价值、有特色、有魅力的文旅产品。

（四）创新开发模式，促进文旅融合

第一，"遗产遗迹＋旅游"模式：主要载体为各类遗址遗迹、博物馆、展览馆。对宜昌历史上留下的遗址遗迹进行保护性开发，以文物展陈、创意开发等方式，给游客创造切身感知历史文化的条件，提高历史文化的积淀和魅力。一方面，在开发过程中，可适当采用数字媒体、VR、AR、互联网、物联网等高新技术，丰富游客的旅游体验；另一方面，可结合当地文化打造独具特色的文化IP，研发各类文创产品，有效延伸文旅产业链与价值链。

第二，"历史名人＋旅游"模式：主要载体为名人故里、名人故居、纪念馆、名人作品馆藏等。以名人文化为主打品牌，摆脱单一开发名人故居的传统思路，在保留宜昌某些名人故居真实性、深度挖掘其文化内涵的基础上，丰富当地的旅游功能，弥补名人故居知名度不高、名声不响的劣势，打造以名人故居为核心的综合旅游区，实现文化与旅游的水乳交融。

第三，"传统工艺＋旅游"模式：主要载体为非遗馆、文化创意街区、文化产业特色小镇等。传统手工技艺等非物质文化遗产，可以有效满足游客感受文化多样性、娱乐、购物和沉浸式体验的需求。将旅游与非遗工艺传承相结合，活态化展示传统工艺，广泛传播非遗文化，丰富文化旅游资源。可以通过创新呈现形式，满足游客参观和体验需求，注重产品设计的时效性、艺术性和时尚性，促进非遗融入现代生活，满足大众游客喜好，推动传统工艺品走入寻常百姓家。

第四，"红色革命＋旅游"模式：主要载体为各类革命纪念地、纪念馆、领袖故居、烈士陵园等爱国主义教育基地。以宜昌红色旅游资源所承载的革命历史、革命事迹及红色精神为内涵，开展参观游览、缅怀学习、传承革命精神的旅游活动，即为红色旅游。宜昌红色旅游开发，要深入挖掘革命历史文化，合理、创意地设计和开发相关文旅项目，同时，应注意不要过于商业化和单纯逐利，导致失去了红色教育初心，进而引起游客反感。

第五，"民俗风情＋旅游"模式：主要载体为各类历史文化街区、名镇名村、历史古镇和民俗风情小镇等。游客通过在宜昌参加民俗体验活动，亲身感受宜昌人民的生活方式，感受各县区的人文风貌，从而达到身临其境、融入其中的效果。民俗风情旅游区通常由成片的历史建筑及丰富的文物遗址遗迹组成，可较为完整与真实地反映地方历史风貌。进行民俗风情旅游开发，一方面应重点解决资金和人才问题，通过引入社会资本，对实物形态的文化资源如村庄房屋等进行评估和产权交易，加速文旅开发；另一方面通过引入专业的经营管理团队和人才，结合当下需求及潮流，通过规划开发，促使传统民俗风情焕发出新的风采。

第六，"艺术节庆+旅游"模式：主要载体为会展中心、酒店会展厅、艺术馆、露天广场等。艺术节庆与旅游的融合，可以创造巨大的消费潜力，通过举办宜昌民间艺术节、文旅论坛、地方节庆、各类特色活动等，打造综合性旅游体验类项目。通过完善基础及服务设施，把握节庆活动的契机进行营销宣传，提高知名度，扩大影响力，并通过一系列丰富的文旅项目和服务吸引游客前来打卡、体验和消费。

第七，"主题文化+旅游"模式：主要载体为主题乐园、主题公园等。主题公园一般具有特定的主题创意，以文化挖掘、文化呈现、文化移植及技术赋能等形式，通过创设虚拟情境与主题公园环境，积极迎合游客求新、求异、求奇、求体验的需求，将主题情节贯穿整个游乐项目中，打造独具特色的休闲娱乐活动空间。主题公园内容丰富、形态多样，提供各种游乐活动、演艺剧场或实景演出。在宜昌开发主题游，重视突出已有主题文化IP的独特性，引入技术和创意，防止同质化竞争，提高专业化经营管理水平，并对经济效益进行可行性分析，严防文旅项目房地产化。

（五）完善配套设施，提升文旅品质

宜昌文旅基础设施有待进一步完善，可以通过以下途径，提升文旅品质。

第一，提升宜昌的旅游基础设施和配套服务，丰富旅游产品系列，构建功能完善、体验独特的旅游目的地，实现体验的整体升级。

第二，完善宜昌的基础设施，提供高质量的公共服务，在旅游充分发展的背景下营造良好的社区关系，使当地居民、游客与环境和谐相处。

第三，通过建设一批主题文化园，充分运用高科技手段，突破固有模式，结合新需求，创造新形式，融入新技术，打造高质量文旅融合新模式，顺应市场发展，抓住市场流量，提升旅游品质和游客满意度。

第四，将5G技术、物联网、人工智能、数字孪生、AR、VR、裸眼3D等先进技术加以融合，强化产品体验，提升经营管理能力，丰富营销推广手段，提高服务质量与水平，有效推动宜昌文旅融合发展，增强游客体验性，助力文物活化与文化传承。

(六)提升服务技能,打造文旅精品

服务创就精品,宜昌文旅融合发展,必须重视强化服务理念。

第一,强化服务理念,针对游客需求,重视广大游客的个性和文旅产品的多样性、体验性,以游客为本,坚持文旅产品的多样化、多层次化和体系化,打造受广大游客欢迎的文旅精品。

第二,应充分完善宜昌的公益服务,丰富差异化与个性化服务,发展附加性服务,并加强技术融合,推动信息化服务平台建设,为游客提供优质多样的文旅产品与服务。

第三,以多元文化为基础,利用不同载体对宜昌文化资源进行活化、再造与创新,开发新的旅游模式,将物质文化与非物质文化有机结合起来,并通过传统工艺提升文旅品质,形成品牌效应,走产业化发展之路。

第四,依托历史文物资源,开发文化遗产旅游、红色旅游、民俗体验旅游、研学旅行等,将文化融入吃、住、行、游、购、娱各个环节,实现文旅有机融合,打造更多体现文化精髓、人文精神的特色旅游精品。

第五,完善大数据平台建设,加强旅游信息化,在旅游地实现通信信号、免费Wi-Fi、视频监控全覆盖,通过运用在线预订、网上支付、智慧化技术,实现智能导游、实时信息查询、电子讲解与推送,实现游前的咨询服务畅通,游中的导览、导游、导购、导航服务完善,以及游后的分享评价等,通过服务智能化,提升服务质量和水平,增强游客体验,打造更多的文旅精品。

⊙参考文献

[1]赵昌林.地方特色文化在乡村振兴中的价值分析——关于宜昌农村问题的调研报告[J].农村经济与科技,2018(13):231-232.

[2]池重庆.推动文化产业和旅游产业融合发展[N].新疆日报(汉),2019-01-04.

[3]王闻道,吴倩.河北旅游资源深度挖掘:与文化、科技融合发展[J].北华航天工业学院学报,2013,23(2):38-41.

[4]秦树景.第五届泰山文明论坛:"内容产业与文化发展"全国学术研讨会综述[J].人文天下,2018(1):46-50.

[5]原群.景区景观价值的7种提升路径[N].中国旅游报,2015-05-27.

[6]成曰东.浅论文化产业和金融合作发展的思路[J].北方经济,2015(11):

67-69.

［7］于瑶.论江西红色旅游资源的发展［J］.现代农业研究,2019（12）：31-32.

［8］涂金芹,王祥华.贵州长征文化遗产与旅游发展的耦合路径［J］.经济研究导刊,2023（3）：110-112.

［9］张耀武,张静姝,胡莹.疫后宜昌市文旅融合发展的基本策略［C］.2020中国旅游科学年会论文集　疫情应对.北京,2020：174-179.

作者简介

胡莹,女,三峡旅游职业技术学院教师,主要研究方向为智慧旅游与旅游目的地管理。

信义文化融入当阳市研学旅游的价值与实践路径研究

◎李 想 黄 华 马乐夷

摘 要：探索信义文化融入研学旅游的价值与实践，是助力信义当阳建设、助力世界级宜昌建设的必由之路。以信义文化为底蕴的研学旅游受到人们的重视和推进，但仍然存在一些现实问题，如信义文化内涵的熔炼不足，对研学需求的精准分类不足，系统开发能力滞后和宣传推广力度不足等。信义文化应通过突出主题点位、做好受众分类、强化师资队伍和注重育人实效的优化路径走提升文化内涵的创新发展道路，从而获得长远可持续发展。当阳拥有世界级研学旅游资源，拥有庞大的研学旅游市场，信义文化融入研学旅游发展适应性突出，需进一步对标研发研学产品寻找增长极。

关键词：信义文化；研学旅游；行走的思政课

一、问题的提出

习近平总书记对学校思政课建设作出重要指示强调："要始终坚持马克思主义指导地位，以中国特色社会主义取得的举世瞩目成就为内容支撑，以中华优秀传统文化、革命文化和社会主义先进文化为力量根基，把道理讲深讲透讲活，守正创新推动思政课建设内涵式发展，不断提高思政课的针对性和吸引力。"[1]"行走的思政课"把教室小课堂同社会大课堂结合起来，把理论和实践结合起来，是对思政教育方式方法探索创新的积极回应，赋予"大思政课"旺盛的生命力。深入挖掘并发挥好中华优秀传统文化、革命文化和社会主义先进文化的铸魂育人功能，有助于引导青少年扣好人生第一粒扣子，从而更好地启智润心。

用好"行走的思政课"，结合地方文化，讲好新时代生动鲜活、触动人心的中国故事是思政教育守正创新、提质增效的应有之义，也是践行思政课实践教学要求的具体体现。于"信义当阳"而言，探索信义文化融入研学旅游的价值与实践，是擦亮城市名片，助力信义当阳建设、助力世界级宜昌建设的必由之路。

（一）信义文化是中华优秀传统文化

信义文化具有极强的感召力、凝聚力、影响力和生命力。其中"信"指诚实守信、相互信赖，"义"指正直忠义、仁义道义。"信义"要求人们遵守诺言，言行一致，这是构建民族文化、社会道德、人际伦理的基本要求。信义精神是古代先贤对于人生天地间要如何立身处世的思考结晶之一。信义者，即遵从内心所认同的大义，甚至可以为之付出一切代价。清代文学评论家毛宗岗曾说，三国有"三绝"：诸葛亮是"智绝"，曹操是"奸绝"，关羽（关公）是"义绝"。关公之所以能称为"义绝"，主要是因为关公的义达到了谁也无法超越的极致，做到了高度自觉，实现了知行合一。

（二）当阳和关公、信义文化有着深刻渊源

一方面，当阳是关公的威武之地、成仁之地、长眠之地、显圣之地、皈依之地，也是关公崇拜的原发地、关公信俗的形成地、关公精神的践行地、关公文化的发祥地；另一方面，关公文化赋予当阳"信义"的特质，并让这种特质深深地融入当阳的文化血脉，成为当阳最厚重的文化积淀、最深沉的精神底色、最珍贵的历史记忆、最闪亮的城市名片。

二、信义文化融入当阳市研学旅游的价值意蕴

（一）有助于引人聚人，提升城市形象

马克思主义认为，人是社会历史发展的主体。人因城聚，城以人兴，人是城市的核心资源，引人聚人是促进城市发展和繁荣的关键。对于当阳来说，在信义文化的助推下，擦亮"信义当阳"城市名片是引人聚人的内生动力。研学旅游的对象是人。对于外地研学者，来到当阳，人们被融入城市的信义文化所滋润与塑形，从被动吸引到主动认同，不仅能对本地的经济发展起到正向的促进作用，而且未来会成为当阳城市宣传的流动宣讲站；对于本地研学者，立足信义文化并切身参与，服务

地方经济和城市建设，与厚植城市精神双向奔赴，从而形成良性循环，不断提升当阳的吸引力和美誉度。

用信义标识"感"当阳。当阳城市宣传语为"长坂雄风　信义当阳"。城市品牌标识主体部分为"当"字，其中上半部分为红色代表关羽、蓝色代表赵云、绿色代表张飞的抽象化脸谱形象；下半部分为三色弧线，分别代表当阳"产业强盛、人文荟萃、绿色宜居"的美好愿景。作为"义"字的变体，展现了"民族大义、社会信义、人间情义"的精神内核。当阳城市IP形象关关和云云等一系列信义标识，让人们在目之所及处感知和强化"中国义城"新名片。

用节庆活动"观"当阳。自2001年起每年以关公文化为主题打造弘扬关公精神、展示当阳悠久历史的文化旅游盛宴。同时配套采莲船、踩高跷、玩龙灯、老背少等民俗文艺展演、三国曲艺演绎、古风艺术市集、汉服游关陵短视频优秀作品征集等活动保持信义当阳热度不减，吸引来自山西运城、宝岛台湾、河南洛阳、福建东山、陕西榆林等地关庙的代表、关氏后裔等来参加祭拜关公，观赏祭祀乐舞和关公偃月刀舞表演活动。要以关公文化旅游节、关陵庙会等节庆活动持续提升城市对外宣介的热度。

用历史故事"讲"当阳。当阳是楚文化、三国文化的重要发祥地。楚武王在此设立春秋第一县。张翼德横矛当阳桥，赵子龙大战长坂坡，关云长败走麦城、魂归玉泉，都让当阳这个千年古县闻名遐迩。玉泉寺是中国佛教首个宗派——天台宗的创建基地、祖庭，也是关公信仰的发源地。关陵为关羽身躯安葬之处，是全国三大关庙之一和全球唯一以帝陵命名的关庙。要充分运用传之久远的文化基因，广泛借助各种传播路径，不断增强当阳历史文化故事的感染力。

（二）有助于加强体验，提高思政实效

思政课的本质是讲道理，"行走的思政课"可以打破思政课传统教学场地受限的弊端，将静态的理论知识通过研学旅游的形式呈现给学生。在"行走的思政课"中，有针对性地依据学情和教学重难点制定研学路线，使"学生长期敬而远之的单调乏味、被动说教的理论瞬间变成能够看得到、摸得着、想得通的内在价值观，极大程度地解决了当前思政课理论与实践分离脱节的短板"[2]。课堂从教室变成了博物馆、纪念馆、田间地头、民俗体验、企业一线等，能使学生在"行中学，走中思"，边研边学，将理论内化为信念，并外化为实际行动，切实提高思想政治教育实效性，更好地引导学生深入了解、积极关注并亲身参与到信义文化的传承中去，促进学生的全面发展。

（三）有助于深度挖掘，呈现文化魅力

信义文化与研学旅游通过"行政的思政课"实现双向奔赴。对于支撑研学旅游的文旅从业者而言，无论是研学课程开发者还是研学课程实施讲师，在一线工作过程中可以对信义文化的内涵价值进行深度思考和系统挖掘，立足当阳实际和文旅融合的背景，突出信义特色和表现方式，实现当阳信义文化的创造性转化和创新性发展。对于参与研学的学生而言，"行走的思政课"实施的关键在于如何巧妙地将"思政小课堂"同"社会大课堂"进行深度融合互动，更加突出学生的主体性和参与性，尤其是设置了相关专业的高校。以三峡旅游职业技术学院旅游管理学院为例，"行走的思政课"的特色在于加强产教融合、校企合作，制定符合思政课与专业实训融合育人的实践方案，实现专业课"强技"与思政课"立德"双融合，建设"大师资"，打造育人共同体，把实践教学阵地延伸到真实的研学场景中，让具有文旅专业背景的学生能从研学体验者和研学设计者的身份转化中共情思考、找准需求，让专业课与思政课紧密联系、深度融合，进而推动各类课程与思政课同向同行，形成协同效应，融通专业学习，增强学生的专业实训体验感、筑能强技体验感，推动高职技能型人才真正在思政课实践教学阵地中长志气、强骨气、厚底气，构建课程思政育人新格局，更好地发挥思政课铸魂育人的功能。

三、信义文化融入当阳市研学旅游面临的实践困境

信义文化是当阳具有世界级影响的文化符号，是当阳积极助力打造世界级宜昌的战略性资源。目前，正在推动"关公文化史迹"申报世界文化遗产，以信义文化为底蕴的研学旅游虽受到了重视和推进，但仍然存在一些现实问题，如信义文化内涵的熔炼不足，对研学需求的精准分类不足，系统开发能力滞后和宣传推广力度不足等。这些问题导致研学旅游产品不够丰富，市场表现落后于社会期待，优秀的传统文化创造性转化基础薄弱，使得信义文化在融入研学旅游的过程中面临实践困境。

（一）文化内涵熔炼不足

在文化与经济密切联系的新形势下，城市文化对城市的经济发展、社会稳定、人民幸福有着重要影响。[3]信义文化是当阳的精神内核，决定了当阳的独特性，是当阳重要的精神财富。每年举办的当阳关陵庙会，为国家级非物质文化遗产，是在当阳市关陵庙定期举办的以祭祀关公为主要内容的传统民俗活动。但目前当阳信义文化的创造性转化还停留在有形的旅游产品开发上，对信义文化的内涵价值缺乏深

度解构，有形的历史遗迹的开发与无形的文化内涵的挖潜熔炼结合不足，从而引发一系列连锁反应，使延伸的配套文创项目建设缺乏新意，吸引力表现平平，文化软实力增量不明显，发展受限。

（二）研学需求分类不足

从2024年当阳市研学基地课程统计汇总表中了解，当阳有实际运行的研学基地、研学课程和学生数量，对标国家研学目标与学校研学指向，目前的信义文化研学主题旅行在整合资源、研发课程、培养师资、保证质量等方面还有待完善。信义文化的资源开发和创造转化依然局限于文旅硬件方向，存在陷于传统观光旅游模式桎梏的问题，致使当阳信义文化的吸引力、影响力带来的增量不明显。究其原因，是缺乏对研学对象精准化的分类调查研究，未充分认识到高校研学旅游、中学研学旅游和小学研学旅游受众有着不同的需求。信义文化内涵丰富，但形式单一的文化开发难以满足多样化的需求。[4]

（三）系统开发能力不足

当阳历史遗址遗迹众多，很多耳熟能详的三国历史故事都发生在当阳，既有历史继承也有文化传承，开发潜力巨大，发展前景广阔。但是，目前的资源开发和项目建设都是在现有的历史文化遗迹上的有限关联，系统规划不足，没有形成系统合力；开发深度不够，区域性功能建设不到位，未形成产业链，可持续发展缺乏机制支持。按照文化系统论和文化整体论的观点，任何一种文化现象都是整体大文化的重要构成部分，没有任何一种文化现象是可以单独存在的，每种文化现象都可以自成系统，生成精美绝妙的智慧图景。目前当阳信义文化研学旅游产品尚未有人能够整理研发出这样的系统化图景，也无人能够导游讲解清楚这样的图景，只有研学点位，没有连点成线、成片，这是未来当阳信义文化研学旅游研究的方向。

（四）宣传推广力度不足

信义文化与三国文化息息相关，其丰富的精神内涵在国内外均享有盛名。国内三国文化名城中，涿州、许昌的知名度最高。如许昌市自2007年起，以"曹魏风、三国情、许昌行"为主题，举办三国文化旅游周，倾力打造旅游名片，旅游收入以每年12%的速度增长。同在湖北省的荆州，从三国文化衍生开发出关公文化，将关公文化的弘扬与城市的规划和产业有机结合，吸引了大量游客和投资。[5]这反映了在面临以同质文化为主题进行城市品牌涵养建设的竞争中，当阳在宣传力度上不足，宣传形式不够紧密贴合数字时代潮流，市场开拓后劲不足，使蕴藏在信义文化中的文化软实力没有得到充分彰显，当阳知名度、推广度和影响力还有进一步上升的空间。

四、信义文化融入当阳市研学旅游的优化路径

面对日益规范化、标准化的大中小学研学旅游发展趋势，当阳如果要想在研学旅游板块获得新的发展，就必须积极挖掘信义文化潜力，主动对接研学文化旅行需求市场，研发符合精准分类需求的研学旅游产品体系，完善相关研学旅游基础设施，培训研学旅游服务从业者，走提升文化内涵的创新发展道路，获得长远可持续发展。

（一）立足当阳，突出主题点位

研学旅游的主题形象塑造，离不开核心资源的提炼与开发。[6]玉泉山、关陵既是风景点位，也是历史文化遗产。因此，信义文化研学旅游主题形象的塑造过程，就是把遗址遗迹作为主要研学点位出发点的过程。研学旅游资源、基础设施、规划建设等是一切客观存在的表现，是稳定的、静态的客观现实形象；研学游客从中体验到的项目、人员、民俗、文化等是有个体差异的、动态的、不稳定的印象综合体。因此，研学旅游主题形象塑造，需要依据目标市场的偏好、期望，对核心资源进行特色化、地方化、具体化的提炼凸显。

1. 特色化提炼

面向大中小学生群体的研学旅游，主打产品就是"研学＋旅行"。三国文化底蕴和堆蓝晚翠风景，构成了当阳最显著的两个文化符号。宜昌市评选十大文化符号，玉泉寺和关陵被糅合在一起，代表当阳联袂入选，它们同为全球华人的朝拜圣地，同为全国重点文物保护单位，代表着当阳的历史标高和文化流向，正在申报世界文化遗产的"关公文化史迹"有了世界级的资源定位和文化内涵，信义文化融入研学旅游的价值陡升。因此，以信义文化为主题进行特色化提炼，创新开发信义文化相关的研学旅游产品是重点。

2. 地方化彰显

研学旅游主题形象塑造的内容不能脱离地方独特性，当阳研学旅游要充分彰显信义文化特性，提取信义元素，形成相关资源库，覆盖吃、住、行、游、购、娱、商、养、学、闲、情、奇的旅游十二要素，才能针对不同的需求对象，优化组合形成不可复制的智慧性成果。如以"为何关羽有两处陵墓""关羽形象演变"等为研学知识点设计的研学线路应以关陵为主要研学点位来开展研学活动。

3. 具体化呈现

当阳信义文化研学旅游的主题形象塑造，必须是具体的、可感的、符合研学游客心理需求的。以大中学生群体为目标市场的研学旅游，核心需求是"研学"，即研究、探索性学习，包括实践研学和理论研学。其中，实践研学（或称体验研学），必须是有亲身经历和感受的研学，比如前往玉泉山关陵研学基地。关羽被杀后，孙权将关羽头颅送给曹操，以诸侯礼将其身躯葬于当阳，曹操也用诸侯礼将关羽之头颅葬于洛阳，这也是民间说关羽"头枕洛阳，身卧当阳"的由来。当阳关陵最初只是一座土冢。南宋淳熙十五年（1188年），宋孝宗敕封关羽为"壮缪义勇武安英济王"。王铢在此建祭亭，标志着此墓正式得到官方确认。目前已知该墓最早的称谓为"关王墓"，元代流行称该墓为"大王冢"。万历年间，关羽先后被敕封为"协天大帝""三界伏魔大帝"。清顺治九年（1652年），顺治帝敕封关羽为"忠义神武关圣大帝"，此后"关陵"逐渐成为此墓的主流称谓[7]。理论研学（或称探究研学），是从具体可感的经历中加以思考探索、提升提炼而形成的发现和收获，关羽被封王、封帝，形象逐渐神化，但其"忠义""勇武"的信义精神，要成为研学者心目中对关羽最深刻的印象承载，这是检验研学旅游收获大小的重要指标。研学游客的感受越具体，感知越丰富，发现就越惊奇，研学旅游的主题形象也就越清晰。[8]

（二）细分需求，做好受众分类

对研学受众进行分层分类，依托当阳信义文化精准开发研学产品，通过针对不同群体、不同重点的信义文化浸润教育，推动信义文化精神内涵与时代发展精神需求紧密结合，是大中小学思政一体化实践教学的需要，更是打造文化软实力、成为量级增长点的重要抓手。

1. 高校研学旅游需求

仅在宜昌市区，就有高职高专、本科院校6所，在校大学生约9万人。相较于中小学，除了法定节假日和日常周末闲余，在校大学生的可自由支配时间最为充裕。如何利用这些可支配时间，成功激发在校大学生千差万别的学科、专业、课程研学旅游需求，需要政校行企共同交流协作，展开对标、定制服务。

2. 中学研学旅游需求

自2013年陆续出台中小学教育"双减"政策、标准、规范、措施和方案以来，研学旅游慢慢有了利好空间，但研学旅游如何对标对接"新高考"对高素质人才教育培养需要，目前各研学旅游机构、单位、学校和旅行社，都还未能拿出切实可行的方案。组织开发设计面向青少年精神品质培养的信义文化主题课程，还需要多方联动,抓住校园教育主阵地,将信义文化相关的经典故事纳入教育课本内容、组织相关主题教育等。

3. 小学研学旅游需求

乡野田畴、公园街区、景区景点、教育机构、夏令营地、冬令营地等研学点位,如何对接、对标小学、幼儿园"双减"教育改革和研学旅游的思政素养等具体课程培养目标,关键性的研学旅游课程、项目、活动、参与、体验、收获、检测、设施、设备、师资、环境、氛围如何设计开发,是困扰信义文化融入研学旅游创新发展的瓶颈问题,也是拓展研学市场、打造研学精品线路的关键。

综上需求细分,研学旅游课程开发包括课程要求、课程体系和课程安排三个板块。课程要求规定各类课程的开展与设置,应由高等院校、中小学校与主管部门共同规划设计并详细记录;编写解说教育大纲,凸显信义特色;课程内容与学校教育相衔接,融入文化传承教育内容。课程体系的设计需较为科学、完整、丰富,教材、解说的内容规范,符合相关要求;从学生真实生活和发展需要出发,从生活情境中发现问题,转化为活动主题;通过探究、服务、体验等方式培养综合素质和实践能力。课程安排应科学合理,有计划、有步骤,学生和家长均透明知悉,时间有保证,成效有检验,收获可评、可测。

(三)精准定位,强化师资队伍

在满足学生学习和旅行需求的基础上,对"行走的思政课"的课程师资提出了更高要求,不仅局限于学校教师,行业领军人物、企业优秀员工等各种来源的师资队伍汇聚在大思政课建设中,真正落实协同育人,集合各方力量在理论建设和实践指导方式上为学生设计出适合的旅游活动项目,使学生能在信义当阳研学之旅中获得积极体验,这里的关键前提是精准做好定位,严格区分开研学和旅游。

1. 区分指导思想

传统的旅游产品设计主要依托资源为导向,面向的群体是市场,需要通过旅游产品的设计来降低成本,从而获利。研学旅游产品设计则是以教育教学为导向,面向的群体是学校,学生的知识获取和技能研习决定着产品设计的路线,主要通过满足学校的教育需求来获得利润,甚至有些研学旅游项目是公益性的。[9]

2. 区分时代背景

传统的旅游产品设计主打服务,产品通过路线设计帮助游客完成旅游目的地的选择以及交通工具、出行路线、食宿、娱乐、导游服务等安排,通过旅游企业控制旅游成本、旅游服务以及旅游时间来服务游客。研学旅游产品设计是在综合素养教育的大背景下展开的，游客有着强烈的个性化需求，对旅游的路线、时间和服务有着精准要求。[10]在此背景下，研学旅游产品设计是根据游客需求调整路线、时间以及服务设计，以满足不同年龄段、不同学龄、不同地域的学生群体的研学需求。

3.区分追逐目标

传统旅游产品设计追求的目标是游客时间利用的最大化和旅游企业的利益最大化，因此会在一定时间内给予游客最多的景区数量，行程比较满，以走马观花式浅层体验为主。研学旅游产品设计追求的目标是学生研学课堂的知识性，尤其是文化浸润类的"行走的思政课"，会精心设计研学内容和合理安排课程时间，给予学生一定的时间去思考、讨论，甚至体验实践，从学生的思政需求出发，为学生提供研学旅游体验。

4.区分关注重点

传统的旅游产品设计主要关心游客的旅游要素项目的安排，完成合同约定的景点行程即可。研学旅游产品设计则关注学生的内在体验，从学生的学习需求安排合适的活动内容，正确引导学生根据实际需要深化调整，关注研学旅游质量，记录质量检测评价。

（四）系统集成，注重育人效果

按照托夫勒、吉尔摩、派恩等人的体验经济理论观点，体验是一种创造难忘经历的活动，其目的不是娱乐学生，而是要吸引他们参与，以获取商品和服务的增值效应。[11]研学旅游所追求的，是一种在社会情境中获得身心、五感、情智等体验性收获的学习过程。"行走的思政课"注重对学生思想政治理论水平的提升和对精神文化内化方面的推进，在实践中为学生体悟理论提供更强的助力，对在新时代更好地理解思政课"是什么，为什么，怎么办"这些根本性问题提供新的解决方案、新的破解思路、新的教育思想。

1.教育导向原则

研学旅游产品作为学校教育的补充，首先是一种教育方式，其次才是一种旅游产品。青少年正处于三观形成的重要时期，研学产品的设计要坚持正确的政治方向、丰富的文化知识、互动性的实践环节和趣味性的学习方式。以"行走的思政课"为例，它是思政课实践育人与研学旅游产品跨界融合、共荣共生的载体。它面向的是学生，意在唤起学生传承中华优秀传统文化的热情，培养学生崇德向善的精神品质。

2. 环境协调原则

研学基地是一个有机组成部分。将信义文化融入研学旅游产品设计，不仅要重视信义文化的标识，还要重视信义文化的氛围营造，充分考虑整体环境的协调性，不要漏掉任何一个环节。更有甚者，氛围营造等软环境的支撑更能影响到研学基地的整体形象。

3. 文化赋能原则

通过文化赋能，推动研学产品开发、产业发展，如结合盲盒流行元素开发当阳本地历史名人盲盒文创产品；研发信义特色当阳餐饮文化；融入文旅服务行业整体装饰、服务管理；大力创建和发展形式内容多样的信义文化主题IP，聚焦公众视线，打造涉及各种多媒体形式的平台矩阵，加大宣传传播力度。

4. 系统整体原则

不仅研学点位的景观要体现信义文化，建筑、生产、生活的工具等也要体现主题标识，才能给学生留下深刻的研学印象。另外，信义文化主题的研学交通、住宿、环境、卫生等也要围绕信义文化做文章，包括工作人员的着装、行为、举止等都要体现一致性。

五、信义当阳，精神弘扬——"行走的思政课"教学设计

当阳市蕴藏着丰富的思想政治教育资源和丰厚的文化自信根基，近年来在研学旅游市场上呈现越来越热的态势。人，尤其是研学旅游服务中的从业者是匹配未来研学旅游市场发展中最核心的要素，立足培训"新质"研学旅游服务从业者，本文以三峡旅游职业技术学院2024级研学旅行专业学生的"行走的思政课"课程设计为例，让未来的研学旅游服务从业者在沉浸式的环境中领会、体悟信义当阳的思政要素，激发学生在信义精神传承中找到并发扬文化自信，实现思想政治和专业教育的有机统一。

（一）设计理念

充分融合"信义当阳，精神弘扬"思政目标，按照地接导游讲解的工作流程，贯彻OBE（Outcome Based Education）教学理念，结合市场需求和学生学情，突出实用性、适用性、应用性和实践性，围绕教学目标创设良好而宽松的教学实践情景，把真实的工作任务和丰富的课程思政环境展现在学生面前，在教学过程中充分挖掘当阳文旅资源自身的思政价值、育人功能及所承载的文化自信，重视理论与实

践相结合，思政与专业相融合，历史文化讲解与人民生活相契合，知识讲解力求科学、精练、富有感染力，充分激发学生感知文化自信的自豪感、荣誉感，促进学生能够设身处地、有针对性地分析、思考和讨论，做出自己的判断和评价，并不断归纳总结，对于激发学生的学习兴趣、培养判断力、决策力、创造力等思维能力及分析解决问题的综合素质极其有益。

OBE教学设计理念以成果为目标导向，以学生为本，采用逆向思维的方式进行课程建设，营造一种基于学习产出的教育模式，是非常适合职业教育的先进教育理念。遵循该教育理念，在充分考虑学生自身发展规律和讲解特点的基础上，以将来宜昌研学导游实际工作中所需要的专业技能和职业素质为导向，对真实工作任务进行拆解，反向设计探、研、写、讲、导五个教学步骤，构建探究合作逐级递升型教学模式，使其学习成果能够支撑行业工作任务。

"行走的思政课"充分发挥学生的主观能动性，鼓励学生积极思考，主动锻炼并积累对未来工作的责任感，从而激发其职业认同感和传承宣扬信义文化的责任感；积极探寻解决问题、提高技能的方法路径，耐心打磨讲解词并锻炼讲解能力，从而激发学生追求工匠精神的意识，促进良好的道德品质内化于心、外化于行，实现"为行业育才、助行业发展"的目标。

在学情分析的基础上，学生表现出的问题主要集中在三个方面：一是文化底蕴不足，对景点及其背后的文化内涵知之不多，对未来工作应承担的责任义务没有足够认识，因而造成讲解创作浮于表面，欠缺共鸣；二是讲解与时俱进时代感不足，撰写的讲解词与现实结合不紧密；三是讲解效果差强人意，学生在讲解过程中往往存在机械背诵、语速过快、感情不充沛等问题。要解决上述问题，应采取探、研、写、讲、导五个步骤，设立培养学生热爱旅游事业，主动宣扬优秀传统文化的服务品质的素质目标，掌握导游讲解的历史文化、景区文化等内容及表现形式的知识目标，能根据团队需求灵活应变讲解内容的能力目标。

（二）教学过程

探当阳：探史寻踪，收集素材。借助信息化手段及资源，引导学生通过小组合作，利用头脑风暴、思维导图等手段，将信息化渠道获得的碎片化知识进行整理归纳，认知当阳信义资源，厘清讲解脉络。

研三国：精研细磨，完善素材。按照"查找不足—明确短板—弥补提升—检验效果"的思路，运用闯关游戏、微视频等信息化手段，引导学生对探当阳环节收集的讲解素材进行梳理提炼、去伪存真和补充完善，并帮助学生深入理解知识背景和各要素之间的联系，为讲解词的创作及讲解工作打下基础。

写讲词：结合故事，撰写讲词。按照"明确优秀讲词标准—分析初稿明确难点—针对难点学习方法—运用方法完成讲词"的教学思路，以已掌握的相关知识为依托，通过关羽的信义故事，将爱国精神、学习意识、创新精神、与时俱进、服务意识、工匠精神等思政元素融入其中，鼓励学生反复打磨讲词，最终完成初具"信、达、雅、特"四个特点的自创讲解词，从而在写的环节突破难点。

讲文化：典范追踪，实景模拟。以写讲词阶段完成的讲解词为蓝本，在老师、行业专家的指导下，通过反复体会与练习，增强文化自信和传承情感，不断提高自己的讲解水平，最终完成富有感情、自然生动的讲解，掌握"讲"环节的教学重点。

导实景：真导实讲，寓教于游。通过与实践教学基地合作，为学生提供真导实讲、服务社会的机会，在这一过程中严格按职业规范操作。通过实地讲解练习、实地验证自己的讲解词，传承优秀文化，努力做到精神饱满、情真意切、表达清晰、富有吸引力，达成传承中华优秀传统文化的教育目的，同时找到模拟和实地讲解的区别及改进方向。通过游客满意度评价，学生能认识到游客需求与自身讲解的差异，从而全面分析自身的讲解情况，实现自我成长。

（三）教学反思

在整个教学过程中引导学生历练成长为传统文化的继承者和宣传者，从模拟讲解到真实对客的转变，使学生在当阳实地接受信义文化的浸润，以亲身体验信义当阳的状态，埋下一颗向善向上的种子，为地区旅游事业储备人才。但目前信义元素、地方特色的挖掘和关联还远远不够，今后要进一步贴合导游基础知识在当阳文物、文化中的实际运用，增强学生文化底蕴，增强文化自信，为学生专业成长助力，让学生努力奠定"让每一个来当阳的客人都能不虚此行"的思想，实现"讲好地方故事、做好地接导游"的人才培养目标。

六、结论与展望

在助力打造世界级宜昌的背景下，信义文化融入研学旅游迎来重大发展机遇，经上述调查研究论证，本文就信义文化融入研学旅游发展问题，得出以下结论：当阳拥有世界级研学旅游资源，拥有庞大的研学旅游市场，信义文化融入研学旅游发展适应性突出，需进一步对标研发研学产品寻找增长极，相关建议如下。

（一）政校行企共同研发，打造信义文化研学旅游精品

不同学段的师生均是信义文化研学旅游产品的参与者，尤其相关专业背景的教师要提升自身信义文化研学旅游课程研发设计的意识与能力。教育行政部门牵头成立信义文化研学旅游课程的团队小组，根据当阳历史文化遗产资源，针对不同年龄段中小学生的需求特征，推出适用的信义文化研学旅游产品。所以，政府组织，专家指导，行业建议，教师参与，学校推广，学生参与，才能保证研学旅游的权威性和有效性。

（二）以人为本协同育人，丰富信义文化研学产品体系

信义文化的传承需要每一个参与其中的人充分发挥主观能动性，形成育人合力，提升育人实效。"行走的思政课"是将信义文化融入研学旅游产品设计的一种创新方式，以最核心的研学旅游从业者为切入点，培养符合时代要求的文旅行业储备人才，把习近平总书记对职业教育"大有可为"的殷切期盼，转化为"大有作为"的具体行动，不仅贯彻落实党和国家关于青年大学生思想政治教育的创新设计，还将"行走的思政课"建设推向深入，既达到了良好的思政育人效果，又与当阳实际形成了良性循环——把人培养好，为当阳未来研学旅游市场的发展空间留下了无限可能。

（三）数字赋能提高体验，创新信义文化研学活动形式

目前信义文化研学旅游产品大多依然停留在观光和解说的层面，增长极在于增设丰富的信义文化体验性项目，融合创新更多学生喜闻乐见的载体，提高体验感，从而引发学生的共鸣与感触。伴随科技的发展和新媒体的普及，"云上研学"成为可能，信义文化研学活动可以通过科技手段在线上实现沉浸式的多维呈现，让参与者不受时间空间限制，随时随地实现云游。同时利用数字产品形式灵活、延伸性强的特点，为用户量身设计小游戏、在线闯关答题等，从而有利于实现研学知识点的可评可测，以寓教于乐的方式强化研学效果。

（四）相关研学主题线路思考

1. 主题一：知音之交 "毕"不可少（适合毕业班）

开营仪式，抵达当阳关雎河畔研学基地，选择桃树背景举行。（约2小时）→筹备午餐，烟火青春，师生齐动手，创意"信义宴"。（约2小时）→知音之交，桃园谊深，毕业墙拓展活动，在事先设计好的墙板上互相写毕业寄语，然后分组进行团建拓展挑战活动。（约2小时）

2. 主题二：进退帷幄　取舍有度

上午：出发前往宜昌三游洞，在张飞擂鼓台举行开营仪式后出发前往当阳。（约2小时）→抵达后在玉泉山关陵研学基地听取"刘备携民渡江"的故事后，分组进行长坂坡、当阳桥、糜城、麦城进退闯关知识问答互动团建，提升学生战略思维——撤退是为了更好地前进。（约2小时）→下午：体验知音小鼓文创制作课程。先通过讨论进行分工，随后合作制作，最后举办打鼓音乐会，引导学生系统思考，提升辩证能力。（约2小时）

3. 主题三：二次元视角　传承信义

上午：出发前往玉泉山关陵研学基地，通过初识三国人物、说唱脸谱、关公微剧场、二次元IP扮演等活动了解关公，通过情景剧《桃园结义》《刮骨疗伤》《单刀赴会》《温酒斩华雄》等走近关公，重温三国时代风云。（约2小时）→下午：踏寻玉泉古迹，体会关公信义精神，了解国宝玉泉铁塔的建造工艺，探寻珍珠泉的成因。（约2小时）

⊙参考文献

［1］新华社. 习近平对学校思政课建设作出重要指示强调：不断开创新时代思政教育新局面　努力培养更多让党放心爱国奉献担当民族复兴重任的时代新人［EB/OL］.（2024-5-11）. https：//www.gov.cn/yaowen/liebiao/202405/content_6950473.html.

［2］姚东升."红色人文行走"融入思想政治教育的价值与进路［J］.黄冈职业技术学院学报，2020，22（2）：57.

［3］吴智辉.文化视角下荆州市总体城市设计策略研究［J］.城市建筑，2023，20（14）：16-20.

［4］吴俊蓉，吴俊艳，赵俊凤.文旅融合视域下的南充三国文化旅游资源开发研究［J］.四川省干部函授学院学报，2023（3）：12-15+33.

［5］刘菲菲.地域文化视域下旅游文创产品的设计策略探究：以四川省成都市的蜀汉三国文化的旅游文创产品为例［J］.西部旅游，2023（13）：51-53.

［6］G.Richard，J Wilson. Developing Creativity in Tourist Experience：A Solution to the Serial Reproduction of Culture［J］.Tourism Management，2006（3）：35-38.

［7］廖章荣，黄柏权.从土家到关陵，当阳关羽墓历史变迁考［J］.三峡大学学报（人文社会科学版），2023（3）：32-36+76.

［8］温铁军.告别百年激进：温铁军演讲录［M］.北京：东方出版社，2016：380-389.

［9］Brian Garrod and Alan Fyall. Managing Heritage Tourism［J］.Annals of Research，2000，27（3）：682-708.

［10］Waite S. Teaching and Learning Outside the Classroom：Personal Values，Alternative Pedagogies and Standards［J］.Education 3-13，2011，39（1）：65-82.

［11］李笑白.历史街区保护与旅游开发［D］.郑州：河南大学，2007.

● 作者简介

李想，女，三峡旅游职业技术学院党政办副主任，讲师，主要研究方向为思政教育、文化旅游。

黄华，男，三峡大学社会服务与对外合作办公室副主任，副教授，主要研究方向为旅游管理。

马乐夷，男，宜昌职工旅行社总经理助理，高级企业管理咨询师，主要研究方向为旅游管理。

三峡文旅教育

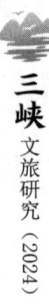

为世界级旅游目的地城市建设贡献教育力量
——宜昌市文旅人才培养情况调研报告

◎石希峰

摘 要：文化旅游产业作为宜昌市"3+2"主导产业之一，如今正蓬勃发展。宜昌在人才培养上已基本形成多层次办学格局、建成高水平专业体系，产教融合生态良好、社会服务能力显著提高。但面对世界级旅游目的地城市建设、文旅新业态发展、数字化转型带来的挑战，宜昌仍需进一步强化文旅人才政策供给、完善人才培养体系、深化产教融合校企合作、提升人才培养质量，以便更好地为建设世界级旅游目的地城市建设贡献教育力量。

关键词：宜昌；世界级旅游目的地城市建设；产教融合；人才培养

一、引言

宜昌文旅"家底"丰厚，产业蓬勃发展。2023年，宜昌市委七届五次全会将文化旅游纳入全市"3+2"主导产业布局[1]；2024年，宜昌市委市政府印发《宜昌市建设世界级旅游目的地城市实施方案》，提出"到2027年，全市旅游接待规模突破1.5亿人次，总收入突破1500亿元"的总目标[2]，建设世界级旅游目的地城市的宏伟目标未来可期、大有可为。教育肩负着为产业发展提供人才支撑的重任，宜昌开设文旅相关专业的大中专院校有责任、有义务、更有能力为宜昌推进旅游业全面提质转型，加快打造世界级旅游目的地城市贡献教育力量。在此背景下，本文聚焦产教融合，深入调研宜昌市文旅人才培养的现状、挑战与对策，为实现文化旅游产业的高质量发展提供有力的人才支撑和智力支持，助力世界级旅游目的地城市建设。

二、宜昌旅游业发展现状

（一）旅游资源禀赋高

宜昌地处长江中上游接合部，区位优越，文化底蕴深厚，自然资源绝佳，坐拥世界级山水——长江三峡，孕育出世界级工程——三峡工程，涵养出世界级文化——屈原文化、昭君文化、长江文化，自然与人文景观交相辉映，为旅游业发展奠定了坚实的基础。2025年1月，湖北省人民政府批复同意将宜昌市列为湖北省历史文化名城。

（二）产业发展势头足

宜昌始终把文化旅游业作为战略性支柱产业进行培育，产业发展呈现良好势头。近年来宜昌市在文旅产业体系迭代升级、业态融合发展、城市品牌传播、服务质效提升方面主动作为，取得了显著成绩，进一步激活了文旅市场的活力，为宜昌世界级旅游目的地城市建设注入了强劲动力。2023年，宜昌接待游客首次突破亿人次大关；2024年，接待游客1.18亿人次，实现旅游综合收入1180亿元[3]。

（三）短板不足较明显

宜昌文化旅游近些年取得了显著成绩，2024年7月"三峡千古情"项目开业，这是宜昌打造的长江旅游带、清江旅游带核心支撑项目，填补了宜昌大型演艺项目空白。但宜昌文旅产业依然是典型的"资源依托型"发展模式，旅游产品主要还是以观光型为主，转型升级速度较慢，行业人才队伍建设、政策供给也亟须加强。

三、宜昌文旅人才培养现状

（一）基本形成多层次办学格局

宜昌市文旅教育在办学层次上已基本形成中职、高职、本科、研究生等多层次人才培养发展格局，以中职为基础、高职为主体的文旅人才培养职教体系也基本形成。全市共有14所院校开设旅游大类专业，其中，本科院校2所，高职院校2所，中职学校11所，共计开设旅游管理、酒店管理与数字化运营、研学旅行管理与服务等21个专业。三峡旅游职业技术学院是湖北省唯一以旅游冠名的高职院校，开设

旅游大类专业种类、专业学生规模均居全省之首，学校牵头建设全市旅游管理中高职贯通培养联合体，与市内8所中职院校均联合开展旅游类专业"3+2"中高职贯通培养。在全省旅游大类专业招生形势不容乐观的情况下，宜昌文旅人才培养规模仍基本保持稳定。

（二）逐步建成高水平专业体系

全市各层次文旅类专业已逐步构建高水平专业体系，三峡大学旅游管理专业是三峡和鄂西区域唯一的国家一流本科专业建设点，拥有湖北省高校战略性新兴（支柱）产业人才培养计划和"荆楚卓越人才"协同育人计划两个省级质量工程项目；三峡旅游职业技术学院旅游管理专业群入选省级"双高"计划，是省教育厅、省财政厅立项的高水平专业群，旅游管理专业为教育部创新发展行动计划骨干专业、省级品牌专业，导游、酒店管理为中央财政支持的专业服务产业重点建设专业，烹饪工艺与营养专业是省级特色专业；湖北三峡职业技术学院旅游管理专业是湖北省高等职业教育重点专业；秭归县职教中心旅游服务与管理专业入选省级"双优"计划，是湖北省优质专业。各层次旅游专业均位于全省领先水平，高水平专业体系已基本建成。

（三）产教协同育人生态良好

宜昌建成产教融合智慧服务平台，成立了宜昌文化旅游职业教育联盟。开设文旅大类专业的院校与区域200余家文旅企业开展深度合作，实施共建专业、产业学院、职教联盟、实训基地等多种校企合作模式。全市职业院校和湖北三峡旅游集团、宜昌桃花岭饭店股份有限公司、宜昌百里荒生态农业旅游开发有限公司等文旅企业共建产业学院、乡村振兴学院、茶旅产业研究院等共计12个，共建实习实训基地140余个，产教协同育人生态良好。职业院校采取的"淡进旺出、工学交替"实践育人模式，年均为宜昌输送文化旅游专业实习学生4000余人次。

（四）社会服务能力显著提高

宜昌文旅大类专业教学团队对接长江经济带国家战略，主动对接湖北省及宜昌市现代产业体系需求，积极开展教研科研工作，深入行业企业一线服务社会。文旅专业教师围绕长江绿色发展、乡村振兴、文化旅游等重大国家战略实施，参与了《建设长江三峡生态经济走廊研究》等国家级和省部级重大项目研究。部分教师还长期受聘于宜昌市文化和旅游局与教育局，全年常态化参与星级饭店复核、A级景区复核、等级民宿检查、研学旅游旅行社资质审核、研学旅行基地（营地）评审及旅游企业安全检查等工作。近三年，全市开设文旅相关专业院校组织开展旅游技能提升培训、研学旅游行业紧缺人才培训、乡村振兴培训、沟通讲解技能培训、普通话培训等共计培训23 000余人次，为区域文旅产业发展贡献了教育力量。

四、宜昌文旅人才培养面临的挑战

（一）世界级宜昌发展目标赋予新使命

近年来，宜昌文旅专业毕业生年均2000余人，市属高职院校本地就业率为40%左右，三峡大学旅游管理本科专业于2024年停招，输送的高素质技术技能人才远不能满足宜昌文旅融合发展和业态迭代更新的需求。文化旅游作为宜昌市"3+2"主导产业之一，亟须文化旅游、教育等部门高位统筹、加强协作，制定文旅产业人才队伍建设规划，科学预测人才需求，支持文旅专业及院校扩大招生规模、提升办学条件。

（二）文旅新业态对人才培养提出新要求

康养度假、文化体验、乡村休闲、研学科普等新业态为文旅人才培养提供了新方向，同时，也对人才培养进一步对接产业技术及职业岗位能力等方面提出了新要求，需要在人才培养定位、教学内容、培养方式等方面作出新的变革，挖掘文化旅游高素质技术技能人才培养的新内涵，而传统的教育模式可能无法满足文旅新业态对复合型人才培养的新需求。

（三）数字化转型对人才培养提出新挑战

近年来，随着AR、VR、智能互动等科技元素的应用，沉浸式文旅迎来快速发展期，智慧旅游和"+旅游"等数字化旅游新环境不断涌现，对文旅专业人才培养提出新挑战，需要运用新思维、新手段提升人才培养质量，创新人才培养模式，培养宽口径、厚基础、复合型、具有国际化视野的高素质技术技能人才。

五、宜昌市文旅人才培养对策建议

（一）进一步优化人才政策供给

《宜昌市建设世界级旅游目的地城市实施方案》中强调，要深化旅游学科建设，加大旅游人才培养力度，并专门提到将符合条件的导游人才纳入全市高层次人才服务保障范围[4]。市政府相关部门应高位推动，出台文旅人才支持政策相关细则，优化人才引进和培养政策，强化对高层次、紧缺型人才的吸引力，激励企业参与产教融合、校企合作，提升人才培养质量。

（二）进一步完善人才培养体系

为了适应世界级旅游目的地城市建设的需求，宜昌应进一步完善文旅人才培养体系，确保教育与产业无缝对接。积极推动恢复本科层次文旅专业招生，申办职教本科层次文旅人才培养专业，同时，加强与国内外一流高校和研究机构的合作，引进优质教育资源，提升本土教育的国际化水平，培养具有全球视野的文旅人才。

（三）进一步深化文旅产教融合

要在建好宜昌文旅职教联盟的基础上，积极打造跨区域文旅行业产教融合共同体，着力推动政、校、行、企协同发力，搭建融合发展、改革创新、交流合作、服务引领的平台，着力共建开放型区域文旅产教融合实践中心，打造区域文旅产教融合新标杆。

（四）进一步提升人才培养质量

职业院校和用人企业要紧密围绕中高职一体化人才培养、实践中心建设、优质教材建设、双师型教师队伍建设等重点任务，实现教育链、产业链、创新链的有效衔接，联手培育高素质、复合型、创新型技术技能人才，提高文化旅游行业人才培养质量，为宜昌文旅产业的高质量发展提供源源不断的动力。

六、结语

宜昌市虽在文旅人才培养方面取得了显著成绩，但仍存在一些挑战和局限。一是虽然已建立起多层次的办学格局，但与世界级旅游目的地城市的定位相比，高层次、国际化的人才培养体系仍有待进一步完善。二是尽管产教融合生态良好，但如何更深入地将新技术，如数字化、智能化技术融入教学，培养适应未来文旅行业发展的创新型人才，是亟待解决的问题。三是虽然政策支持力度较大，但如何确保政策的有效执行，以及如何在实际操作中平衡教育质量与产业需求，仍需进一步探索。

⊙参考文献

[1] 中共宜昌市委，宜昌市人民政府.关于推动城市和产业集中高质量发展加快建设长江大保护典范城市打造世界级宜昌的实施意见（宜发〔2023〕8号）[Z].2023-08-09.

［2］邓云. 宜昌召开旅游发展大会 划定四年1500亿目标 六大行动打造世界级旅游目的地城市［EB/OL］.（2024-09-26）［2024-09-26］.https：//news.hubeidaily.net/pc/c_3163968.html.

［3］宜昌市人民政府. 政府工作报告［Z］.2025-01-05.

［4］中共宜昌市委办公室 宜昌市人民政府办公室. 关于印发《宜昌市建设世界级旅游目的地城市实施方案》的通知（宜办发〔2024〕11号）［Z］.2024-09-25.

作者简介

石希峰，男，宜昌市教育局副局长，高级讲师、经济师，主要研究方向为教育管理、职业教育政策、职业教育教学改革。

现代旅游产业变迁与旅游职业教育数字化变革①

◎ 陈菁华

摘　要：数字技术加速与旅游产业深度融合，推动旅游产业链重构、供应链重组、服务链重塑、价值链重建，颠覆传统旅游工作世界，重新定义旅游人才需求。我国旅游职业教育建立并运行在传统旅游产业的工作世界及其技能需求基础上，旅游职业教育人才培养与现代旅游产业需求割裂现象严重，造成旅游人才供求结构性失衡问题突出。旅游职业教育要对接现代旅游新需求，运用数字技术新动能，从专业内涵升级、数字能力培养、数字资源创生、教学场景创建、教学范式变革、育人模式革新、教学评价创新和平台赋能智融等八个维度推进旅游职业教育数字化转型升级，推动旅游职业教育高质量发展。

关键词：数字技术；旅游产业；职业教育；数字化变革

随着我国全面建成小康社会第一个百年奋斗目标如期实现，作为小康社会的标配，旅游已走进千家万户，成为人民美好生活的"必需品"和常态化的生活方式，我国正全面进入大众旅游时代。数字时代与大众旅游时代叠加碰撞，数字技术加速与旅游产业深度融合，赋能旅游产业迭代升级，颠覆传统旅游工作世界，重新定义旅游人才需求。我国旅游职业教育建立并运行在传统旅游产业的工作世界及其技能需求基础上，旅游职业教育人才培养与现代旅游产业需求割裂现象严重，造成旅游人才培养供求结构性失衡问题突出[1]。我国已全面开启教育数字化战略行动，教育

---

① 基金项目：湖北省教育科学规划2021年度重点课题"数字经济视角下高职旅游管理专业群数字化转型升级研究"（项目编号：2021GA111）。

数字化已成为建设高质量现代教育体系和培养高质量技术技能人才的重要引擎[2]。职业教育数字化是职业教育高质量发展的必然要求，旅游职业教育要服务数字经济新战略、对接智慧旅游新需求、运用数字技术新动能，着力推进旅游职业教育数字化转型升级，促进旅游教育链、人才链与旅游产业链、技术链、创新链有效衔接，为服务旅游经济高质量发展提供高素质人力资源支撑。

一、精准识变：数字技术赋能旅游产业迭代升级

旅游业的产生、发展和崛起与科技创新和应用有着密切关系。以蒸汽技术革命为标志的第一次工业革命，催生了近代旅游发展；以电力技术革命为标志的第二次工业革命，推动了现代旅游发展；以信息技术革命为标志的第三次工业革命，促进了大众旅游时代来临。进入21世纪，以"云大物移智链"等为代表的新兴数字技术，驱动第四次工业革命正以前所未有的态势席卷全球，赋能旅游产业迭代升级，推动旅游业迈入数字科技驱动的智慧旅游时代。

（一）数字技术赋能旅游产业链重构

当前，数字技术已深度融入旅游产业全链路，成为支撑旅游业高质量发展的"新质生产力"，数据成为旅游业关键生产资料和"新质生产要素"，使旅游业成为数字科技革命重要的创新载体和应用场景，衍生出旅游公众号、小程序、企业微信、App、移动支付等旅游运营"新工具"；培育出云旅游、云演艺、云直播等旅游经济"新业态"；创意出新跟团、新地接、新零售、定制旅行、沉浸式体验、虚实交互体验等旅游服务"新产品"；开发出智慧预约、智慧调度、智慧分流、智慧导览、智慧营销等旅游智慧"新场景"；生产出智能滑雪板、智能头盔、沉浸式过山车、AI观光车等旅游活动"新装备"；研发出一机旅游、一码通行、一键导航、一键导览、一键导游、一键导购、一键呼叫、一键求助、一键分享、一键投诉等旅游体验"新玩法"；构建起全时空资源整合、全要素协同共享、全链路管理优化、全流程服务提升、全过程体验升级的智慧旅游"新生态"。

（二）智慧管理驱动旅游治理变革

数字技术赋能旅游服务全流程实现端到端的数字化协同管理，推动旅游企业纵向集成，促进组织形态向扁平化、网络化架构演进，提高了旅游企业组织管理能力、科学决策能力、柔性化生产能力和风险感知、预测与防范能力，提升了旅游企业综合竞争力。数字技术集成应用，使分散的旅游资源、生产者、服务者和消费者

虚拟聚集于智慧旅游平台，赋能旅游产业链横向集成，促进旅游要素更精准地匹配和更生动地呈现，形成资源互享、信息互通、消费互促、管理互联、营销互推、品牌互动、优势互补的跨界融合机制，提高了旅游业全要素生产率。旅游大脑和城市大脑融汇，打造集旅游服务评价、投诉受理、信用管理、市场监管、安全监控、客流监测、联动执法、运行监测等多功能于一体的智慧旅游综合管理平台，促进部门间横向融通、产业链纵向协同，构建起政令一键到达、执行一贯到底、服务一网通办、监督一屏掌控的大数据精准监管机制，推动旅游全周期精细管理、全链条精准服务、全闭环风险管控，使旅游治理由经验驱动向数据驱动转变。

（三）智慧营销促进旅游营销创新

在全民社交的数字化时代，旅游营销策略重点从产品管理向顾客管理、再向价值共创转变。旅游产品生产从以旅行社为中心、以供应商委托"来料加工"为核心的团队运作和手工操作生产模式向以消费者为中心、以个性化需求为核心的智能化定制生产模式转变。旅游分销渠道从以旅行社为中介构建的资源端到客源端多层级批零体系转向以平台为中心辐射、线上渠道与线下渠道结合、线上引流与线下引客对接的智慧营销渠道转变，推动旅游分销从旅行社"门店到人"、OTA"平台到人"向依托社群媒介平台"从人到人"的渠道转变。旅游推广从传统媒介"千人一面"的促销模式向数字媒介"千人千面"的智能化匹配、高效化触达、精准化促销模式转变。

（四）智慧服务引领旅游品质提升

智慧旅游公共服务以游客需求为中心，以数字平台为依托，以海量数据为核心，以"算法＋算力"为支撑，以"一网通办""异地可办""掌上办""指尖办"为标配，融合供给侧"云平台"与需求侧"一机游"，融通云端渠道与线下触点，融汇现实空间与虚拟空间，实现全要素协同整合、全流程精准匹配、全终端智能交互、全时空优质服务，构建起交互化、集成化、智能化的旅游公共服务体系。数字科技全面颠覆旅游企业传统旅游服务模式，"掌上餐厅"让顾客吃得舒心，"透明厨房"让消费者食得放心，"智慧酒店"让游客住得开心，"智慧景区"让消费者游得省心，"指尖上的旅行社"让游客玩得安心，"智慧导览"让游客玩得爽心，成就了游客说走就走、自由自在、随心而行的美好旅途。

（五）智慧体验推动旅游消费升级

虚拟现实、增强现实、混合现实、智能交互、全息投影技术、互动体验技术、裸眼3D技术、数字动画技术等高新技术渗透于旅游产品和服务之中，整合无形资源与有形资源，融合现实场景与虚拟场景，使博物馆里的文物、大地上的遗产、古籍里的文字、历史上的典故活起来、动起来，促进文化遗产从资源到产品再到产业的转化，丰富和拓展了旅游场景。沉浸式旅游演艺、沉浸式游戏化体验、沉浸式博物馆、沉浸式餐厅、沉浸式酒店、沉浸式马戏团等产品，为游客提供视觉、听觉、触觉和嗅觉等感官的交互式、沉浸式体验，推动旅游体验从真实性旅游向场景化旅游转变，使旅游消费进入互动式、沉浸式体验新时代。数字技术全面渗入游客旅行全过程，使昔日烦琐疲劳的旅行变得自由自在。游前个性化智能定制、游中管家式智能服务、游后实时化智能分享，全过程智慧体验提升了旅游消费效率，解决了旅游消费需求，促进了旅游消费转型升级。

二、科学应变：旅游工作世界变迁倒逼旅游职业教育变革

数字技术加速与旅游产业深度融合，颠覆了传统旅游工作世界，改变了旅游职业结构和职业技能结构，重新定义旅游人才需求，倒逼旅游职业教育变革。

（一）职业发展数字化，倒逼旅游职业教育致力于数字旅游人才培养

作为新时代第一生产力代表的新型数字技术不断物化为数字生产工具，赋能人类工作组织平台化、工作场景虚拟化、工作时空泛在化、工作交流社群化、工作手段智能化、工作过程数字化、工作评价网络化、工作成果可视化，实现"人与事""人与物""人与机""人与人"之间的全面数字化协同，从而孕育出许多新型数字职业。《中华人民共和国职业分类大典（2022年版）》首次标注了97个数字职业，占职业总数的6%，占净增职业的61.4%[3]。数字职业在产业数字化和数字产业化进程中不断发展壮大，体现了数字时代的新技术、新趋势和新需求。比如，数字化管理师和数字化解决方案设计师可以为旅游企业量身定制数字化最优解决方案，让旅游企业更"聪明"；数字孪生应用技术员可以为旅游规划区构建孪生"虚拟双胞胎"，立体三维可视化呈现真实的旅游规划区信息，让旅游规划更"智慧"。随着数字产业化和产业数字化发展，传统职业数字化已成为数字时代的必然要求，将数字思维能力、数字技术应用能力和人机协同工作能力纳入旅游职业人才素质要求是必然选择。

（二）就业方式灵活化，倒逼旅游职业教育重视学生终身学习能力培养

数字经济时代的旅游工作世界正在改变"公司＋雇员"这一传统就业模式，逐渐向"平台＋个人"这一新型就业模式变迁，呈现出就业空间平台化、就业方式灵

活化趋势。在"平台+共享"经济模式推动下，零工经济在全球范围内迅速兴起，新媒体运营、社群运营、微信公众号运营、小程序运营、短视频运营、用户运营、数据标注、语音标注、旅游定制等"云岗位"不断涌现；文案写手、网络主播、视频UP主、外卖骑手、网约配送员、网约车驾驶员、网约导游等"云就业"形式层出不穷，为灵活就业创造了广阔的"云空间"。"平台+个人"就业模式要求从业人员不仅有过硬的专业技能和自我管理能力，更重要的是有快速学习能力和市场应变能力，具有善于学习新知识、掌握新技术、应对新变化，持续提升自我发展能力。旅游职业教育要适应就业模式变化的新特点，着力培养学生平台化就业能力、终身化学习能力和可持续发展的职业能力。

（三）人才需求复合化，倒逼旅游职业教育强化复合型创新人才培养

人工智能使人类从简单、重复、烦琐的工作中解放出来，人类工作重心转向人工智能所不能替代的复杂性、非结构性和创造性工作。因此，各行业需要具有创新思维，具备技术跨界融合能力、自主创新能力、价值创造能力的复合型创新人才。既掌握传统导游技术技能，又能熟练应用数字技术，能满足游客个性化、定制化需求的网约导游成为旅游行业新职业；具备主持才能和营销技能的旅游主播成为旅游行业新需求；拥有服务意识、管理能力、人文情怀和艺术审美的民宿经营者成为乡村旅游新管家；既懂旅游六要素又懂旅游文化，能将客户端游客需求与供给端资源优势精准匹配变现的旅游定制师成为旅游行业新追求；能灵活运用多领域专业技能保障酒店设施设备有效运转的"酒店万能工"成为旅游行业的新帮手；能根据客户需求创新设计高品质宴会活动策划方案、具备较强沟通能力、良好审美能力、严谨执行能力的宴会定制师成为旅游行业的新要求；熟悉当地情况、具有乡土情感的"土专家""田秀才""乡创客"等成为乡村旅游炙手可热的新选择；具有优质内容创意能力、项目创新设计能力、市场开发引爆能力、岗位跨界整合能力、业态整体运营能力的实战型、综合型、创新型人才成为现代旅游产业最为稀缺的新人才。

（四）职业结构两极化，倒逼旅游职业教育重塑专业定位

在数字技术支持下，"可被编码的"重复性强、程序性高、业务量大的中等技能岗位工作逐渐被人工智能所替代，中等技能劳动力的市场需求明显降低；非重复型、创新型、数字型等高技能人才（如虚拟现实产品设计师、数字化管理师、人工智能训练师、全媒体运营师、互联网营销师、电子商务师、供应链管理师等）的市场需求不断增长；灵活性、非重复性低技能人员（如餐厅现场服务员、外卖配送人员、网约车司机等）的市场需求稳步提升。人力资本市场呈现两头增长、"中部坍塌"、总量短缺、供需结构失衡的现象。现代旅游业以数据链引领信息链、供应链、资金链、服务链和管理链，促进了旅游全渠道、全链路供需智能调配和精准对接，重塑以数字平台为中心的现代旅游产业链，旅行社在旅游产业链中的中心地位已成过去时。而我国旅游职业教育专业链主要围绕以旅行社为中心的传统旅游产业链构建，专业设置存在产业链对接范围窄、技术链对接程度浅、毕业生职业面向小等问题。现代旅游职业教育专业链要从以旅行社为中心建设转向以旅游平台为中心构建。

（五）技术加速迭代优化，倒逼旅游职业教育重构专业知识体系

数字经济时代，前沿和颠覆性技术迭代持续加速，以大模型为代表的人工智能通过"AI+"整合5G、AI、大数据、云计算等先进数字技术，推动旅游全要素数字化重构，使旅游活动从二维空间向三维空间（物理空间、社会空间和数字空间）延伸，从而改变了旅游产业结构、时空边界、产品形态、营销理念、服务模式和旅游方式，丰富和拓展了旅游的知识体系和技术体系。而我国旅游职业教育专业课程体系建立在传统旅游工作世界的知识体系和技术体系基础上，现代旅游新知识、新技术和新方法尚未及时进入旅游职业教育专业课程体系，旅游职业教育人才培养质量与现实旅游工作的人才需求存在知识错位和技能错配的问题。面对旅游发展新现象，旅游学界需要重建旅游新理论，实现旅游现象变迁向旅游理论升华的"关键一跳"；旅游职业教育需要依据旅游发展新格局，重塑旅游职业教育知识体系和技术体系，实现旅游产业重塑向旅游职业教育专业课程体系重构的"惊险一跃"。

三、主动求变：旅游职业教育数字化转型路径厘定

旅游职业教育数字化转型要以教育新基建为基础，以职业院校数字校园为底座，以专业内涵升级为核心，以师生数字能力提升为重点，以数字资源创生、教学场景创建、教学范式变革、育人模式革新、教学评价创新和平台赋能智融为抓手，推动旅游专业人才培养全要素、全过程、全链路数字化转型，促进旅游职业教育高质量发展。

（一）专业内涵升级：重塑复合型创新旅游人才培养新目标

旅游职业教育专业建设要回应旅游产业新要求、旅游人才新需求，重构人才培养目标，重组专业结构，重塑课程体系，推动专业转型与内涵升级，着力培养适应现代旅游产业要求的智慧旅游人才，促进旅游职业教育链、专业链与旅游产业链、

人才链、创新链有机衔接，提升旅游职业教育办学效益和人才培养质量。

1. 精准定位，重构人才培养新目标

旅游职业教育人才培养目标定位要体现服务"人的发展"和"产业发展"的双重目标，以服务旅游产业发展为宗旨，围绕旅游产业链、教育链、创新链厚植旅游人才链，紧跟旅游产业转型升级，匹配旅游新技术发展，着力培养既懂旅游六要素、又懂旅游文化，既掌握旅游行业技术技能、又掌握并熟练应用数字技术，拥有数字思维、计算思维和创新思维能力的复合型创新旅游人才。一是精准对接旅游产业高端、数字技术前沿和技术变革新趋势，将掌握数字新技术、运用数字新工具、具备数字新技能、胜任数字新职业的智慧旅游人才纳入旅游职业教育人才培养目标，化解传统旅游知识技能与现代旅游工作"技能过时"的矛盾。二是适应旅游产业跨界融合、文旅交互融合、岗位交叉融合新趋势，将"一专多能"的复合型旅游人才作为旅游职业教育人才培养目标，化解传统旅游工作岗位加速淘汰所引发的"职业替代"风险。三是适应旅游产业对创新性、迁移性、协同性和发展性旅游人才的新要求，将具备技术变革思维能力、融合创新能力、团队协同能力、柔性适应能力、分析解决问题能力等"软实力""软技能""软素质"的创新型旅游人才纳入旅游职业教育人才培养目标，化解传统旅游人才培养"硬技术"不足、"软实力"不强与发展型、创新型旅游人才需求错位所引发的"技能失配"风险。

2. 精准匹配，重组专业群新构架

为实现复合型创新旅游人才培养目标，旅游职业教育要按照内涵集约、资源整合、"以群建院"的思路，对标国家文化旅游发展新战略，对接区域旅游产业新需求，突出旅游职业教育特点，聚焦智慧旅游技术应用难点，把握研学旅行行业热点，抓住导游服务产业焦点，瞄准智慧景区建设重点，构建以旅游管理专业为龙头，以导游、智慧景区开发与管理、研学旅行管理与服务和智慧旅游技术应用专业为支撑的高职旅游管理专业群，着力培养智慧旅游管理人才、智慧旅行服务人才和智慧旅游营销人才。通过发挥专业群的集聚效应和服务功能，使高职旅游管理专业群外部对接旅游产业高端和旅游科技前沿，实现专业群建设与产业发展同频共振，增强旅游职业教育的适应性；内部辐射联动，促进群内专业融合发展、资源集成共享，提升旅游人才横向技能和弹性技能，全面提高人才培养质量，增强服务产业发展能力。

3. 精准对接，重塑专业课程新体系

专业课程体系是实现专业人才培养目标的核心要素和重要基础。高职旅游管理专业群要基于旅游行业对旅游人才核心素养的要求，围绕复合型创新旅游人才培养目标，突出人文素养"软素质"、职业领域"软技能"、职业核心"硬技术"、职业发展"硬实力"培养，打破专业壁垒，突破以学科为中心的课程体系建设模式，破除"普教化"旅游人才培养藩篱，按照"宽基础、大专业、小方向、多模块、N技能、网交互"的构建思路，融合"校级公共基础课程平台""专业群通识课程平台""产教融合实习实训平台"等三大平台，融通"专业核心类课程模块""专业拓展类课程模块""1+X技能等级证书类模块"等三类模块，聚焦"智慧旅游管理""智慧旅行服务""智慧旅游营销"等三类智慧旅游人才，重塑纵向衔接、横向融合、网状交互的"3+3+3"高职旅游管理专业群课程体系（见图2-1），着力打造既满足旅游产业现实需要又符合旅游职业未来发展预期的专业群课程新体系。

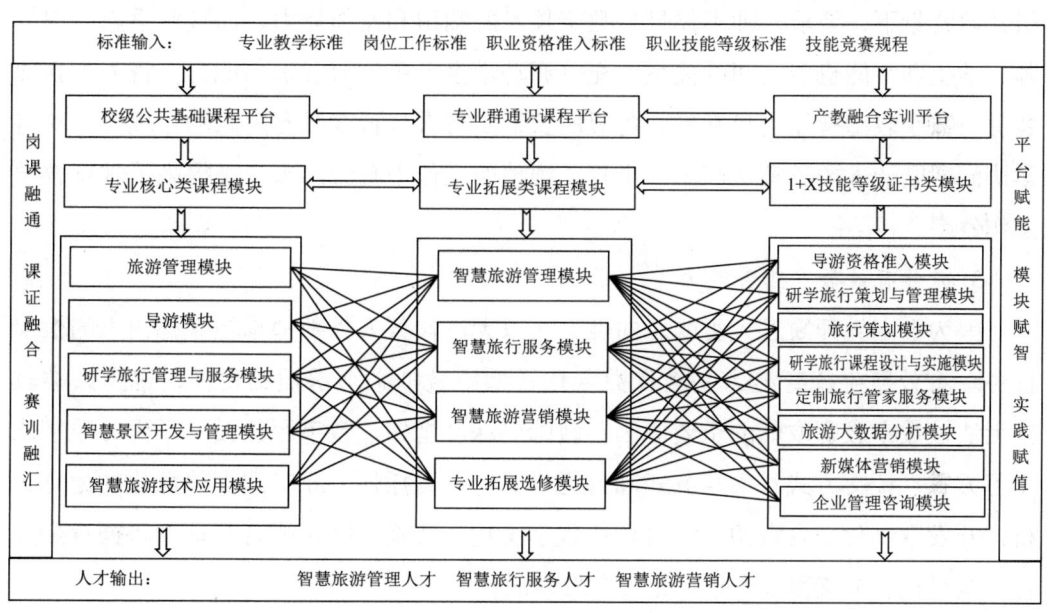

图 2-1　高职旅游管理专业群课程体系框架

（二）数字能力培养：增强教师数字胜任力

在职业教育数字化转型中，集成运用多项数字技术融合创新，形成以数字化、网络化、智能化为主要特征的职业教育数字化技术生态。数字技术与职业教育融合，其技术意向性从"用技术教"转向"用技术学"，其根本价值在于帮助学生提高学习能力和学习效果。教师需要从既有的以"教"为中心的能力结构向以"学"为中心的能力结构转型，以适应职业教育数字化转型的内在需求，增强教师的数字胜任力是实现职业教育数字化转型的关键推动力[4]。

1. 提升以"学"为中心的教学能力

数字时代的教育价值指向差异化教育和个性化培养，职业教育数字化转型的重要目标之一是提供个性化的学习服务，促进学生个性化学习与成长[4]。服务学生个性化学习需要围绕"学"来建构教师的教学能力。面对职业教育数字化实践场域，要求教师立足于学生个体的心智特征、兴趣爱好、技能特长、知识结构和个性需求，基于数字技术组织课程资源，开展精准有效的差异化教学。

2. 提升人机协同的教学能力

以"学"为中心的教学由人类教师和数字教师共同完成，需要教师充分理解和合理运用数字教师，构建人与机器协同开展教育活动的"人机协同能力"[4]。人机共教背景下，要求教师不仅具备数字技术的知识和操作能力，而且要重新认识教师、学生和智能机器之间的关系，充分调动学生自主学习意识与能力，将人类教师智慧与数字教师智能优势互补、各展所长，实行人与智能机器之间的合理分工和科学协同，既让人类教师从简单、重复、烦琐的工作中解脱出来，又提高了教育教学工作效率。

3. 提升有效数字德育能力

因为数字教师缺乏人类的意向性，所以无法代替人类教师承担立德树人的根本任务。有效数字德育能力是教育数字化转型中教师必须承担的责任，也是人类教师无法被数字教师取代的重要原因。教师要深度把握"数字原住民"学生的数字化学习方式、社交方式、生存方式和行为方式特点，抓住三元空间潜移默化的德育契机，开发数字化德育资源，培育优质数字文化，实施数字化德育行动，将德育全方位、全过程、全流程融入数字化教育教学活动中。

4. 提升自我成长能力

数字时代的知识除了人类传承和创新生产的知识外，还增加了人工智能生产的"暗知识"。人工智能不仅能独立生产知识，还能人机协同生产知识，使数字时代的知识和技术以一日千里的速度迭代更新，教师的知识技能不再是一劳永逸的了。教师需要具备主动成长、自我成长的意愿和能力，以此来回应新的知识生产方式和知识大爆炸所带来的挑战，这既是教师适应快速变化的未来世界的外在要求，也是教师职业成长的内在要求。

（三）数字资源创生：扩大"人人皆学"的覆盖范围

职业教育数字化转型有助于破解职业教育资源有限性与职业教育需求无限性的

矛盾，有利于优质教学资源的共建共享，为"人人皆学"提供更加开放、灵活的普惠化职业教育服务，推动实现更加公平、更有质量的职业教育。因此，职业教育数字化转型的关键要素就是优质数字教育教学资源建设与供给。

1. 数字资源建设原则

旅游职业教育数字资源建设要对标旅游职业教育专业群、对应现代旅游产业，围绕专业群人才培养目标，按照"能学、辅教、促改"，服务技术技能人才培养培训的思路，遵循"整体设计、分段实施，专家指导、行业引领，校企合作、共建共享，需求牵引、引建结合，应用为王、服务至上"的原则构建专业群数字资源体系。优先应用优质开放数字资源，慎重引进数字资源，努力开发校本特色数字资源。

2. 数字资源建设内容

旅游职业教育数字教学资源建设要对接现代旅游产业需求和国家专业教学标准，引入现代旅游产业新知识、新技术、新产品、新业态、新工具、新标准，研制专业群人才培养方案，系统设计专业群教学内容，构建基于知识图谱的专业群可视化课程体系。围绕专业群课程体系，运用新型数字技术，采用文本、图形/图像、音频、视频、动画和三维模型等多模态素材创新知识呈现，开发数字化教材、课件、网络课程、案例、试题、试卷、文献资料、教学工具软件（包括教学 App）、特色技能培训包和常见问题解答等多样化的数字教学资源。同时，要瞄准智慧旅游发展新趋势，运用虚拟现实、人工智能、数字孪生等新一代数字技术，校企合作开发智慧旅游虚拟仿真实训基地，推动实训教学模式创新。

3. 数字资源管理服务

构建平台汇聚、资源融通、服务畅通的数字资源管理服务平台，实现校本平台与国家、省、市数字教育资源平台互联互通，基于知识图谱组织管理资源，并利用智能语义化技术使校内外优质数字教学资源智能组配成平台课程形态，为师生打造平台化、超市化、开放式、一站式数字教育资源服务供给体系。利用知识图谱、学习分析和用户画像等技术，建立师生教情学情画像系统和数字档案，为教学活动提供精准个性化的学习路径规划、教学支持、学习辅助、教情洞察、学情诊断、教学评估、资源推送等智能化教育服务。开展校本特色数字教育资源开发和数字教学设计与实践，支持数字教学资源在校际、校企之间互通共享，形成共建共享共用、众筹众创众扶的协作机制。运用数字技术对数字教育资源供应链、应用链和监管链等全链路搭建人机协同的审核监管体系，保障供需各方的权益与安全。

（四）教学场景创建：拓展"处处能学"的空间广度

旅游职业教育要依托数字校园底座，综合运用数字技术和创新要素驱动，优化物理教学空间、重构数字教学空间、拓展师生社交空间，重塑智能感知、虚实融合、泛在互联、多元交互、场景化教学的新型职业教育教学空间，拓展"处处能学"的空间广度。

1. 完善普适性教学数字终端环境

强化教师办公用计算机配备，优化学生学习终端配置，加强教学公共服务区域数字化公用终端（如电子屏、自助终端、电子班牌等）建设。运用技术赋能建设智慧教室，使用具有智能感知功能的数字工具实现日常教学数据的伴随式采集，依托数字化专业教学资源平台和人工智能教学辅助工具实现专业教学云网端一体化、虚实融合化、线上线下交互化，创新课堂教学环境。

2. 构建虚拟仿真实训环境

重点建设旅游仿真实训虚拟环境、旅游数字化技能教室、旅游虚拟仿真实训室、VR/AR旅游互动体验室和旅游虚拟仿真实训基地等，支撑旅游职业教育虚拟仿真实习实训，解决旅游实习实训教学中"企业进入难、场景看见难、实际操作难、情景再现难、安全保障难、实习管理难"的难题，并有效降低旅游职业教育实习实训成本。重点开发定制旅游、旅行社ERP系统、酒店PMS系统、餐饮信息管理系统、景区预订和分销系统、景区智慧导览系统、景区虚拟旅游系统、景区门票和智慧识别系统、景区智慧调度系统、景区综合管控系统、旅游目的营销系统等。

3. 营造互联互通的开放教学生态

运用物联网技术，提高教学环境的物联智能化水平，使教学环境中的人—机—物智联、学校空间—社会空间—数字空间智融、教学全要素和全过程智控。数字空间可以为学生获取知识提供无限可能，学校空间不再是学生获取知识的唯一场所；数字空间可以为学生提供更多的优秀教师和优质教学资源选择，学校教师不再是传授知识的唯一渠道；学生既是知识的消费者，也是人机协同创生新知识的生产者。

（五）教学范式变革：延伸"时时可学"的时间尺度

旅游职业教育要探索技术赋能的育人方式，综合运用数字技术推进课程形态、教学理念、教学方式和学习范式变革，重塑技术赋能、人机协同的职业教育人才培养新范式。

1. 教学理念变革

数字时代教育的价值取向为规模化教育与个性化培养相统一，因此，要遵循

"以教师为主导、以学生为主体"的教育理念，实现教师主导性与学生主体性的有机统一，最大限度地发挥师生双方的主观能动性和创造性，达成规模化教育与个性化培养统一的目标。教学的重点要围绕学生的"学"展开，将学生从"要我学"导向"我要学"，将学生从知识的被动接受者转变为"我会学""我能学"的知识主动建构者。教师要从知识传授者转变为学生的启发者、引导者和辅助者，启发学生增进对知识的理解和建构，引导学生学会运用数字技术和数字学习工具箱开展人机协同的自主学习、探究学习和协作学习，辅助学生实现对学习内容的深层次理解和知识创生，使教学活动从教师知识传授范式向学生知识创造范式变革。

2. 课程形态变革

充分运用数字技术为学生打造多模态交互、多学科交融、多时空交会、多功能交织的融合课程，使课程学习突破学校围墙、打破学科围栏、跨越时空限制、模糊专业边界，为培养复合型创新人才营造人人、时时、处处可学的融合课程。借鉴 STEM 跨学科整合模式，将科学素养、技术素养、工程素养和数字素养有机融合，提高学生跨技术整合能力、跨岗位融合能力、跨平台融汇能力和跨团队融通能力。将修德与修智、修心与修技、修性与修能、修志与修行有机结合，将立德树人教育整合融入专业教学中，发挥综合育人功能，落实立德树人的根本任务。

3. 教学方式变革

利用数字技术营造虚实融合的情景化教学场景，增加教学活动的沉浸感和临场感，激发学生情感体验，增强学生情景感知。运用大数据学习分析系统，以数据为基础驱动精准化教学，助力教师课前精心设计、课中精细教学、课后精益辅导，实现"差异化教""个性化学"。运用数字教师辅助教师处理答疑、考勤、记分、统计、作业批改、知识检索和多类型文本生成等标准化和重复性的繁杂劳动，使教师留出更多的时间和空间开展创新性个性化教学实践，将工作重心更专注于对学生的情感关怀、学习激励和核心素养发展，形成人类教师与数字教师人机协同、优势互补、分布式教学的新型教学模式，达到为教师减压、为学生减负、为教学增效的目的。

4. 学习范式变革

数字技术推动教学模式从"师—生"二元结构转变为"师—机—生"三元结构，助力个性化与精准化教学。运用行为分析、知识追踪、情感计算和认知诊断等技术，从数据感知和建模的角度对学生的认知水平、知识结构、情感态度、学习需求和学习习惯等特征进行数字化建模分析，在此基础上为学生提供有针对性的学习路径规划、学习资源推荐和学习方案设计，为学生个性化学习提供支持服务，达到

"机器智能服务学习"和"学生主观感知学习"的有机协调。学生应用数字技术构建数字化学习共同体，通过数字化学习共同体分享经验、交流观点、认知冲突、思维碰撞、互动协商，达成深层次的意义建构和知识创生，实现群体认知智能的构建，重塑数字时代个性化学习新范式。

（六）育人模式革新：成就"人人出彩"的人生梦想

在数字教育背景下，"因材施教"的运行逻辑包括大数据技术实现精准识才、学习分析技术助力科学育才和主动智能教育环境服务个性化成才等三个关键环节[5]。首先，教育数字化使教学活动由二元空间向三元空间（物理、社会和数字空间）延伸，打破了教学的时空限制，拓展了"处处能学"的空间广度，延伸了"时时可学"的时间尺度，形成了时时、处处、人人可学的主动智能教学新环境。其次，教育数字化促进了教学资源数字化，为"人人皆学"提供了开放共享的优质教学资源。另外，利用多模态数据无感采集、数据画像、群体分层、智能化评价等数字技术进行全景化学习数据采集、立体化学生数字画像，对教情和学情多元测评。同时，通过对教学资源智能化标注和结构化建模，实现学习资源和学生需求之间的智能匹配，为学生提供精准的"学习路径规划"和"学习资源推荐"服务[6]，使传统的"标准供给"模式向"需求驱动"的个性化供给模式转变，从而构建起学习环境"泛在智联"、学习空间"多维融合"、学习资源"开放共享"、学习方式"人机协同"、学习内容"智能定制"和学习评估"精准画像"的智能学习生态模式，助力教师分段、分层、分类培养和学生个性化学习，实现微观层面的个性化培养与宏观层面的规模化教育相统一，让"因材施教"千年梦想变成现实。

（七）教学评价创新：为师生成长提供精准指引

职业教育要明确面向市场、促进就业、服务发展的办学方向，摆脱普通教育评价的路径依赖，克服"五唯"顽瘴痼疾，牢记为党育人、为国育才的使命，遵循技术技能人才的成长规律，以学生成长成才为导向，夯实高素质技术技能人才的发展根基，促进学生全面而有个性地发展，营造人人皆可成才、人人尽展其才的良好环境，让每个人都有人生出彩的机会[7]。

一要完善评价内容。学生评价强调德智体美劳综合素质全维度、全过程评价。在德育素质评价方面，主要评价学生在爱国情怀、理想信念、道德情操、遵纪守法、身心健康、审美素养、劳动实践和工匠精神等方面的表现，落实立德树人的根本任务；在专业素质方面，旅游职业教育重点评价旅游文化知识、职业岗位技能、跨文化交流能力、数字技术应用能力、融合创新能力、团队协同能力、柔性适应能力和分析解决问题能力，促进学生的全面发展。教师评价要严把育人第一关、守住教学主阵地、突出服务贡献度，从师德师风、教学质量、专业建设、课程建设、教研协作、双师素质、数字化教学胜任力和社会服务能力等维度开展一体化评价。

二要创新评价工具。数字技术赋能构建虚实融合的三元教学空间，教学过程和学习行为可以通过伴随式、无感式、多模态的方式采集，为精准教学评价提供数据支撑。基于AI学习分析技术构建智能、高效、完整的学习分析系统，智能分析教学成效、诊断教学问题、精准学情画像、可视化呈现评价结果，为师生实时提供动态评价、学情反馈、调控干预、资源推送，为教师差异化教、学生个性化学提供技术支撑。在虚实融合的教学空间中，教师、学生、学伴、家长、企业导师等真实主体拓展为真人与化身共存的混合主体，丰富了评价的主体、对象、内容和形式，推动笔试、面试、实践操作等封闭性评价向数据驱动的开放性评价延展，避免个体的情感好恶和价值观念干扰评价结果，提升教育评价的客观性[8]。

三要优化评价方式。数字驱动的智能评价助力职业教育实现全过程纵向评价和德智体美劳全要素横向评价有机结合，使职业教育评价依据从主观经验判断走向用客观数据"说话"，评价方式从结果评价为主走向过程评价为主，评价手段从人工评价走向智能评价，评价内容从单一评价走向综合评价[9]。一是强化过程评价，突出职业教育评价的诊断性和动态性。二是优化增值评价，基于增量增值挖掘师生发展潜力。三是健全综合评价，强化评价内容和主体的多元性。四是改进结果评价，促进学生全面而有个性地发展，营造人人皆可成才、人人尽展其才的良好环境，努力让每个人都有人生出彩的机会。

四要强化结果应用。将评价结果反馈到人才培养过程中，构建人才成长的良性循环机制[7]。运用区块链技术设计开发面向终身学习的学分银行，推动各级各类学习成果的认定、积累和转换，实现不同类型教育、校内与校外教育、学历与非学历教育之间的互通衔接，畅通终身学习和技术技能人才的成长渠道，构建终身学习立交桥[10]。运用区块链等技术，全面记录和追踪师生校内外的成长轨迹，构建覆盖终身、可信度高的师生数字档案，强调评价的诊断功能、激励功能、预测功能和调节功能，服务师生的可持续发展。

（八）平台赋能智融：构建纵横畅通的旅游职业教育智链体系

旅游职业教育是典型的跨界融合型教育，旅游职业教育高质量发展的关键一跃，就是要通过平台赋能、数据整合、资源重组，创新搭建职普横向融通、中高本纵向贯通、"政校行企社"协同畅通的一体化智融体系，延伸旅游教育链、打造旅游人才链、服务旅游产业链、支撑旅游供应链、提升旅游价值链，营造人人努力成才、人人皆可成才、人人尽展其才的多元主体协同育人的良好环境。

一是构建横向融通、纵向贯通的旅游职业教育智链体系。依托国家智慧教育平台，打破职普教育之间的数字鸿沟，消除两类教育之间的信息壁垒，实现职普教育之间师资互派、资源互享、课程互选、学分互认、学籍互转，促进职普横向融通。运用职教高考新通道，搭建中高本硕纵向贯通"立交桥"，畅通旅游职业教育升学渠道，推进中高本硕职业教育纵向贯通。利用大数据、区块链等数字技术，建立旅游职业教育、普通教育、继续教育之间学习成果认证、积累和转换的学分银行，打通学分与学历证书、技能等级证书和职业资格证书之间的转换壁垒，推进国家资历框架与人力资源市场的交互对接，构建起学生职前多元化升学渠道畅通和学生职后终身学习的职业成长渠道融通的现代旅游职业教育智链体系。

二是打造"政校行企社"一体化智融体系。职业教育数字化转型为跨领域合作、跨边界协同、跨地域办学、跨部门协商、跨校际共建提供了物质基础和技术支撑。旅游职业教育要以教育数字化转型为契机，运用数字技术打造"政校行企社"资源互通共享的一体化智融体系，充分调动全社会力量，构建政府主管、学校主导、行业企业社会深度参与的多元化协同育人模式。

三是搭建旅游产教联盟一体化智育体系。围绕区域旅游优势产业集群，组建由职业院校、科研机构、上下游旅游企业等共同参与的旅游产教联盟，建设旅游共性技术服务平台和旅游职业培训基地，打通旅游科研开发、旅游技术创新、旅游成果转化链条，提升服务旅游产业发展能力。完善旅游产教联盟实体化运行机制，构建供需对接资源共建共享模式，建立旅游职业教育多元共育人才培养体系，拓展旅游教产互促服务发展方式，推动旅游职业教育高质量发展。搭建旅游产教联盟智能化应用平台，建设旅游产教联盟智慧管理系统和技能学分银行服务平台，统筹旅游人才供需对接，推动旅游成果转移转化，推进旅游产业学院、旅游产教融合实践中心建设，开展培训学习成果互认、学分互换，以数字赋能推动终身学习体系建设。推动旅游产教联盟体各类主体深度参与旅游职教人才培养全过程的各环节，提升旅游技术技能人才培养质量，服务学生差异化、个性化发展。汇聚旅游产教联盟成员单位的特色职业教育资源，共建共享旅游师资队伍、旅游教学资源、旅游产业学院和旅游实训基地，促进旅游教育链、旅游人才链与旅游产业链、旅游创新链紧密结合。完善校企合作专业共建机制，创新双向贯通旅游人才培养改革，开展"3+2"

旅游职教本科、"3+2+2"旅游中高本人才培养，推进各层级旅游技术技能人才一体化培养。深化中国特色学徒制改革，在旅游产教联盟内实施"现场工程师"培养项目，开展现场工程师、优秀工程师、卓越工程师接续递进培养。

⊙ 参考文献

［1］陈菁华.数字经济视角下数字旅游人才培养创新探究——以三峡旅游职业技术学院为例［J］.旅游纵览，2023（17）：70-73+80.

［2］刘璇璇.机遇、困境与破局：面向2035的教师队伍建设［J］.教师教育研究，2024，36（4）：34-39.

［3］姜威.职业教育助力新型劳动者培育的逻辑起点与实践路径［J］.职业技术教育，2024，45（22）：33-38.

［4］田小红，季益龙，周跃良.教师能力结构再造：教育数字化转型的关键支撑［J］.华东师范大学学报（教育科学版），2023，41（3）：91-100.

［5］杨现民，张瑶.教育规模化与个性化矛盾何以破解？——数据驱动规模化因材施教的逻辑框架与实践路径［J］.中国远程教育，2022（8）：42-52+79.

［6］王一岩，朱陶，郑永和.智能教育产品助推教育数字化转型：价值定位、实践逻辑与推进策略［J］.现代教育技术，2023，33（7）：16-24.

［7］任占营.新时代深化职业教育评价改革的现实意义、政策路径和成效表征［J］.职教论坛，2021，37（8）：14-20.

［8］杨宗凯.元宇宙推动教育的全面数字化转型［J］.教育研究，2022，43（12）：23-26.

［9］王萍，薛一雪.国内外教育数字化转型研究的比较分析［J］.黑龙江高教研究，2024，42（5）：130-137.

［10］刘云生.运用现代信息技术开展学生立体评价的时代意蕴与探索思路［J］.国家教育行政学院学报，2020（10）：3-10+23.

◆ 作者简介

陈菁华，女，三峡旅游职业技术学院副教授，主要研究方向为智慧旅游与智慧教育。

数字化背景下营销类专业课程体系建设的实施路径研究

◎吴　婧

摘　要：目前我国正处于现代信息产业、商业产业的高速发展时期，数字化营销市场的发展规模与日俱增，但相关专业人才非常缺乏。同时，习近平总书记对加快职业教育发展也作出了重要指示，指出要努力培养数以亿计的高素质劳动者和技术技能人才。笔者在这样的大环境下，思考如何将立德树人和职业技能教育融入课程体系构建中，创新教育教学方式，努力培养"做什么像什么""干一行精一行"的大国工匠，让每个人都有人生出彩的机会，做人民满意的职业教育，为我国的数字化营销产业提供职教支持。

关键词：数字化；市场营销；课程体系

近年来，我国数字化营销发展态势持续向好。2022年，我国数字化营销行业市场规模高达23 955亿元，同比增长10.51%。随着中国经济发展及产业升级转型，消费者的可支配收入及购买力将继续增长，继而刺激多元化的消费需求。在面对消费需求不断扩大的情况下，品牌商和经销商在零售销售及营销服务上增加投入，以制定更有针对性及定制化的营销策略来迎合消费者的各种需求及偏好。沙利文预测，2026年中国数字化营销市场规模将达到33 501亿元。

随着移动互联网技术的迅猛发展，以及新技术、新思维在营销行业的持续应用，短视频、直播等新兴媒体平台快速崛起，媒体形式呈多样化发展趋势。营销受众的触媒方式从传统的一对一单向接触不断向发散式多人接触演进，大幅提高了产品营销的复杂程度。未来，随着互联网营销渠道的进一步丰富，全渠道营销能力对于广告主、营销服务商的重要性将愈发凸显，对相关人才的需求也愈发迫切。

一、市场营销类专业人才培养现状

《2020中国数字营销人才发展报告》中的数据表明："66.7%的代理商认为目前的数字营销专业人才严重匮乏，84.6%的广告主认为数字营销专业人员严重匮乏。"有研究数据显示，当前的数字人才发展方向方面过度趋向产品研发，而数字营销人才在各类人才培养模式中占比最小，只有0.35%。这说明数字化的市场营销专业出现较大缺口。以上现状表明，目前高校培养的数字营销人才与企业实际的用人需求不匹配，造成了数字营销专业人才紧缺、专业化程度低的问题日益凸显。

在新商科背景下，市场营销专业正面临着融合发展融会贯通的要求，强调跨学科的融合与多技术的融合，以培养能力与素质综合发展的"复合型人才"。高校市场营销专业更加强调深度产教融合、跨学科的融合与技术的融合，以适应时代需求的高质量"复合型"新商科人才。

二、数字化背景下市场营销类专业人才培养目标

高职院校市场营销专业人才培养模式需要跟上新业态。高职院校目前急需解决的问题是如何将学生培养成符合行业要求、具有扎实的专业技能的高质量人才，因此我们需要重新对专业课程体系建设进行优化，设置出能紧跟时代发展、紧跟行业需求变化的专业课程，抓住机遇，迎接挑战，以便更好地为企业输送合适的人才。同时，贯彻习近平总书记提出的"要把立德树人的成效作为检验学校一切工作的根本标准……要把立德树人内化到大学建设和管理各领域、各方面、各环节，做到以树人为核心，以立德为根本"基本理念，结合新业态下企业对于市场营销专业人才需求的改变，研究并改进市场营销专业课程体系建设，促进"两链融合"。所谓两链融合，就是指教育链和产业链通过一定的机制融为一体，使学生通过学习达到市场营销专业岗位的职业标准和技能要求。

三、数字化背景下营销类专业课程体系建设实施路径

为了提高营销类专业人才的培养质量，强化学生专业技能，增强学生真实岗位

操作能力，更好地服务地方经济和行业，三峡旅游职业技术学院的营销类专业课程设置将充分考虑当前数字化背景下营销类行业对从业者的具体要求，特别是新媒体、矩阵、全渠道、电子商务等岗位的职业技能要求，不断优化调整专业课程体系建设，使学生达到营销专业岗位的职业标准和技能要求，适应时代和市场的需求，旨在建设能动态调整、结构合理、专业性强的专业课程体系。

学校营销类专业以党的二十大提出的"要加快构建以国内大循环为主体、国内国际双循环相互促进的新发展格局"为目标，探索数字时代的营销变革与机遇，促进数字经济和实体经济深度融合，助力"一带一路"构建开放型世界经济格局，旨在培养一批懂策划、会拍摄、能推广、善分析、精运营的高素质营销专业人才。

相比传统的市场营销专业学生，数字化营销人才将不断学习新工具和新技术，保持与时俱进，掌握"AI+数字营销"新方式新技能。将来，他们将能够胜任诸如线上推广专员、商务数据分析师、网络营销顾问、网络运营专家、新媒体运营、网络主播、网店运营师等职位，为电商企业及传统企业向电商转型提供复合型技能支持。

（一）破界融合，双轨并驱：打造营销领域教学新模式

在人才定位上，学校聚焦于培养适应新环境下岗位需求和未来发展趋势的复合型技能人才，探索搭建以专业素质教育为基础、以数字营销和直播营销为专业核心的课程体系，打造全新的教学模式，以培养能够适应数字营销时代的专业人才，并且根据市场需求变化结合人才培养目标做动态调整。

新的教学模式及人才培养方案应强调理论与实践的紧密结合。通过案例分析、模拟项目和引入企业真实产品和实际营销活动的参与，学生能够将在课堂上学到的理论知识应用于真实的工作环境中，从而提高其解决实际营销问题的能力。这种"产学研践"一体化教学模式，通过产业教学、课堂教学、科研教学、实践教学四大模块，实现知识传授、能力培养和素质提高的全面目标。

利用数字化教学资源。如在线课程、模拟软件和数字营销工具，为学生提供主动式、个性化和互动式的学习体验。采用线上线下混合式教学，线上部分可以通过MOOCs、SPOCs等平台提供灵活的学习资源和自主学习的空间，建成课程资源库，丰富教学内容，提高教学效果。

设置选修课程，鼓励学生进行跨学科的学习和研究，将市场营销与数据分析、人工智能、心理学等其他学科相结合，以培养能综合管理、能力出众的人才。

在全球化的视野下，营销专业的教学应注重培养学生的国际化思维。通过国际案例研究、跨文化营销项目等让学生了解不同市场的营销策略和实践。

加强校企合作，引入企业导师制度，针对性地进行产品营销实践教学，共同开发课程、企业案例研究、实习项目等，确保教学内容紧贴市场脉搏，学生所学能够无缝对接企业所需。通过这种校企合作、双轨并行的培养模式，不仅实现了教学内容与职业岗位要求的精准对接，还全面促进了学生职业能力的飞跃式提升，实现了职教端与产业端的供需精准匹配。

（二）进阶赋能，探索无限：构建多阶段式能力激发型课程体系

在当今快速发展的数字化时代，市场营销专业的人才培养需要与时代同频，以适应不断变化的市场需求。因此，构建一个多阶段式能力激发型课程体系显得尤为重要。这样的课程体系旨在通过多个阶段进阶式学习，不断赋能学生，帮助他们探索无限的职业可能性，使职教端与产业端的资源对等。笔者认为课程体系可以分阶段进行设置，形成内容递进，使人才培养体系化。

1. 基础夯实阶段

在此阶段，学生将学习市场营销的基础知识，包括市场分析、消费者行为、品牌管理等核心概念。此阶段课程设计旨在为学生提供坚实的理论基础，确保他们对市场营销的各个方面有一个全面的了解。

2. 技能提升阶段

随着基础知识的掌握，学生将进入技能提升阶段，重点学习数字营销、数据分析、SEO/SEM 等实用技能。此阶段通过实训、模拟项目和案例研究，学生能够将理论知识应用于真实工作环境中，从而提高其解决实际营销问题的能力。

3. 综合应用阶段

在这一阶段，学生将通过跨学科项目、实习和校企及行业进行实践，将所学知识与技能综合应用于复杂的营销问题。此阶段课程将融入理实一体化教学，通过真实岗位任务设置鼓励学生进行创新思维和战略规划，以应对真实环境的营销挑战。

4. 管理力发展阶段

这一阶段的课程将聚焦于领导力和团队管理能力的培养，为学生提供领导营销团队和项目的机会。此阶段学生将学习如何激励团队、管理资源和协调多方利益，为未来的管理职位做好准备。

5. 视野拓展阶段

此阶段的课程体系包含国际营销、跨境电商模块，让学生了解不同文化和市场的营销策略。将帮助学生拓宽国际视野，为其在全球范围内开展营销活动作好准备。

6. 创新与创业阶段

对于有志于创业的学生，此阶段的课程体系将提供创业营销、新产品开发和市场创新等相关课程。学生将学习如何识别市场机会、制订商业计划，并实施有效的市场进入策略。

通过这样一个多阶段式能力激发型课程体系，学生不仅能够掌握市场营销的基本理论和技能，还能在实践中不断提升自己的综合能力，为未来的职业生涯打下坚实的基础。

（三）立体多元，精准育人：引领全链条评价机制智能化转型

在新的教学模式下，对于学生的评价内容不再局限于传统的卷面分数，而是扩展到学生的德、智、体、美、劳等多个方面。这种全方位的评价体系能够更全面地反映学生的发展情况，促进学生综合素质的提升。特别是职业教育学生理论基础相对薄弱，但动手能力强，好奇心旺盛，有相对本科学生不同的学情特点。学校秉持以学生为核心、以成果为导向的教育理念，为全面而深刻地反映学生的综合表现，创造性地融入了多元化评价机制。通过智能化的评价机制，教育者可以更精准地了解每个学生的特点和需求，从而提供个性化的教育方案。这种以学生为中心的教学模式有助于激发学生的内在潜力，实现因材施教。

全链条评价体系机制包括课前自学自测以激发自主学习内驱力、教师权威评价以确保教学质量、小组互评促进团队协作与相互学习、组内互评增强自我反思与同伴激励，以及企业导师的实战视角评价，成功实现了全链条、线上线下一体化的评价覆盖，推动了教学评价向智能化转型。利用人工智能、大数据等现代信息技术，开发智能化的评价工具，如自适应测试系统、学习分析平台等工具，自动收集和分析学生的数据，提供实时反馈，帮助教师和学生更好地了解学习进度和效果，使得评价维度更加立体且贴近实际职场需求。在新的教学模式下，评价主体不再仅仅是教师，学生、企业导师、家长等多方都可以参与到评价过程中。这种多主体参与的评价模式能够从不同角度反映学生的表现，有效规避了单一评价标准可能带来的片面性，提高了评价的全面性和客观性。

（四）多维融合，智慧引领：推进实训教学体系智能化升级

在数字化浪潮的推动下，我们致力于打造一个多维融合、智慧引领的实训教学体系，设置校内校外教学实训基地。

首先，加大对信息化基础设施的投入力度，引入智能教学软件和平台。选择适合专业需求的智能教学软件和平台，如在线学习管理系统、虚拟实验室等。这些软

件和平台能够实现教学资源的数字化管理、教学过程的自动化跟踪、学习效果的实时评估等功能，通过收集学生在学习过程中的各种数据，如学习时长、回答问题情况、小组讨论情况、作业完成情况等，运用数据分析算法和模型，了解学生的学习状况和需求，为教师制订个性化的教学计划和教学策略提供依据。同时，智能分析技术还可以对教学过程进行评估和反馈，帮助教师及时调整教学方法和教学内容，从而提高教学效率和质量。

其次，建设虚拟仿真实训中心。在数智化高速发展的背景下，学校积极采用信息化手段，利用虚拟仿真技术，构建高度拟真的商业实践环境，使学生在安全无风险的环境中进行实训练习。这不仅可以弥补传统实训模式资金及场地有限的不足，还能帮助学生直观地理解复杂的理论知识，加深对商务技能操作的理解和掌握。同时，虚拟仿真技术还能实现个性化学习路径，根据每个学生的学习特点和进度提供定制化的学习体验。

（五）全面深化，专业提升：推动教师培训体系多元化发展

鉴于数字营销领域的快速变化，教学内容和方法需要不断更新，学校通过综合运用线上学习平台、线下交流培训、企业实践等多元化培训方式，精确对准教师专业成长的需要，充分整合校内外丰富的教师资源，包括高校专家、企业精英、优秀教师等，引领教师培训机制向个性化、智能化方向转型升级。

此外，学校还积极推动全体教师参与教学能力大赛，以赛促教，鼓励校内优秀教师互相分享教学方法和经验，激发教师的教学热情，提高他们的专业素养和教学技能。

通过观摩优秀教师的教学展示，全体教师可以学习先进的教学理念和方法，提升自己的教学能力，优化教师队伍建设，打造专业化教学团队，形成教育合力，提升教学效果。

四、结语

当前数字化营销正处在线上渠道与线下渠道的融合阶段，线上与线下融合、媒体与渠道融合，这些都对高职院校现有的课程体系提出更高的要求，课程体系建设是深层次、长期性、一体化的人才培养模式创新，具有全新的内涵和特征。学校将不断深化专业课程体系建设，加大产教融合推进力度，培育数字转型人才，真正为社会提供适应未来营销领域变革的复合型人才，助力产业升级，为我国的数字化营

销产业提供职教支持。

⊙ 参考文献

［1］林小兰.数字营销赋能高校科技成果转化的应用场景研究［J］.盐城师范学院学报（人文社会科学版），2024，44（3）：115-124.

［2］刘博.数字经济背景下市场营销专业人才培养策略［J］.人才资源开发，2021（24）：90-39.

［3］张丽丽，李波，刘文秋.数字经济背景下市场营销专业建设的思考［J］.河北能源职业技术学院学报，2022，22（2）：74-77.

［4］程明，龚兵，王灏.论数字时代内容营销的价值观念与价值创造路径［J］.出版科学，2022（3）：66.

［5］郭湘红，梁永祥，吐尔逊古丽·热克甫.产教融合视域下职业院校电子商务专业人才培养模式研究［J］.商展经济，2023（21）：141-144.

◆ 作者简介

吴婧，女，三峡旅游职业技术学院团委书记，讲师，主要研究方向为市场营销、电子商务。

研学旅游背景下研学旅游指导师研究文献综述

◎邓　月　田粟一

摘　要：本文从当前我国旅游产业转型升级的时代背景出发，结合研学旅游新业态、研学旅游的飞速发展，从研学旅游、导游、研学旅游指导师等方面进行文献综述，分析现有文献中研学旅游背景下关于研学旅游指导师的相关研究，并得出现有研究热点大多集中在概念解读、发展中存在的问题以及解决方法等方面。关于导游向研学旅游指导师的转型研究较为欠缺，本文建议将研学旅游的发展和导游的发展结合起来，以此来弥补导游转型培养中存在的空白，为导游的转型发展提供理论基础和实践指导。

关键词：研学旅游；导游；研学旅游指导师

当前，我国旅游产业正处于升级转型时期，各种旅游新业态、新产品不断涌现，"旅游+"成为时下的热门概念，"旅游+互联网"=智慧旅游、在线旅游、"云旅游"，"旅游+医疗"=康养旅游，"旅游+扶贫"=乡村旅游，"旅游+文化"=文化旅游。在素质教育改革的政策引领下，本文将重点关注"旅游+教育"，即研学旅游。研学旅游作为旅游和教育融合发展的重要趋势，受到社会各界的广泛关注，它是旅游新业态，也是社会热点和重点问题。

与此同时，导游的转型升级，一直是旅游业中一个重要的研究课题。目前，由于现实中频发的导游服务质量低下、"导游"变"导购"遭游客投诉等状况，严重损害了导游从业人员的声誉，对旅游行业产生了极大的负面影响。同时，也凸显导游服务质量仍有提升的空间和必要。长久以来，导游被媒体报道出较多的负面新闻，如"黑导游"宰客、甩团等，对于导游人员的整体声誉和形象产生了巨大的负面影响。社会上提到导游，缺乏温情正面的评价，负面评价过多。

在研学旅游背景下，一部分导游将会由原来单纯向游客提供向导讲解和服务职能的角色转变为研学旅游指导师的角色，其工作内容也被赋予了更多的教育功能。而目前，研学旅游指导师的发展仍然跟不上行业发展的速度。因此，如何才能在研学旅游背景下促进导游转型，这一问题需要深入思考和进一步探索。

在中国知网以"研学旅游""研学旅行"为主题搜索，共有9013篇文献，以"研学导师""研学旅游指导师"为主题进行搜索有744个词条。2013年以前文献数量寥寥无几，2013年之后发文数量逐年上升，2016年之后关于研学旅游的文献数量迅速增长，呈现出雨后春笋之势。2013年2月，国务院办公厅发布的《国民旅游休闲纲要（2013—2020年）》，提出了"逐步推行中小学生研学旅行"的设想，学者们逐渐展开了关于研学旅游的研究，但数量有限。2016年11月，教育部等11部门联合下发《关于推进中小学生研学旅行的意见》，对研学旅行的概念进行了明确的界定。从此研学旅游在我国迅速发展起来，关于研学旅游的研究文献呈井喷式发展。

一、关于研学旅游的研究

研学旅游最早起源于16世纪的欧洲，对研学旅游的研究也可以追溯到16、17世纪。综合看来，国外主要将研学旅游当作学生感受自然、体验社会的一种教育方式，代表性的学者有Smith、CandJen-ner、P.Gunay（1997）、Brent.W.Ritchie（2003）、Samah.A.A（2013）、D.F.Antiado、F.G.Castillo、M.I.Tawadrous（2017）等，关于概念论述有"Study Tourism"或"Tourism Study"，还有"Educational Tourism"等，比较统一的说法是"Educational Tourism"。国外对Educational Tourism的研究常采用实证研究方法或案例研究，以某一个典型的区域为对象展开调查，如悉尼、马来西亚、迪拜、日本等国家或地区。除此之外，国外学者们还较为关注Educational Tourism的实施效果、教学内容、评价等方面的研究[1]。

与国外相比，我国关于研学旅游的研究起步较晚，研究深度还有待提升，但我国关于研学旅游的研究发展十分迅速。2015年及以前共发表文献743篇，自2016年1月至今，发表相关文献4186篇，得益于2016年《关于推进中小学研学旅行的意见》文件的发布，2017年教育部将研学旅行纳入中小学教学计划。丁运超（2014）将研学旅行定义为一门新的综合实践活动，并论述了研学旅行的价值[2]。于书娟等（2017）

从研学旅行的发展现状着手，从我国研学旅行发展观念误差、师资缺乏、课程单一等角度进行论述并提出解决方案[3]。整体看来，研究内容主要侧重于对相关政策的解读，研学旅游概念界定，研学基地（营地）建设，研学旅游指导师培养，研学课程开发，研学旅游实施评价等诸多方面，为我国研学旅游的迅速发展奠定了理论基础。

二、关于研学旅行指导师的研究

2017年国家旅游局发布《研学旅行服务规范》，将研学导师（Study Tutor）界定为"在研学旅行过程中，具体制定或实施研学旅行教育方案，指导学生开展各类体验活动的专业人员"，拥有"研学导师""研学旅游指导师"等不同称呼。傅雷（2020）等人科普了研学旅游指导师须具备三大核心素养，分别是课程素养、科学素养以及导游职业素养[4]。李晨晨（2020）构建了研学旅游指导师胜任力模型[5]。研究表明研学旅游指导师在很多情况下都需要承担组织工作和解说工作，在课堂中研学旅游指导师同时也扮演着导游的角色，这为本文探索导游向研学旅行指导师的转型发展提供了理论支撑。

三、关于导游的研究

"导游"一词最早由施密特（Schmidt，1979）提出[6]，国外对于导游员的研究成果主要集中在20世纪80代，对导游形成系统、导游的作用、导游人员的培养提出了系统的论述。我国关于导游的研究主要从21世纪开始较为集中，以2006—2011年为主。在中国知网以"导游"为主题进行搜索，有文献29268篇。由此可见有关导游的研究已经有较多文献，且从研究内容看，大多侧重于导游管理制度、导游培养、导游薪酬体系研究、导游流失问题研究、导游服务质量、导游职业认同感等方面研究，如表2-1所示。

表2-1 我国关于导游的研究

研究方向	研究者	具体内容
导游职业素养	周仁杰	导游人员应具备的服务意识
	周伟光	导游职业道德问题及其成因
	张明英	提升导游人员综合素质的措施

续表

研究方向	研究者	具体内容
导游的地位与作用	夏赞才	提出"文化掮客"的概念，讨论了旅行社、导游、政府及国际机构作为媒介在主客文化影响中所扮演的角色
	彭兆荣	探讨了"主/客"间的文化遭遇与"中介者"，提及了导游作为文化中介者的重要性
导游发展前景	王箫	文化型导游出现的必然趋势及文化型导游在工作中应该注意的问题
	赵敏	我国体验旅游的现状，导游人员如何在这一大的背景下确定自己的发展方向
导游薪酬	刘彦亮	运用经济学"机会主义"原理对导游遭受投诉的行为做出解释，进行原因分析，并提出可行的对策
	陈乾康	导游合法收入被取消和不合法收入被放大的问题，导游群体普遍存在的隐性失业问题、过劳问题

综上所述，学者们关于"研学旅游""研学旅游指导师""研学导师""导游"研究热点大多集中在概念解读、发展中存在的问题以及解决方法等方面。关于导游向研学旅游指导师的转型研究较为欠缺，研学旅游指导师和导游在实际工作和人才培养过程中存在共性，本文将研学旅游的发展和导游的发展结合起来，可以弥补导游转型培养中存在的空白，为导游的转型发展提供理论基础和实践指导。

⊙ 参考文献

[1] 曾荣. 国内外研学旅行研究综述[J]. 中国集体经济，2021（22）：90-92.

[2] 丁运超. 研学旅行：一门新的综合实践活动课程[J]. 中国德育，2014（9）：12-14.

[3] 于书娟，王媛，毋慧君. 我国研学旅行问题的成因及对策[J]. 教学与管理：中学版，2017（7）：11-13.

[4] 付雷，包明明. 试论科普研学导师的三大核心素养[J]. 科普研究，2020，15（4）：70-75+108.

[5] 李晨晨. 研学导师胜任力模型的构建及行为特征研究[D]. 武汉：华中师范大学，2020.

[6] 朱德勇. 校企合作共同培养研学导师的模式研究[J]. 大众文艺，2020（2）：239-240.

作者简介

邓月，女，三峡旅游职业技术学院旅游管理学院副院长，副教授，主要研究方向为旅游管理。

田粟一，女，三峡旅游职业技术学院导游专业带头人，讲师，主要研究方向为非遗与文化外宣。

宜昌学前教育与托育服务产教联盟建设研究

◎王艺博　高婧雯　郭琴剑

摘　要：本文以宜昌市学前教育与托育服务产教联盟建设为核心，旨在探讨如何通过产教融合机制推动职业教育与区域行业需求的深度对接，提升人才培养质量和服务水平。本文首先从政策背景和行业需求出发，分析当前区域内学前教育与托育服务领域面临的主要挑战，包括人口下降、教育资源需求增加，以及人才培养与实际岗位脱节等问题。在此基础上，本文通过文献分析法、实地调查法、专家访谈法深入探讨了区域产教联盟的发展逻辑、存在问题及解决方案，结合宜昌市区域特点，提出了构建多元参与合作机制、优化资源整合与共享机制、完善人才培养与评价体系、创新管理机制与治理结构的学前教育与托育服务产教联盟建设实施路径。本文不仅为宜昌市学前教育与托育服务产教联盟的建设提供了可操作的方案，也为其他区域推进产教联盟建设提供了可借鉴的经验，对推动区域职业教育改革和行业高质量发展具有重要意义。

关键词：托育服务；产教融合；校企合作；人才培养模式

一、研究背景

（一）国家政策背景

党的二十大报告中强调了职业教育在新时代人才培养中的重要作用，提出要完善职业教育体系，推进产教融合、校企合作，培养更多的高素质技术技能人才。随着现代社会经济结构的转型，产业对人才需求的结构发生了显著变化。这对职业教育的教学模式和人才培养提出了更高要求。近年来，中央和地方政府陆续出台了一系列关于深化产教融合、推进校企合作的政策文件，如《国务院关于加快发展现代职业教育的决定》《国务院办公厅关于深化产教融合的若干意见》等，明确提出要通过产教融合、校企合作等方式，提升职业教育的质量和针对性。

（二）学前教育与托育行业面临的挑战

学前教育和托育服务行业是与民生息息相关的重要领域，也是社会可持续发展的基础。随着我国生育政策的调整，人口出生率逐年下降，学前教育和托育服务行业面临着新挑战：一方面，生源减少带来市场需求的下滑；另一方面，家长对优质教育资源和托育服务的需求日益增加。因此，如何在应对人口减少的情况下，提升学前教育和托育服务行业的服务质量，成为当前亟待解决的问题。

（三）职业院校产教联盟建设的必要性

在此背景下，职业院校承担着培养学前教育和托育服务行业人才的重要任务。然而，传统的人才培养模式与产业需求脱节的现象仍较为普遍，导致职业院校培养的学生难以快速适应实际工作岗位的要求。这种矛盾在学前教育与托育服务领域尤为突出。为了应对这些挑战，职业院校与行业企业之间亟须建立更加紧密的合作机制，通过产教融合、校企合作，形成"共建、共管、共享、共赢"的产教联盟，推动人才培养模式与产业需求的无缝对接。

（四）研究的实践意义与价值

本文以宜昌市学前教育与托育服务产教联盟的建设为研究对象，旨在探索通过产教联盟机制的构建，解决职业教育与产业需求不匹配的问题，同时提升区域学前教育与托育服务行业的人才培养质量与服务水平。研究将从政策背景、行业需求、区域实际出发，系统分析产教融合的现状与问题，提出可行的联盟建设方案及实施路径，为区域职业教育改革和学前教育与托育服务行业发展提供理论支持和实践指导。

本文不仅符合国家深化职业教育改革的政策导向，也契合区域经济和社会发展的实际需求。通过对职业院校学前教育与托育服务产教联盟建设的深入探讨，将为区域内其他职业教育产教联盟的建设提供可借鉴的经验，同时也为推动学前教育与托育服务行业的高质量发展贡献力量。

二、研究目的

本文的主要目的是通过对宜昌市学前教育与托育服务产教联盟建设的深入分析，探索在新形势下如何构建有效的产教融合机制，解决职业院校学前教育与托育服务人才培养与企业实际需求之间的矛盾。具体来说，本文将围绕以下几个方面展开。

（一）推动职业教育与产业发展的深度融合

职业教育的发展应与区域经济和产业发展紧密结合，通过产教融合、校企合作等方式，使职业院校的人才培养更具针对性。本文旨在通过构建学前教育与托育服务产教联盟，推动职业院校与行业企业在人才培养、课程设置、实践教学等方面的深度合作，实现产教互促、共赢发展的目标。

（二）提升学前教育与托育服务人才培养质量

随着学前教育和托育服务行业的快速发展，对高素质人才的需求不断增加。然而，传统的职业教育模式难以满足行业快速变化的需求，这导致了人才培养与实际岗位要求的脱节。本文通过分析行业需求，优化人才培养方案，探索适应区域经济发展的职业教育新模式，以提升学前教育与托育服务人才的培养质量，使其能够更好地服务于社会需求。

（三）应对人口减少带来的行业挑战

我国人口出生率的下降对学前教育与托育服务行业产生了深远影响，行业市场需求的减少对人才培养、服务供给等方面提出了新的挑战。本文旨在探讨如何通过产教联盟的形式，提高行业整体的服务质量，以应对生源减少带来的不利影响，帮助行业在市场变化中保持稳健发展。

（四）促进区域产教联盟的示范作用

宜昌市作为研究对象，具有独特的区域经济与社会发展背景。通过对宜昌学前教育与托育服务产教联盟的研究和经验总结，能为其他区域推进产教联盟建设提供可以借鉴的模式与路径。研究成果不仅有助于提升宜昌市学前教育与托育服务行业的发展水平，也将为全国其他职业教育产教联盟的建设提供理论支持和实践参考。

（五）探索区域职业教育改革的新路径

本文试图通过产教联盟的建设，探索职业教育改革的新路径，尤其是在学前教育与托育服务领域，通过创新合作机制，推动职业院校与行业企业的共同发展。本文将提出系统的改革方案和实施路径，以期为区域职业教育的发展提供新思路，并为国家职业教育改革的深化贡献智慧。

综上所述，本文的目的在于通过宜昌学前教育与托育服务产教联盟的建设实践，推动职业教育改革的深入，提升学前教育与托育服务行业的人才培养质量，为区域经济和社会发展提供有力支撑。

三、文献综述

（一）学前教育产教融合的现有研究

随着我国职业教育改革的不断推进，学前教育领域的产教融合逐渐成为学界和实践界关注的热点。国内外关于学前教育产教融合的研究主要集中在以下几个方面。

1. 学前教育产教融合的基本概念与理论基础

国内学者普遍认为，学前教育的产教融合是指职业院校与学前教育行业企业通过深度合作，共同参与人才培养、课程开发、教学资源共享等活动，从而实现教育链与产业链的有机衔接。相关研究认为，产教融合不仅是提高职业教育质量的关键途径，也是适应产业转型升级、满足社会需求的必然选择。例如，刘大卫（2022）指出，产教融合在职业教育中的作用日益突出，特别是在学前教育领域，通过校企合作可以更好地实现理论与实践相结合，提高学生的实践能力和就业竞争力。

2. 学前教育产教融合的实践模式与路径探索

在学前教育产教融合的实践中，国内外研究者探讨了多种模式和路径。例如，张宏彬（2020）研究指出，当前学前教育领域的产教融合模式主要包括"双主体"合作模式、产学研一体化模式、订单式培养模式等。这些模式在实践中取得了一定成效，但也存在一些问题，如企业参与积极性不高、校企合作深度不够、实践教学环节薄弱等。

3. 学前教育产教融合面临的挑战与对策研究

国内外研究普遍认为，学前教育产教融合面临着政策支持不足、合作机制不健全、利益分配不均衡等问题。例如，赵多生（2024）指出，产教融合在实际操作中往往缺乏足够的内生动力，尤其是在学前教育领域，企业更倾向于短期利益，而忽视了长远的人才培养目标。为此，研究者建议，通过政策引导、完善合作机制、加强利益共享等方式，进一步推动产教融合的深入发展。

（二）托育服务行业发展中的主要问题与研究现状

近年来托育服务行业作为学前教育的重要补充，在我国逐渐兴起，相关研究也逐步增多。主要研究包括托育服务行业的供需状况、行业发展的主要问题与对策等方面。

1. 托育服务行业的供需状况研究

在托育服务领域，研究者普遍关注行业的供需不平衡问题。杨菊华等（2018）的研究表明，我国城市托育机构渗透率较低，托育服务的市场需求旺盛，但现有供给无法满足家长的实际需求。此外，杨雪燕（2018）指出，0~3岁婴幼儿的入托率较低，许多家庭因托育费用高昂、服务质量参差不齐等原因选择自行抚养，这进一步加剧了托育服务市场的供需矛盾。

2. 托育服务行业发展的主要问题

托育服务行业的快速发展也带来了许多问题和挑战。首先，行业标准与监管问题。由于托育服务行业发展较为新兴，相关法律法规和标准体系尚未完善，导致行业内存在无序竞争、服务质量参差不齐等现象。其次，托育服务行业的人才短缺问题也较为突出。相关研究表明，托育服务从业人员的职业素养、专业能力普遍不足，难以满足家长对高质量托育服务的需求。最后，托育服务行业的社会认知度较低，许多人对托育服务机构持有偏见，这在一定程度上阻碍了行业的发展。

3. 托育服务行业发展的对策研究

针对上述问题，研究者提出了多种解决方案。首先，给予政策支持，建立和完善行业标准。政府应加大对托育服务行业的扶持力度，制定统一的服务标准和质量规范，加强行业监管。其次，提升从业人员的专业素质，通过职业教育和培训，培养具备专业知识和技能的托育服务人才。最后，研究者还建议加大宣传力度，提高社会对托育服务的认可度和接受度，进一步促进行业的健康发展。

通过对国内外学前教育产教融合与托育服务行业发展的研究现状进行梳理，可以看出，当前的研究在理论与实践层面已取得了一定成果，但仍存在诸多问题和挑战。学前教育领域的产教融合虽然模式多样，但校企合作深度不足，实践成效有待进一步提升；托育服务行业在快速发展中面临标准不健全、人才短缺等瓶颈，亟须在政策、教育、市场等方面进行综合调控与创新。

本文正是在此背景下，结合宜昌市的区域特点，探索学前教育与托育服务产教联盟建设的新路径，力求为区域职业教育改革与行业发展提供有效的理论依据和实践参考。

四、研究方法

本文采用多种研究方法相结合的方式,以确保研究的科学性、全面性和系统性。主要运用文献分析法、实地调查法和专家访谈法。

(一)文献分析法

文献分析法是本文的基础。通过梳理国内外学前教育、托育服务与产教融合的相关文献,研究团队对该领域的发展现状、理论依据及实践成果进行了深入分析。重点关注国内外学前教育与托育服务的政策背景:包括国家相关政策文件、区域发展规划以及行业标准。产教融合的理论基础与实践探索:梳理产教融合在职业教育领域的应用,尤其是如何在学前教育与托育服务领域进行实践转化。学前教育与托育服务行业的主要问题:通过对行业报告、研究论文及专家观点的分析,明确当前行业在发展中面临的主要挑战与问题。通过文献分析,为本文的开展提供了坚实的理论支持,明确了研究问题的背景和发展趋势。

(二)实地调查法

实地调查法是本文获取一手数据的重要途径。调研对象与样本选择:涵盖宜昌市职业院校、托育机构、幼儿园及相关企业等多方参与者,确保调研样本的代表性。团队深入各类机构进行现场考察,详细记录各机构的实际运作情况,特别是产教联盟在实际操作中的成效与困难。通过实地调查掌握宜昌市学前教育与托育服务行业的真实现状,为构建区域产教联盟的方案设计提供关键依据。

(三)专家访谈法

专家访谈法旨在确保研究的科学性与实用性,笔者邀请来自学前教育、职业教育研究领域的学者,地方政府主管部门的政策专家及相关行业的资深从业者进行访谈。围绕区域学前教育与托育服务产教联盟的构建路径、政策支持、资源整合等核心议题,专家们对研究方案进行全面论证,并提出有针对性的优化建议。通过专家访谈,确保研究在理论与实践之间的有效结合,提高研究结论的可信度和推广价值。

五、发展逻辑

(一)发展逻辑研究

1. 理论基础

区域学前教育与托育服务产教联盟的发展逻辑建立在"产教融合"理论的框架

之下，其核心在于通过合作模式的创新、资源共享机制的构建，以及人才培养方案的优化，达到职业教育与产业需求的精准对接。根据问卷与访谈结果，联盟的理论基础涉及多个维度：教育理论、产业经济学、区域经济发展理论以及社会可持续发展理论。产教融合的关键是将职业教育与实际产业需求无缝衔接，通过产学研一体化促进技术转移和人才供给的协调发展。

2. 基于合作模式的联盟发展路径

问卷与调研数据显示，合作模式是区域产教联盟建设的基础。专家指出，宜昌市当前的产教联盟合作主要集中在基础层面，如企业提供实习机会，学校输出人力资源等。尽管这种初步合作为联盟的建立奠定了一定基础，但要实现更高质量的发展，联盟合作需逐步迈向战略合作层次。合作形式包括以下三个方面。

实践基地共建。联盟通过共建实践基地，为学生提供真实的工作环境，使得人才培养的实效性增强。

课程共创。学校和企业共同开发课程内容，使得职业教育课程能够紧跟产业发展趋势，并契合企业的实际需求。

课题研究联合开展。联盟内各方合作开展行业前沿课题研究，将最新的研究成果应用到实际教学和产业实践中，形成产学研一体化发展模式。

调研表明，这些合作形式逐步深化后，会显著提升联盟内资源的整合效率，从而推动人才培养质量的提升。

3. 资源共享与合作模式的相互依存关系

在联盟的发展过程中，资源共享和合作模式的有效性密切相关。资源共享不仅限于基础设施和设备的共享，还包括课程资源、信息资源、教师资源的流动和互补。调研发现，当合作模式逐步深化，联盟内资源流动的效率也随之提高。这种互动关系使得联盟在发展中能够快速响应市场变化，并及时调整资源配置，提升联盟的整体运作效率。

宜昌市学前教育与托育服务产教联盟在资源共享上的特色体现在：信息资源的互通，联盟成员之间定期召开信息交流会议，及时共享行业动态和政策变化；师资力量的共享，联盟通过跨校区、跨机构调配师资，尤其在学前教育和托育服务的专业领域，实现优质教学资源的共享与互补；课程资源的互联互通，联盟通过建立区域性在线教育平台，实现各成员单位课程资源的互联共享，形成"线上+线下"结合的教学模式。

4. 区域发展特点与联盟逻辑的结合

区域产教联盟的发展逻辑还需要结合当地的经济与社会特点。宜昌市学前教育与托育服务行业面临的人口出生率下降和需求减少的现实，要求联盟在资源分配与合作模式上做出灵活调整。根据调研数据，托育机构生源下滑已成为区域性问题，联盟因此提出应针对性地调整人才培养计划，减少重复性投入，提升产教合作的实际效益。这一逻辑强调市场需求导向下的动态调整，确保联盟能够根据产业需求变化，灵活应对并优化合作策略。

例如，部分托育机构在面对生源减少时，选择通过提升服务质量、增加教育附加值来保持竞争力。联盟通过建立相应的教学标准和评价体系，帮助这些机构提升服务水平，进而带动区域托育行业的发展。

宜昌市学前教育与托育服务产教联盟的发展逻辑，在理论基础、合作模式、资源共享以及区域特点等维度上形成了系统的研究框架。通过对联盟发展路径的深入分析，本文提出了产教合作、资源共享、灵活应对市场需求等关键发展策略，进一步推动职业教育与区域经济的协调发展。未来，随着联盟机制的不断完善，宜昌市学前教育与托育服务行业必然能够持续提升人才培养质量，为地方经济和社会发展作出更大贡献。

（二）存在的问题

在当前区域产教联盟存在的问题分析中，通过问卷调研、实地考察和专家访谈，发现区域学前教育与托育服务产教联盟在合作模式、资源共享、人才培养等方面存在明显不足。此外，人口减少带来的冲击与影响也日益显现，对联盟的可持续发展构成了新的挑战。

1. 合作模式不够深入，层次单一

当前的区域产教联盟大多在合作模式上仍停留在较浅的层次，主要集中在学生实习、实训等传统合作项目上，缺乏更深层次的合作。虽然联盟的建立初期实现了基本的合作，但这些合作主要以短期、项目式为主，难以形成稳定、长期的合作机制，现有的合作深度限制了资源的充分利用。例如，虽然部分院校与企业在学生实习和技能培训方面达成了一定合作，但在课程共建、标准化建设、科研合作等更为核心的领域，合作深度不足，限制了联盟整体的运作效益。

此外，合作模式的单一性也影响了资源的有效利用和整体的人才培养效果。调研数据表明，合作模式与资源共享之间存在显著的正相关性，然而由于缺乏在课程设计、教材开发和技能培训等方面的深入合作，企业和院校的资源匹配度较低，无法充分发挥各自优势，从而导致产教融合效果大打折扣。

2.资源共享水平不均衡，效益低下

资源共享的不均衡和效益低下是当前产教联盟发展的主要瓶颈之一。虽然职业院校在教学资源和技术力量上具有一定优势，但在资源共享的过程中，面临信息不对称、技术壁垒和利益分配不合理等问题。例如，部分企业由于担心技术外流和利益受损，对资源共享持谨慎态度，导致先进技术和设备难以有效对接院校的教学需求。

同时，由于缺乏统一的平台，各方资源的整合和流通存在严重障碍，导致资源利用率低下。例如，院校在共享资源时常面临着信息不对称的问题，无法精准地对接企业的实际需求，导致教育资源与企业资源对接不足。此外，重复建设和资源浪费现象较为严重，部分资源未能得到充分利用，制约了产教联盟的发展。

此外，校企双方参与度不均衡。在联盟中，企业参与课程设计、人才培养方案制定等环节的积极性不高，导致人才培养模式仍主要由院校主导，未能充分结合企业的实际需求。校企深度合作的不足导致合作效果有限。

3.人口减少带来的冲击与影响

随着人口逐渐减少，区域学前教育和托育服务行业的市场需求逐渐萎缩，这给产教联盟的可持续发展带来了显著的挑战。生源减少直接影响了职业院校的招生规模和人才培养需求，同时托育服务市场的萎缩也降低了企业对人才的需求。

在这种人口结构变化的背景下，人才供给和市场需求的错位问题愈发突出，进一步加剧了供需失衡。例如，一些院校虽然在课程设计和教学资源上有所投入，但由于市场需求的不断变化和生源减少，这些投入的回报逐渐降低，导致校企合作效果不如预期。在这种双重压力下，产教联盟的合作模式和资源共享难以维持长期效益，联盟的整体运作也受到较大影响。

4.人才培养效果不达预期，供需脱节

人才培养效果与市场需求的匹配度不足是区域产教联盟面临的关键问题之一。随着区域内学前教育和托育行业的人才需求不断变化，职业院校的培养目标和课程设置未能及时调整，导致人才供给与市场需求错位。例如，部分院校的课程内容滞后，难以跟上行业发展的步伐，尤其是在技能型课程上，与实际岗位需求存在明显脱节。

企业普遍反映，毕业生在进入岗位后需要较长的适应期才能胜任工作。这反映出课程设置与市场需求之间存在较大差距。

5.政策与市场需求的适应性不足

政策执行与市场需求之间的脱节也是制约产教联盟发展的重要因素之一。尽管国家层面鼓励产教融合，但在地方政策的执行中，具体措施和激励机制并不完善，缺乏有针对性的支持和引导。例如，部分地方政府在资源整合和利益分配上未能提供足够的政策支持，导致校企合作项目难以长期持续发展。

此外，由于政策执行与市场需求变化的节奏不一致，部分政策措施未能及时调整以适应市场需求的变化，从而影响了产教联盟的整体发展效能。例如，在资源整合和利益分配方面，部分政策的执行效果不佳，导致企业在校企合作中的参与意愿较低，限制了校企合作深度和资源共享的广度。

6.管理机制不健全，联盟运作缺乏有效协调

管理机制的不完善是区域产教联盟发展效率低下的重要原因之一。当前，联盟内各主体的权责分配不清晰，决策流程不透明，导致在资源分配和合作实施过程中协调难度较大，影响了联盟的整体运作效率。

例如，在联盟的日常运营中，由于缺乏统一的评价标准，合作成果难以量化评估，这增加了合作双方在实际操作中的分歧。此外，激励机制的缺乏也使得联盟成员的参与积极性较低，合作效果难以达到预期。同时，利益分配机制不完善，导致各方在资源共享和联合人才培养中缺乏长远的合作动力，这进一步限制了联盟的可持续发展。

综上所述，当前区域学前教育与托育服务产教联盟在合作模式、资源共享、人才培养、政策执行、管理机制以及人口减少带来的冲击等方面存在诸多问题。这些问题限制了联盟的整体发展效果，并对其可持续发展提出了严峻挑战。在未来的发展中，联盟需要通过进一步深化合作、优化资源整合、完善管理机制以及加强政策支持，逐步解决这些问题，从而推动产教融合向更高质量、更深层次发展。

（三）方案与实施路径

基于对当前区域学前教育与托育服务产教联盟存在问题的分析，提出以下构建方案与实施路径，通过优化合作机制、强化资源整合、完善管理模式等实施路径，推动区域产教联盟的高效运作与可持续发展。

1.构建多元参与合作机制

要建立一个稳定、高效的区域产教联盟，需构建多元参与合作机制，吸纳政府、职业院校、企业、行业协会等多方主体共同参与。在此基础上，具体实施路径包括以下三条。

（1）政府引导与政策支持。政府应发挥主导作用，制定并完善相关政策法规，提供财政支持和政策激励，促进产教联盟的建立与发展。具体措施如专项资金扶持、税收优惠、政策奖励等，确保各方的积极参与。同时，政府在联盟内部可以设立协调机构，确保各方的利益平衡，统一规划和监管联盟的发展方向。

（2）校企协同与深度合作。职业院校与企业需建立长期、稳定的合作关系，形成"共建共赢"模式。通过共同制定人才培养方案、开发课程、开展实训项目等，实现教育链与产业链的深度融合。例如，双方可以联合开发基于实际需求的课程项目，企业提供实训基地，院校则输出教学资源，以此达到校企优势互补的目的。

（3）行业协会与第三方组织的支持。行业协会可以充当联盟的桥梁，调动多方资源，为联盟提供专业咨询、行业标准、市场分析等支持，确保合作项目符合行业需求。第三方组织如咨询公司、研究机构可以通过评估、数据分析等外部支持，提升合作质量。

2.优化资源整合与共享机制

资源整合与共享是实现产教联盟合作效益最大化的关键。针对当前资源分散、配置不足的问题，具体实施路径包括以下三条。

（1）建立资源共享平台。通过信息化手段搭建联盟资源共享平台，整合校企双方的教学资源、技术设备、实习岗位等信息。平台应涵盖教学资源、实训基地、就业岗位、科研项目等内容，为联盟成员提供信息对接、资源共享和合作交流的便捷渠道。同时，平台还可以通过数据分析功能，对资源利用进行精准评估和优化。

（2）探索多元化资源整合模式。在资源整合过程中，可采取政府补贴、企业捐赠、合作研发、社会资本参与等多元化形式，形成持续有效的资源供给机制。联盟还可借助众筹、社会基金等形式，为创新项目、教育培训等提供资金支持，确保资源整合的灵活性与可持续性。

（3）建设共享实训基地与实践平台。职业院校与企业可以联合建设集教学、培训、科研于一体的实训基地，并开放给联盟内各成员，实现资源利用率最大化。基地可以配置行业先进设备和技术，既为学生提供真实的实训环境，又能满足企业员工技能提升的需求，实现"双赢"。

3.完善人才培养与评价体系

针对人才培养与产业需求脱节的问题，联盟应在人才培养模式、课程设置、教学实践等方面进行优化，以更好地服务行业需求，具体实施路径包括以下三条。

（1）构建产教融合的人才培养体系。职业院校与企业应根据学前教育与托育服务行业的实际需求，共同制定涵盖理论学习、实践操作的模块化教学方案，注重学生实践能力的培养。例如，课程设置应紧跟行业前沿，如引入新型教育技术、托育服务标准化操作等内容，确保学生具备行业所需的技能。

（2）建立动态反馈与调整机制。定期调研企业的用人需求，并通过校企合作的沟通渠道，及时调整教学内容和培养目标。校企双方应共同进行毕业生就业跟踪和教学效果评估，结合企业反馈，持续改进培养模式，确保人才输出与行业需求的高度匹配。

（3）推动"双导师制"与"工学结合"模式。联盟内可推广"双导师制"，即由职业院校教师与企业导师共同指导学生，确保理论与实践无缝对接。同时，采取"工学结合"模式，鼓励学生在学习期间定期参与企业实习，将课堂教学与岗位实践紧密结合，提升学生职业适应力。

4.创新管理机制与治理结构

为确保产教联盟的有效运作，需建立科学的管理机制和合理的治理结构，具体实施路径包括以下三条。

（1）构建灵活的管理架构。联盟应根据区域特点设置灵活、高效的管理架构，明确各方职责与分工。可以设立理事会、专家委员会等机构，负责战略决策、协调合作与监督管理。理事会应定期召开会议，商讨合作项目、评估联盟发展情况，确保联盟健康运转。

（2）建立利益共享与分配机制。针对联盟内的利益分配，应制定透明、公平的分配方案，确保各方的积极性。例如，可以通过项目合作收益、技术转让、课程开发等形式，实现利益共享，增强各方长期合作的动力。

（3）实施绩效考核与质量评价。引入科学的绩效考核体系，对联盟成员的贡献、项目实施效果进行定期评估，考核结果与资源分配、奖励机制挂钩，形成正向激励。联盟还可以建立质量监控体系，确保合作项目的实施符合行业标准与市场需求。

5.构建可推广的联盟建设模式

为提升联盟的示范效应与推广价值，应注重总结经验，形成可复制、可推广的联盟建设模式，具体实施路径包括以下两条。

（1）案例总结与经验推广。在联盟建设过程中，及时总结成功经验和创新模式，通过编写操作手册、举办研讨会、发布报告等形式推广区域产教联盟的经验，供其他地区参考借鉴，提升联盟的社会影响力。

（2）建立区域合作示范区。选择条件成熟的地区作为试点，打造产教融合示范区，通过政策倾斜、资源集中等手段形成典型示范效应，并逐步推广至其他区域，为全国范围内的产教融合提供范例和支持。

构建区域学前教育与托育服务产教联盟需要多方的共同努力，建立多元参与的合作机制、优化资源整合与共享机制、完善人才培养与评价体系、创新管理机制与治理结构，并构建可推广的联盟建设模式。这些方案与实施路径为区域产教联盟提供了系统性的操作框架，有助于推动学前教育与托育服务领域的产教深度融合，实现人才培养与产业发展的双赢目标。

六、尚需深入研究的问题

在区域学前教育与托育服务产教联盟的构建中，仍有一些问题亟待深入研究。

（一）多方合作中的利益平衡与协调机制

如何在产教联盟内有效协调政府、企业、职业院校等多方利益，建立既保障合作各方利益又促进长期可持续发展的机制，需要进一步研究和探索。特别是在利益分配、资源共享、决策权分配等方面，还存在理论与实践脱节的问题。

（二）"双师型"教师队伍建设与激励机制的有效性

虽然"双师型"教师是产教融合的重要力量，但如何持续提升教师的实践能力并建立长效的激励机制仍需深入探讨。尤其是在教师进修、企业挂职、校企互动等方面的具体操作路径及效果评估，仍需要进一步研究。

（三）资源共享平台的构建与运行效能

资源共享是产教联盟的核心之一，但如何确保平台内信息的高效整合、实时更新及资源的公平分配仍存在技术与管理层面的挑战。具体如信息化系统的设计、各方数据的互联互通、资源使用效益的最大化等，尚需系统研究与验证。

（四）区域差异与行业特性的结合

区域经济、教育资源、行业特点存在差异，如何根据不同区域的实际情况制定差异化的产教联盟发展策略，特别是如何将区域特色产业与学前教育、托育服务的需求结合起来，形成独具特色的联盟建设模式，尚需进一步研究与论证。

⊙ 参考文献

[1] 刘莉，李爱民. 职教创新发展 锁定七项任务[N]. 黑龙江日报，2024-05-24（5）.

［2］葛永芳.基于战略联盟理论的民办高职产业学院治理创新机制研究［J］.科教导刊，2024（20）：22-24.

［3］产教深度融合　校企协同育人［J］.教育与职业，2021（2）：6.

［4］刘大卫，周辉.中外高校产教融合模式比较研究［J］.人民论坛，2022（3）：110-112.

［5］缪学梅.区块链视域下职业教育产教融合联盟及其治理机制研究［J］.成人教育，2021，41（12）：73-79.

［6］柳军，张春雷.群体智能视角下产教融合创新联盟的构建［J］.中国高校科技，2020（8）：73-76.

［7］杨薏琳.面向职业教育现代化建设的产教联盟协同育人研究［J］.教育与职业，2020（12）：12-18.

［8］张文.产教融合实体化运作的价值、原则、模式及路径［J］.教育与职业，2022（9）：36-43.

［9］应瑶，王升.产业学院发展的风向、风口与风险——以浙江省院校实践轨迹为例的分析［J］.中国高校科技，2022（4）：84-88.

［10］方一鸣.产教联盟背景下高职院校混合所有制改革研究［J］.职教论坛，2019（5）：143-148.

［11］敬丽华.高职经贸专业实施产教融合、校企联盟合作育人的对策［J］.教育与职业，2015（36）：86-88.

［12］李术蕊.强化职业能力培养打造示范中职品牌——访贵州省建设学校校长陈鸣［J］.中国职业技术教育，2014（16）：41-46.

［13］朱澍清，刘小华.论产教联盟的本质属性、组织功能及其实现机制［J］.大学教育科学，2013（2）：37-41.

［14］朱静.融入航空产业链对接国际最前沿培养高技能航空人才——西南航空产教联盟成立暨第三届国际航空职业教育论坛在蓉召开［J］.中国职业技术教育，2013（1）：96.

［15］张蕴启.融入行业产业链和区域经济圈的高职办学模式创新与实践［J］.中国职业技术教育，2013（7）：44-49.

［16］张宏彬，张理晖，刘晓宏."区—园—企—校"协同创新学徒培养的探索与实践［J］.中国职业技术教育，2020（10）：85-89.

［17］侯兴蜀.京津冀协同发展下北京市职业教育资源配置研究［J］.中国职业

技术教育，2018（24）：5-13.

[18] 曹美苑，兰青.粤港澳大湾区高职专业设置与产业结构的适配性[J].职业技术教育，2019，40（24）：49-55.

[19] 魏书印，孙诚，谭伟，等.多元办学格局下的产教融合关键成功要素探析——以国有企业举办职业教育为例[J].职教论坛，2021，37（8）：68-76.

[20] 王建平.基于战略联盟理论的高职产业学院共同治理探究[J].大学教育，2020（6）：182-185.

[21] 朱澍清，刘小华.论产教联盟的本质属性、组织功能及其实现机制[J].大学教育科学，2013（2）：37-41.

[22] 赵多生.高职产教联盟育人模式的探索与实践——以酒泉职业技术学院学前教育专业为例[A].河南省民办教育协会，2024：3.

[23] 杨菊华.理论基础、现实依据与改革思路：中国3岁以下婴幼儿托育服务发展研究[J].社会科学，2018（9）：89-100.

[24] 杨雪燕，井文，王洒洒，等.中国0-3岁婴幼儿托育服务实践模式评估[J].人口学刊，2019，41（1）：5-19.

作者简介

王艺博，男，三峡旅游职业技术学院教育学院副院长，讲师，主要研究方向为教育学。

高婧雯，女，三峡旅游职业技术学院科研和社会服务处二级主任，主要研究方向为职业教育。

郭琴剑，女，三峡旅游职业技术学院讲师，主要研究方向为职业教育、茶文化、音乐。

"新双高"背景下高职学前教育专业群课程建设探索①

◎杨 洋 范博文 邓 凡

摘 要：2024年5月，教育部部长怀进鹏提出了以"办学能力高水平、产教融合高质量"为导向的"新双高"建设，释放了关于新一轮"双高计划"建设的明确信号。本文在剖析当前高职院校学前教育专业群课程建设存在问题的基础上，探索"新双高"背景下学前教育专业群组课逻辑应贯穿"项目线＋教学线"；课程建设采用"双线式"组课思路，推进"双主体"合作育人，践行"双课堂"走园实践，贯穿"双链条"岗课融通；课程建设路径是"师范导向"确定课程目标，"任务导向"重构课程内容，"行动导向"推进课程实施，"数智导向"打造课程生态，"实践导向"实施课程思政，"增值导向"开展课程评价。

关键词：高职院校；新双高；学前教育专业群；课程建设

2024年5月，教育部部长怀进鹏明确提出："要进一步深化职业教育产教融合，创新推进以'办学能力高水平、产教融合高质量'为导向的'新双高'建设。"这为第二轮双高建设工作指明了方向。专业是课程的组合，课程是专业的细胞。"专业群建设最核心的任务就是以群为口径，重构课程体系。"[1]在"新双高"背景下，高职学前教育专业群课程建设应基于专业群内同一产业链（岗位群）进行架构，明确服务面向，以适应经济社会发展的需要。

---

① 课题来源：2022年度湖北省职业技术教育学会科学研究立项重点课题"'双高计划'实施背景下学前教育高水平专业群建设策略研究"（课题编号：ZJGA202205）。

一、课程建设存在的问题

当前,在学前教育专业群传统模式下,课程建设存在诸多问题。一是课程标准过时。随着时代发展,学前教育领域呈现"托幼一体化"发展趋势,产业链(岗位群)发生重组和调整,而大多课标还是基于传统教材制定,教学目标、教学内容均无法适应时代发展的需求。二是课程内容狭窄。课程内容主要聚焦学前教育专业内的知识,对于专业外的知识技能学生涉猎较少。这不利于学生形成创新思维和综合素养,对于其进入工作岗位后的岗位能力迁移与持续发展也有影响。三是课程资源封闭。所有课程资源按照专业"分门别类",专业之间的课程联结较少,课程资源未实现优化配置。四是课程安排固化。学生自入学之日起即选择了专业,就相当于要按照所选专业完成全部学习内容和学习进程,每个专业的课程设置和课程内容都预先设定。这种固化的安排不利于调动学生的学习兴趣和促进个性发展。

二、学前教育专业群组课逻辑

学前教育专业群以培养"师范"导向的新时代卓越学前教育工作者为立群之本。在"托幼一体化"产业转型带动下,专业群服务面向涉及幼儿教育、早期教育、0~3岁婴幼儿照护等多个领域。"新双高"背景下,职业教育要聚焦科教融汇、产教融合,努力让学生成长成才通道更加宽阔。因此,学前教育专业群课程应秉承"共商、共建、共享、共推"的发展理念[2],紧扣行业发展需求相关的"项目线"和支撑人才培养供给的"教学线",贯穿"项目线+教学线"双线贯通式的组课逻辑(见图2-2),基于市域学前托育产教联合体单位和校内虚拟仿真实训中心搭建"双平台",紧跟"新双高"背景下课程群化发展新政策;引入校企合作开发的评价体系新标准;贴合"托幼一体化"产业转型新业态;展现"一专多能、一人多技"的综合实践导向新技能。

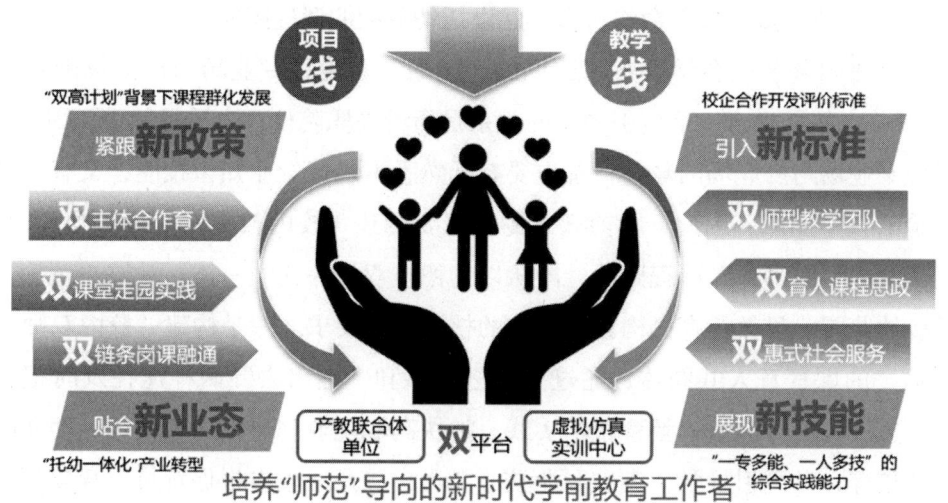

图 2-2 "项目线 + 教学线"双线贯通式组课逻辑

三、学前教育专业群课程建设思路

（一）采用"双线式"组课思路，打造虚实结合的课程环境

在"新双高"背景下，学前教育专业群课程应紧密结合"托幼一体化"行业发展需求和学前教育专业人才培养供给，立足校情和产业设置课程。因此，应采用"项目线 + 教学线"的"双线贯通式"组课思路，通过校外产教联合体单位和校内虚拟仿真实训中心虚实结合的"双平台"课程环境，实现课程资源的优化配置。构建底层共享、中层可融、顶层互选的学前教育专业群课程。底层共享课整合群内学前教育、早期教育、婴幼儿托育服务与管理等专业所共同必需的知识、技能和素质，帮助学生形成对学前教育领域的整体认知，掌握职业通识能力，如《教育学》《心理学》《卫生学》等课程；中层可融课主要对应职业岗位所需的核心能力，使学生具备从事学前教育专业领域内各岗位的职业能力，如《幼儿园教育活动设计与指导》《婴幼儿游戏指导》《婴幼儿行为观察与指导》等课程；顶层互选课则密切跟随产业发展和市场需求，供学生根据个人兴趣和职业规划选择学习，这类课程可以结合新的市场动态实时开发和更新，如《STEAM 课程》《感觉统合训练》《生成式人工智能》等课程。"双线贯通式"组课思路将学生的学习路径与职业生涯发展紧密联系起来，在虚实结合的课程环境熏陶下深度对接工作岗位。

（二）推进"双主体"合作育人，建设托幼双能的课程团队

按照法国著名社会学家布尔迪厄的"场域"理论，专业场与产业场能否形成"和谐统一、协同融合、适应引领"的关系是衡量高职院校育人质量的重要因素[3]。要实现专业场与产业场的契合，首先要有既熟悉本领域专业知识技能，又有一线实践经验的教学团队。因此，学前教育专业群要构建"校内教师＋校外导师""双主体"驱动的"双师型"课程团队，团队以"德技双修、托幼一体"为核心理念，深度对接幼儿园、早教托育机构教师岗位的核心能力要求。一是构建"校内双师＋企业导师"的课程育人共同体，通过"请进来"和"走出去"两种途径及时把新理念、新方法、新标准引入教育教学实践，加快高职院校和早教托育机构、幼儿园骨干教师培养，共同引导学生突破职业核心能力；二是通过申报保育员、育婴师等职业工种考核站点，培养一批能够率先成长、引领发展的"托幼双师双能"型教师；三是设立"实践专家教学岗"，聘请来自早教托育机构、幼儿园一线的骨干教师组成较为稳定的兼职教师队伍，使师资结构不断优化；四是校企合作开发课程评价标准，为学生综合实践能力评估提供科学、系统的工具；五是校企共建学生成长档案袋，记录学生课程学习后的成长轨迹，实现增值性评价。

（三）践行"双课堂"走园实践，融入两段传承的课程思政

随着新一轮科技革命和产业变革的不断演进，市场对高素质技术技能人才的需求日益增长，"新双高"战略在此背景下的核心目标之一就是提升职业教育的社会适配度，确保所培养的人才能够掌握符合岗位要求的技能和素质，快速融入职场，满足市场和企业的人才需求。作为学前教育专业群，应搭建"校内课堂＋走园实践"的"双课堂"平台，构建校内教师与企业导师共同参与的课程教学环境，贯彻"师德育师心，师心育童心"的"双育人"理念，实现从"教师—学生"，再到"学生—幼儿"的两段接力，传承教育情怀。课程立足"师范"教育核心，将思政元素融入课程教学活动，使学生在学习专业知识技能的同时，为未来职业生涯注入深厚的情感底蕴和道德力量，为成长为"师范"导向的新时代卓越学前教育工作者奠定坚实的基础。

（四）贯穿"双链条"岗课融通，开展互利共赢的社会服务

高职院校作为连接教育与产业的重要桥梁，在服务地方经济发展方面发挥着重要作用。在"新双高"背景下，高职院校应紧密结合地方经济发展，通过开展技术服务、人才培训等活动支持地方产业升级和转型，促进科技成果转化。因此，学前教育专业群应通过"双链条"岗课融通，始终紧跟时代发展步伐，紧扣市场需求，

将课程内容与岗位需求紧密对接，实现教育与就业的无缝衔接，推动产教融合、资源共享、人才共赢，为学生提供一条清晰可见的职业发展路径。推行"双惠式"社会服务，依托市域学前托育产教联合体，鼓励学生深入幼儿园、早教托育机构、社区等实际工作环境，参与童伴之家、暑期托管等志愿服务，实现教育与服务的双赢。

四、学前教育专业群课程建设路径

（一）"岗位需求"前置化，"能力导向"进行课程分析

开展课程分析首先是"岗位需求"调研。充分分析学前托育行业内不同的工作领域，不仅要对接新技能、新规范及新要求，还要对接社会用人需求，利用调查问卷、岗位观察、专家访谈等方法，分解细化典型工作任务，提炼、审议职业岗位所需的知识、技能、素养。此外，还要对标幼儿园、早教托育机构"岗位适应性"要求，结合学习管理平台数据、选修课和前序项目学习，对学情进行分析。如学生在学习专业群中层可融课《婴幼儿游戏指导》时，表现出专业知识基础扎实，实践应用有待提升。在学习《教育学》《心理学》等前导课程时显示，学生在专业知识掌握方面表现良好，但在将理论知识应用于实际游戏指导方面的能力有待加强；基础技能表现优异，专业技能有待强化。在歌曲弹唱、讲故事、形体与礼仪等基础技能测试中，学生表现突出，尤其是讲故事和玩教具制作优秀率高，但游戏组织和评价能力不足；学生学习特点显著，授课方式喜好多样。学生对幼儿充满热情，表达欲和表现欲强，喜欢"做中学"和"玩中学"的学习方式，信息手段、自主探究、任务驱动、小组合作和情景模拟等教学方法受到学生的青睐。这为教师实施多样化课程教学策略提供了依据。通过学情调研全面了解学生的知识与技能基础、认知与实践能力以及学习特点，为更好地开展课程分析打下基础。

（二）"岗课赛证"相融通，"师范导向"确定课程目标

坚持"岗课赛证"相融合理念，对接幼儿园、早教托育机构、文化艺术培训机构的教师及管理岗位需求，幼师资格证、1+X幼儿照护、育婴员、保育师等职业技能考核标准，各级学前教育、婴幼儿托育服务与管理、早期教育赛项规程，动态调整课程内容。针对现代早教托育教学和管理岗位典型工作任务，依据职业标准，校企合力重构"对标"课程，制定和完善课程标准。学前教育专业群以教育类专业为龙头，因此还要立足"师范"教育核心，以培养"师范"导向的新时代卓越学前教

育工作者为导向,设计师知、师术、师德三维课程学习目标。

（三）"核心技能"强基础,"任务导向"重构课程内容

课程内容重构应以具体课程的具体任务分解和核心技能点分析为依托。以学前教育专业群中层可融课《幼儿园教育活动设计与指导》为例,该课程紧密对接国际幼教师、早教托育师、课程开发师岗位能力要求和国家专业教学标准,全国学前教育职业技能大赛以及相关职业技能等级证书标准、行业企业标准,突破传统幼儿园五大领域活动设计局限,对课程内容进行深度重构。设置强体正行、启智润心、善言尚美三个核心课程模块,开发"强体"篇、"正行"篇、"启智"篇、"润心"篇、"善言"篇、"尚美"篇、"实践"篇等九个特色项目,围绕识理论、写教案、讲活动、评教学四个核心技能点,帮助学生真正从"懂设计"到"会实施"（见图2-3）。

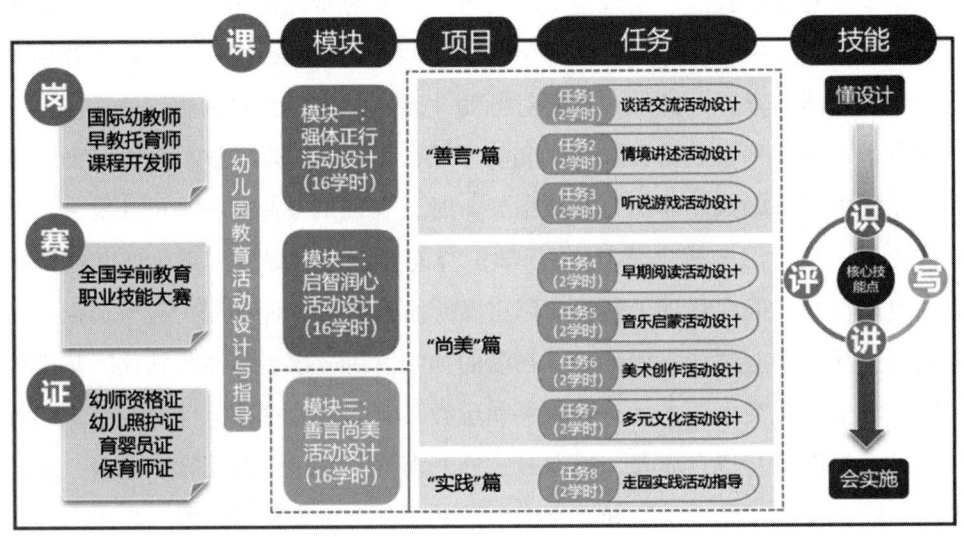

图2-3　《幼儿园教育活动设计与指导》课程内容重构

（四）"螺旋递进"逐驱动,"行动导向"推进课程实施

以"行动导向"教学理念为指引,采用"螺旋递进式"任务驱动的课程组织方式,分阶段、分层次地推进课程实施,引导学生逐步掌握与职业岗位相对接的核心技能,实现从理论到实践的全面转化。从整个课程架构上看,底层共享课是基础,中层可融课是核心,顶层互选课是推动学生可持续发展的关键。从某一门课程实施上看,课前、课中、课后三阶段同样形成"螺旋递进"的关系。课前阶段学生通过"观摩体验"和"知识前测"等环节,为课中学习作好准备。课中阶段引导学生建构知识,突破核心技能点的学习。如"小组拼图"环节,学生通过团队合作,整合

各自见解，形成对知识技能的全面理解。"智慧点拨"环节，由教师提供关键指导，帮助学生深化理解知识。"AI入境"环节，通过人工智能技术实现人机互动，为学生提供个性化反馈，进一步提升他们的核心岗位能力。"仿真模拟"环节，学生利用虚拟仿真技术，模拟真实的教育场景，进行岗位实践。"五维评价"环节，校企合作多元多维评价学生，确保评价的全面性和客观性。课后阶段学生通过"模拟实践"和"知识后测"将所学运用于实际岗位，全面内化知识技能，"知识后测"数据及时为下一轮课程调整提供依据，形成了"螺旋递进式"的课程链。

（五）"校内校外"双课堂，"数智导向"打造课程生态

搭建"校内课堂+走园实践"双课堂平台，帮助学生将所学运用于实际岗位，真正从"懂"到"会"。在课程教学过程中，采用小组讨论学习、项目任务学习、体验探究学习等教学方式，打造"数智导向"的课程生态。将复杂的学习任务分解为若干个关键部分，每个小组成员负责其中一个特定的学习模块。成员们在深入探究各自模块的同时，还需与其他成员紧密协作，将各自负责的模块组合成一个完整的学习成果。再结合课前观摩导学、课中同伴互学、课后导师辅学，打造师生共同体、生生共同体、机生共同体等多样化的学习共同体。有效整合校内虚拟仿真实训中心、VR实境教学系统、职教云平台、学前托育教学资源库、精品课程、幼师资格证题库、词云生成器、活页式教材等多种虚实资源，校企合作开发微课讲解、专家访谈、动画一刻、学生展示、操作示范、岗位实训、拓展音频、教案课件、全面对标、赛点突破等课程资源，为学生提供与行业标准和竞赛要求相符合的学习材料，提升其职业技能和岗位竞争力。数字化、智能化教学环境为学生提供了更加丰富和便捷的课程学习资源，彰显了学生知识、技能学习的主体价值。借助智能学习空间开展无边界学习，使学生获得多层次、个性化、多类型的复合学习体验，不断提升综合素质，实现深度学习。

（六）"大美学前"重传承，"实践导向"实施课程思政

打造"大美学前"思政育人品牌，在校内课堂和走园实践中贯穿"大德、大爱、大先生，美言、美行、美传承"的思政育人理念，注重培养学生的道德品质、审美情感和创新精神，强调学生在学前托育中融入师德和尚美元素，以培养具有高尚情操和审美能力的下一代，实现"教师—学生""学生—幼儿"的两段接力，赓续传承教育情怀。通过课程实施，将"大美学前"理念转化为具体的教育实践，为学生全面发展和未来教育事业打下坚实的基础。

（七）"成长档案"有记录，"增值导向"开展课程评价

围绕师知、师术、师德三维课程学习目标，构建"成长档案式"多维评价体系（见图2-4），评价要素涵盖五维评价、知识前测后测以及虚仿平台操作记录；评价手段包括学生自评、生生互评、双师点评和企业评价；评价方式结合线上打分、线下点评，以及档案记录。将过程评价与结果评价相结合，过程评价贯穿课前、课中、课后各个阶段，结果评价则关注学生在某个阶段性任务中的表现，如走园实践、知识后测和期末会演，既关注学生的最终成果，也关注学生学习过程中的体验和进步。最后将学生的课程作业、活动照片、评价量表和知识测试结果等学习材料全部存入学生"成长档案袋"，为学生提供一个可视化的成长轨迹，使他们能够清晰地看到自己在课程学习目标上的提升，以及学习行为的变化。

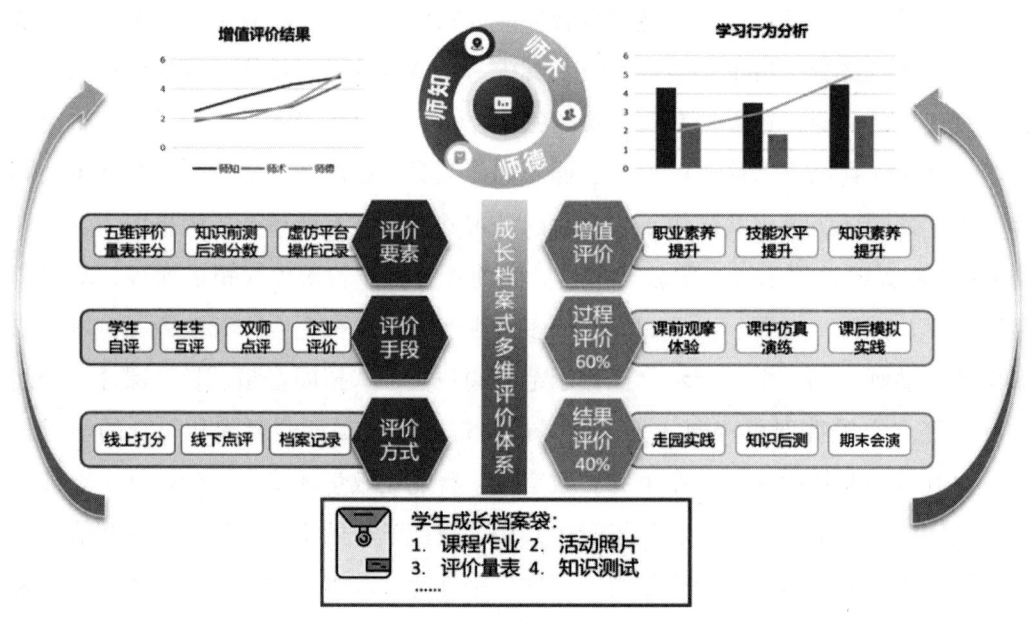

图2-4 "成长档案式"多维评价体系

五、结语

在"新双高"背景下，高职学前教育专业群课程建设应以"项目线＋教学线"组课逻辑为起点，采用"双线式"组课思路，打造虚实结合的课程环境；推进"双主体"合作育人，建设托幼双能的课程团队；践行"双课堂"走园实践，融入两段传承的课程思政；贯穿"双链条"岗课融通，开展互利共赢的社会服务。课程建设

路径是"岗课赛证"相融通,"师范导向"确定课程目标;"核心技能"强基础,"任务导向"重构课程内容;"螺旋递进"逐驱动,"行动导向"推进课程实施;"校内校外"双课堂,"数智导向"打造课程生态;"大美学前"重传承,"实践导向"实施课程思政;"成长档案"有记录,"增值导向"开展课程评价。

⊙ 参考文献

[1] 吴升刚,郭庆志. 高职专业群建设的基本内涵与重点任务[J]. 现代教育管理,2019(6):101-105.

[2] 郎富平,袁子薇."双高"建设背景下专业群课程资源建设研究[J]. 教育与职业,2021(13):85-89.

[3] 刘晴."双高"院校特色办学的内涵释义与路径创生[J]. 高等职业教育探索,2024(3):47-52.

◆ 作者简介

杨洋,女,三峡旅游职业技术学院教育学院副院长,讲师,主要研究方向为课程教学论。

范博文,女,三峡旅游职业技术学院公共英语教研室主任,副教授,主要研究方向为高职外语教学。

邓凡,女,三峡旅游职业技术学院托育养老教研室主任,讲师,主要研究方向为学前教育教学。

飞机机电设备维修专业"双师型"教师团队建设研究

◎董群梅

摘　要：根据三峡旅游职业技术学院飞机机电设备维修专业目前的发展情况，我校飞机机电设备维修专业的实践教学环节充分利用本土企业优势，将该专业"双师型"教师团队建设与校企协同育人模式深度融合，培养具有飞机机电设备维修专业特色的"双师型"教师团队。本文以我校飞机机电设备维修专业为例，研究该专业"双师型"教师团队在校企协同育人模式下的建设思路。

关键词：飞机机电设备维修；"双师型"教师；协同育人；建设

一、飞机机电设备维修专业发展现状

　　三峡旅游职业技术学院是经湖北省政府批准、获教育部备案的全日制综合类普通高职学院。学校重视专任教师技能培养，充分发挥服务社会、服务地方经济社会发展的职能。我校航空专业群现有飞机维修、无人机应用、空中乘务、民航运输、通用航空器维修等专业，其中飞机维修专业在学院航空专业群中占有重要地位。近年来，该专业招生规模持续扩大，飞机机电设备维修专业在校生目前已有300余人，占航空专业群人数的45%。相关社会机构预测，未来5年，我校飞机机电设备维修专业生源数量将继续增长。我校是中国航空教育协会职业教育分会在湖北省唯一的会员单位，飞机维修专业是学校重点发展的专业。培养适合企业需要的高素质技术技能人才是职业院校的责任。我校飞机维修专业将在"教、产、学、研一体化"的建设思想指导下,形成适合高端技能型人才培养的模式,坚持走校企联合培养道路,注重学生飞机航空器组装调试、维护维修、管理等职业技能的培养。按照《国家职业教育改革实施方案》部署,推动职业院校"双师型"教师扩大规模、提升素质、优化结构,促进职业教育能够更好社会服务的职能。"双师型"教师模式的提出和实施,对于推进职业教育改革和发展具有积极的意义和深远的影响[1],三峡旅游职业技术学院紧密围绕《国家职业教育改革实施方案》的具体内容,及时加强"双师型"教师队伍的培养,学院通过引流机制,采取"引进来、送出去"的方式,促进"双师型"教师队伍的培养,以名师名匠、交流互动、资源共享促进"双师型"教师能力的提升。

二、飞机机电设备维修专业校企协同育人模式教学实施措施

民航业是我国社会经济发展的战略产业,扎实的飞机维修技能是民航安全的重要保证。随着我国经济结构的调整和产业的转型升级,企业技术技能加速更新,单纯依托传统理论授课为主的教学模式,已经不能适应新时代企业用人需求。另外,社会大环境的变迁和学生生源质量的改变,高职院校的专业设置及人才培养的质量,均会产生一定影响,甚至带来持续的变化。高职院校要适应专业及生源的动态变化,教师队伍建设是首要任务。

(一)加强实训基地建设

近几年我校飞机机电设备维修专业发展迅速,学生规模逐年扩大,技能精湛的师资和先进的实训基地建设是新形势下必须解决的核心任务。民航产业的主体是企业,我校飞机机电设备维修专业是宜昌机务维修人员培养的主要阵地。为提升技能型师资力量,学校实施了该专业教师素质提升计划,重点工作是加强该专业"双师型"教师培养与培训,提升专业教师技能,推动校企人员的双向流动。

(二)在教学资源开发、人才培养、实习实训中与本土企业全方位合作

我校的主要合作单位是贝迪克凌云(宜昌)飞机维修工程有限公司,该公司是中国首个中以合资的民航MRO企业,公司位于学校直线距离10公里以内,有绝对的地理优势。近年来,该公司是我校飞机机电设备维修专业学生进入专业对口岗位的主要合作单位。近两年我校与贝迪克凌云(宜昌)飞机维修工程有限公司创新性地开展校企协同育人新模式,搭建起校企合作的桥梁,通过校企协同合作共建"双师型"教师队伍,为宜昌一线机务维修岗位输送了一批批高素质技术技能人才。例

如，与贝迪克凌云（宜昌）飞机维修工程有限公司共建校内飞机发动机拆装与维护实训室，使我校发动机检修实训项目与企业维修车间作业要求相一致，打开了企业教师与校内教师在发动机维修技能方面的交流渠道。此外，为加快推进学校实训室建设，在后续的紧固件与保险等实训室建设中将继续与企业对接，保持实习实训室校企共建的思路不变。另外，充分吸收企业资源优势优化技能实践课程，将邀请企业名匠来校授课，开创校企人员双向流动的局面。并且，充分利用企业人才优势，吸收企业一线技能大师进课堂担任兼职教师，打造一支素质优良、技术过硬、结构合理、相对稳定的企业教师团队，让校内教师充分融入企业教师团队中，校内教师每个月有一定的进企业跟岗实践的课时要求，通过外引内培的方式，促进我校高水平"双师型"教师团队建设工作的不断推进。

三、校企协同育人模式下"双师型"教师队伍建设

面对专业发展新形势，结合贝迪克凌云（宜昌）飞机维修工程有限公司本土企业的人才需求，校企双方自签订战略合作协议以来，在"双师型"教师团队共建、实习实训建设、订单培养等方面取得了较好成效。教师将专业知识与技能渗透到教学活动中，改善了以往从课本到课本的教学局面。这就要求教师不仅具有必备的专业教学能力，还要具有较高的专业实践能力。为促进技能实践教学能力的提高，要不断推进双师建设，培养具有劳动品德、职业能力和工匠精神的高素质技术技能人才[2]。因此，强化实习实训环节、加强实训管理是我校教学改革的主要方向。

（一）"双师型"教师队伍建设的主要观点

《国家职业教育改革实施方案》指出，2022年"双师型"教师占比要达到50%以上。《深化新时代教育"双师型"教师队伍建设改革方案》就"双师型"队伍建设，提出教师准入、教师培养、教师评价三个方面的建设思路[3]。在教师准入上，职业院校教师原则上从具有三年以上企业经验、符合学历要求的人群中进行招聘，并且每年至少要有1个月的企业实训，教师考核要突出技能水平与教学能力水平。实习实训是高职实践教学的重要一环，要确保实践教学课时达到国家规定要求。按照《国家职业教育改革实施方案》，职业院校实践教学课时原则上要占总课时的一半。

在教育教学活动中，"双师型"教师不仅承担专业课的理论教学任务，而且要承担专业实践课的教学任务。将核心专业课中的主要内容结合机务岗位的典型作业内容，形成适合学情的实操任务书，在实践教学中塑造学生的劳动品德，在实践教

学中锻炼学生的职业能力，校企合作是实践教学改革的基础[4]。校企共同制定人才培养方案和评价标准、建设课程资源和实训基地、联合开展实习实训[2]。通过校企合作构建规范化的技术课程、实习实训和技能评价标准体系。

（二）基于校企协同育人思路下的"双师型"教师队伍建设实例

例如，在实习跟岗合作中，在校企共建的"双师型"教师团队的联合育人模式下，对应届毕业生进行实习前培训与考核，结合校企合作实训项目进行专业技能考评，考核评分员正是校企合作下的"双师型"教师团队中的骨干教师，企业教师和校内教师考核分数各占最终成绩的50%。经企业教师和校内教师共同评分合格后，可进入企业岗位跟岗实习。

从统计资料来看（见图2-5），2019年，参培应届毕业生有70%的学生获得进入企业跟岗实习资格；2020年，参培应届毕业生有74%的学生获得进入企业跟岗实习资格；2021年，参培应届毕业生有77%的学生获得进入企业跟岗实习资格；2022年，参培应届毕业生有80%的学生获得进入企业跟岗实习资格。通过以上情况来看，校企协同建设下的"双师型"教师团队在提高学生专业技能上发挥了巨大作用。在实践培训与考核中，专任教师必须对企业的岗位技能有较强的认知，在这个基础上融入专业理论知识，才能在实践项目中帮助学生获得一定的技能，从而使学生获得实习机会、提高自己的竞争力。如果学生在校期间对维修的基本技能掌握太少，那么在企业选人考核中就没有优势[5]。近年来学校正加快该专业"双师型"教师的培养工作，加大青年骨干教师"双师型"培养力度，从教学改革、实训室建设、校企合作方面加快构建"双师型"教师队伍，提高飞机机电设备维修专业的办学质量。

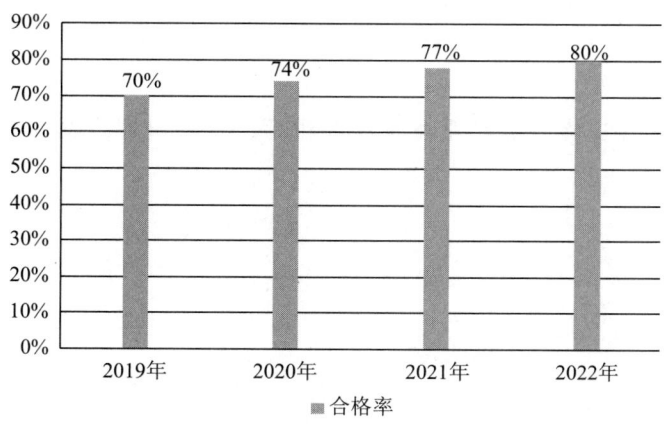

图2-5　2019—2022年应届生参加实习考评的合格率情况

四、小结

湖北区域经济的迅速发展,对飞机维修人才的需求日益增大,人才的培养还不能满足市场的需求。我校立足长期发展,深入贯彻与落实教育部、财政部启动国家示范性高等职业院校建设计划,并重视资源共享,始终以培养社会主义建设者和接班人为宗旨,面向机务一线技术岗位,培养理想信念坚定、德技并修、全面发展,具有一定的科学文化水平、良好的职业道德,掌握飞行器维修技术专业知识和技术技能,能满足现代通用航空器维修岗位专业技能及职业发展的高素质技术技能人才。

⊙参考文献

[1] 赵莹.中国特色学徒制视域下双师型教师队伍建设研究[J].继续教育研究,2023(6):21-25.

[2] 秦琼.高质量发展视域下高职实践教学改革路向探索——基于政策文本的NVivo分析[J].高等职业教育探索,2022,21(1):21-28.

[3] 王丹.加强双师型教师队伍建设是提高应用型本科教学质量的有效途径[J].唐山文学,2016(1):110-116.

[4] 何定华.高职院校"双师型"教师培养策略研究[J].职教论坛,2011(19):66-69.

[5] 吴亚亚.基于职教教师专业化发展的双师型教师培养分析——以商洛职业技术学院为例[C].中小幼教师新时期第二届"教育教学与创新研究"论坛论文集.2022:4.

◆ 作者简介

董群梅,女,三峡旅游职业技术学院讲师,主要研究方向为职业教育、机械设计。

中高职学前教育专业核心课程衔接问题分析及对策研究

◎王 玥 云晶晶

摘 要：中国现代职业教育体系由中等、高等职业教育和职业本科教育组成，但缺乏有效的衔接通道，尤其是中高职课程衔接问题。现有研究多关注专业课程衔接，但很少涉及专业核心课程的系统性研究。本文以学前教育专业核心课程为视角，探讨中高职课程衔接，以满足高质量人才培养和职业能力导向的需求。通过文献梳理和实证研究，对中高职学前教育专业核心课程衔接问题原因进行分析，并提出了一系列课程衔接对策。

关键词：核心课程衔接；学前教育专业；中高职"3+2"

一、学前教育专业核心课程衔接问题产生的原因分析

（一）国家宏观层面

1. 中高职课程衔接政策不健全

自2010年起，国家陆续发布了多项政策文件，旨在建立和完善现代职业教育体系。这些文件强调中高职课程衔接、毕业生升学拓展以及产教融合。2021年的《职业教育专业目录》和2022年修订的《中华人民共和国职业教育法》为中高职衔接提供了指导和法律支持。尽管如此，缺乏具体操作性政策仍是导致中高职课程衔接实践中出现问题的重要因素，影响了教育衔接的有效实施。

2. 现代职业教育体系衔接不完善

现代职业教育体系是职业教育的关键要素，中等职业教育和高等职业教育是职业教育体系中相互衔接的两个阶段，是向社会输出高素质技术技能人才，培育能工

巧匠、大国工匠的重要阵地。目前,我国的职业教育体系尚未对中职、高职教育的衔接作出系统性构建,缺乏一致性、整体性的思考和实践。这从根本上影响了各有分工、接替有序的中高职衔接体系的形成。

(二)学校层面

1. 中高职的主体利益诉求不同

中高职院校是培养技术技能人才的关键场所。在衔接过程中,尽管两者负责不同阶段的教育,但高职院校主导衔接设计和人才培养方案,中职院校主要扮演执行者的角色。因此,中职学校的利益诉求指向招生规模和合作办学。而高职院校由于招生形势较好,其利益诉求主要在于提升声誉,确保教育质量和加速专业建设。

2. 缺乏协同一致的课程标准的研制

课程标准是中高职教育衔接的关键,确保课程内容、教学目标和评价方法的一致性,才能让学生顺利过渡。然而,中高职课程标准往往独立制定,缺乏衔接性调研和研讨,导致课程标准无法有效对接不同教育阶段的需求,影响学生学习兴趣。

(三)企业层面

1. 参与职教育人的过程不足

企业在参与职业教育育人过程中的不足,已经成为阻碍职业教育良性发展的重要因素,同时也对中高职的人才培养质量有着关键性影响。

中高职院校是培养技术技能人才的重要途径,涉及设计行业需求的人才培养方案、选择合适的职业资格证书、调整课程结构、评估课程效果和实施顶岗实习等环节,这些都需要企业的积极参与和支持。但企业参与育人过程的效果不佳,主要是因为它们未充分认识到自身在育人中的重要性。

2. 校企合作的积极性欠缺

随着职业教育的快速发展,中高职学校与企业合作加强。学校通常主导合作,与有影响力的企业建立联系,以支持区域经济和人才培养。但企业对合作持谨慎态度,导致许多项目停滞。调查显示,企业参与合作面临挑战,如需专门人员对接,受工作量、时间安排和成本等因素限制。

二、推进中高职"3+2"学前教育专业核心课程衔接的策略

(一)形成中高职贯通的人才培养目标

在中高职课程衔接中,人才培养目标的衔接是首要任务。中高职"3+2"学前教

育专业在教学理念和目标上有许多共通之处,其中最重要的是对学生职业素养和技能的培养。这两个层次的教育在培养目标、教学内容和方法上各有侧重,体现了对不同教育阶段学生的能力和要求。中职教育往往更加注重基础职业技能的培养和实践操作的能力,旨在为学生后续的学习打下坚实的技能基础;而高职教育则在此基础上,进一步强调专业知识的深化和拓展,以及更高层次的职业素养和综合能力的培养。

1. 培养目标对接岗位专业标准

中高职"3+2"学前教育专业在不同学段对于岗位设置的要求并不相同,中职生对应的实习岗位是保育员岗位,主要进行日常保育,配合教师做好教育活动的准备和协助工作,进行生活教学的计划和实施,要求其具备扎实的基本理论知识、娴熟的基本技能和较高的保教职业素养。高职生对应的岗位是幼儿园教师岗位,要求其具备系统的专业理论知识、专业技能和综合职业素养,具有较强的幼儿园教师职业能力。然而作为中高职"3+2"学前教育专业人才培养的延续性要求,就是要培养出优秀的幼儿园教师。

实现中高职学前教育人才培养目标的衔接,要明确高职教育是中职教育的延伸和提升,要将纲领性文件作为指导性意见进行研究和思考,旨在通过职业标准来制定贯通的培养方案。《幼儿园教师专业标准》(以下简称《标准》)是幼儿园教师培养、准入、培训、考核等工作的重要依据。《标准》从专业理念与师德、专业知识和专业能力三个方面对合格幼儿园教师提出了要求和具体描述。具体见图2-6。

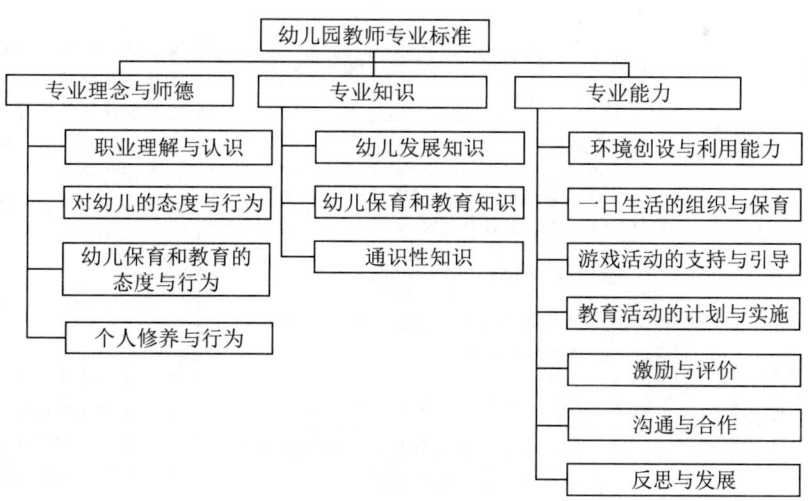

图2-6 幼儿园教师专业标准内容

2.培养目标符合企业岗位需求

人才培养目标的制定必须对接行业、企业的领导和管理人员,充分把握当前岗位的能力变化趋势。近几年,在人口出生率持续走低的背景下,部分幼儿园为了保持生源稳定,专门成立"托托班"来招收2~3岁的婴幼儿。这充分表明,职业学校在培养幼儿园教师时,必须考虑企业实际需求带来的岗位能力变化,并将其作为培养目标制定的重要组成部分。唯有如此,才能确保培养的人才能够紧密贴合市场需求,满足岗位的实际要求。

(二)确定以岗位能力为导向的专业核心课程

1.以典型工作任务界定岗位能力

岗位能力的确定需要对工作岗位的典型工作任务进行分析。根据对幼儿园及园所的管理人员进行调查,面向幼儿教师职业领域的岗位共有三个,分别是保育员、幼儿教师(助教)、幼儿教师等岗位。其中幼儿教师(助教)是基于保育员和幼儿教师岗位之间的过渡,通过对以上三种实际工作岗位的调研分析,实施典型工作任务的分析,最终确定岗位能力。以下是学前教育专业典型工作任务与岗位能力分析表(见表2-2)。

表2-2 学前教育专业典型工作任务与岗位能力分析

职业领域	岗位	典型工作任务	岗位能力
幼儿教师	保育师	1.能处理和预防幼儿急症、突发事件、意外伤害等 2.能简单进行膳食搭配,进餐环境创设,熟悉各年龄婴幼儿的喂养 3.负责本班教室清洁卫生工作 4.在主班教师的指导下,管理幼儿一日生活,并配合本班教师组织教育活动 5.在主班教师指导下,执行幼儿园安全卫生制度	▲婴幼儿保育实践能力 ▲婴幼儿喂养能力 ▲婴幼儿日常护理能力 ▲一般疾病护理、安全和意外伤害预防能力 ▲婴幼儿行为观察能力
	幼儿教师(助教)	1.协助主班老师布置教室及园所环境,准备幼儿活动所需要的各项材料 2.协助主班教师完成教育教学工作 3.协助保育员照顾好幼儿的起居,关注幼儿健康状况,有问题及时汇报给主班教师 4.做好家长咨询工作,向家长汇报幼儿在园表现	▲环境创设基础能力 ▲教育活动实施基础能力 ▲与家长沟通的基本能力 ▲婴幼儿行为观察能力

续表

职业领域	岗位	典型工作任务	岗位能力
幼儿教师	幼儿教师	1. 能根据《3—6岁儿童学习与发展指南》《幼儿园教育指导纲要（试行）》等文件为依据开展教育教学工作 2. 能按要求组织幼儿喜爱的游戏活动，做好幼儿游戏的环境创设等工作 3. 与家长保持经常联系，建立家园合作关系，共同配合完成教育任务 4. 指导并配合保育员管理本班幼儿的生活和卫生保健工作，杜绝责任事故的发生 5. 有目的、有计划地统一创设教室内外环境，体现环境的教育性，根据要求在活动区投放不同种类的游戏材料	▲教育活动计划与实施能力 ▲游戏活动支持与引导能力 ▲班级管理与环境的创设与利用能力 ▲与家长沟通的能力 ▲一日生活的组织与保育能力

2. 以岗位能力设置中高职专业核心课程

基于学前教育专业典型工作任务与岗位能力分析表，对中高职学前教育专业的核心课程进行了重新梳理。2022年，教育部在《职业教育专业简介（2022年修订）》中提出，中职阶段的幼儿保育专业核心课程为幼儿生活照护、幼儿早期学习支持、幼儿安全照护、幼儿健康照护、幼儿行为观察与引导、家园社合作共育等六门课程。高职阶段的学前教育专业核心课程为幼儿游戏与指导、幼儿园课程概论、幼儿园教育活动设计与实施、幼儿园环境创设与利用、学前儿童行为观察、幼儿园班级管理等六门课程。可是上述核心课程却不是"3+2"贯通培养的核心课程，只能将其作为指导性意见来参考。另外，根据《教育部关于职业院校专业人才培养方案制订与实施工作的指导意见》的要求，各中高职院校在制定专业人才培养方案中，要按照相应职业岗位（群）的能力要求，确定6~8门专业核心课程。专业核心课程是体现课程体系的完整性、稳定性、核心生成力，并能充分体现专业特色，且与其他课程形成有机的内在联系的基础。综上，确定以岗位能力为根本的中高职"3+2"学前教育专业核心课程共有9门，中职阶段共设置8门，高职阶段共设置6门，其中有5门在中高职均开设。

（三）构建岗位能力逐步发展的课程内容

1. 以遵循技能人才的成长规律为基础

"什么样的知识有价值""我们应该教给学生什么内容"，是中高职设置"3+2"学前教育专业的核心课程内容时需要考虑的核心问题。其中的关键在于认识教育对象的独特性。教育对象作为独立个体，其成长既是连续的又是阶段性的，并遵循一定的发展规律。因此，我们在课程内容的重构过程中，应紧密遵循学生个体成长的自然逻辑，科学地根据学生的学习和发展规律来进行课程结构的设计。这意味着，课程知识应根据学生的发展规律进行精选、集中、重新组合和整合。考虑到中职和高职学生在发展阶段上的差异，课程设计时会对内容进行适当的调整和优化。

2.以岗位能力发展重构课程内容

中高职学前教育专业课程内容的衔接表现在岗位能力上，要在岗位能力的深度、广度和难度上体现发展性。根据表2-2的内容，岗位能力在三个不同岗位中出现了交叉现象，这种情况发生的根本原因是在幼儿园工作中，通常情况下各岗位的工作人员只需各司其职即可，但在完成一些较为复杂的教学、生活活动时又需要三者相互配合（表2-2中用▲标注的则为重复交叉能力）。但经过仔细比对可以发现，保育员的婴幼儿行为观察能力和幼儿教师（助教）的婴幼儿行为观察能力实际是有区分的，保育员的能力倾向于观察婴幼儿的身体和行为表现，以免在发生婴幼儿急症、突发事件、意外伤害等行为和现象时能进行及时处理；而幼儿教师（助教）的婴幼儿行为观察能力更偏向幼儿在园的一日表现，以便及时向家长汇报。可见，在以岗位能力重构课程内容时，需要在相似的岗位能力上做好层次水平的划分。具体的岗位能力在不同阶段的表现见表2-3。

表2-3 中高职学前教育专业岗位能力递进重构课程内容分析

学段	岗位能力	岗位能力不同阶段表现		对应工作岗位
		中职	高职	
中职阶段	婴幼儿保育实践能力	婴幼儿保育实践能力	续接	保育员
	婴幼儿喂养能力	婴幼儿喂养能力	—	
	婴幼儿日常护理能力	婴幼儿日常护理能力	—	
	一般疾病护理、安全和意外伤害预防能力	一般疾病护理、安全和意外伤害预防的能力	—	
	婴幼儿行为观察能力	婴幼儿生活行为观察	续接	
	环境创设基础能力	准备、操作材料的能力	续接	幼儿教师（助教）
	教育活动实施基础能力	协助主班教师维持课堂秩序，简单进行讲故事、表演歌曲的教学能力	续接	
	与家长沟通的基本能力	简单表述幼儿在园的能力	续接	

续表

学段	岗位能力	岗位能力不同阶段表现		对应工作岗位
		中职	高职	
高职阶段	婴幼儿行为观察能力	续接	幼儿一日生活观察	—
	教育活动计划与实施能力	续接	开展教育教学活动	幼儿教师
	游戏活动支持与引导能力	—	开展游戏教学活动	
	班级管理与环境的创设与利用能力	续接	班级管理与环境的创设与利用能力	
	与家长沟通的能力	续接	共同配合完成教育任务的能力	
	一日生活的组织与保育能力	续接	配合保育员管理本班幼儿生活和卫生保健工作	

（四）设计相对完整的螺旋递进专业核心课程体系

1. 确保中高职课程衔接的相对完整性

中高职衔接是两个教育阶段课程的直接对接。由于中职和高职通常由不同学校独立完成，衔接过程中难免存在断层。为了实现相对连贯的衔接，职业教育应确保学生毕业后能直接就业。尽管老师和家长支持学生通过提升学历来加强专业技能，但学生若选择就业，则需要确保中职所学的知识技能足以应对工作。因此，中职课程应注重专业技能的培养，而高职阶段则应加深专业理论知识的广度和深度，并在技能培养上实现递进。

2. 设计螺旋递进的专业核心课程体系

基于中高职学前教育贯通人才培养目标和专业核心课程的制订，中高职"3+2"学前教育专业形成了"专业基础知识+职业素养形成+职业技能实训+专业知识提升+顶岗实习"的专业核心课程体系，形成了"2+1+1+0.5+0.5"实施学段分布。中职阶段的第1、第2学年为知识基础阶段，进行专业基础知识学习和职业基础技能学习，第3学年大力进行基础职业技能实训；高职阶段第4学年夯实专业基础知识和着力职业能力提升，第5学年的第9学期开展职业资格证考前培训，进行文化素养及保教知识与能力的综合提升，并参加资格证考试，开展幼儿园教学实习及就业创业指导，第10学期顶岗实习+继续考证，同时，注重培养学生的创新创业能力（见图2-7）。

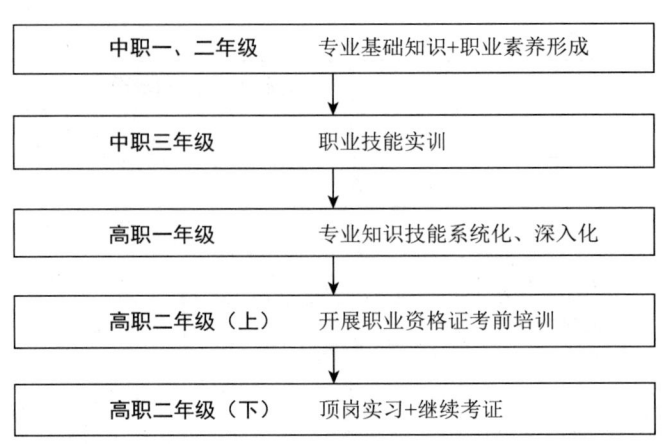

图 2-7 "螺旋递进"的学前教育专业核心课程体系

(五)制定合理统一的中高职专业核心课程标准

课程标准是中高职课程对接的关键。为实现课程顺畅连接,需建立统一的课程标准体系。针对学前教育专业,制定一体化课程标准,消除重复和缺失的教学内容。从整体角度分析职业能力,明确知识与能力结构及发展路径,整合教学内容,确立教学顺序和策略,保证内容连贯全面。同时,联合行业、企业和专家共同开发渐进式课程教材。

1. 政府引领,推进"政校企"的密切联系

学前教育专业中高职衔接受到了政府、企业、学校等多元因素的影响。为了促进其良性发展,需协调这些因素,实现协同互动。协同理论提供新视角,强调系统内部各子系统间有序结构,以减少摩擦、提高效率。中高职衔接需要重视各因素的共同作用,特别是政府的引领和监管作用,以最大化衔接各方利益。各系统间的具体关系如图 2-8 所示。

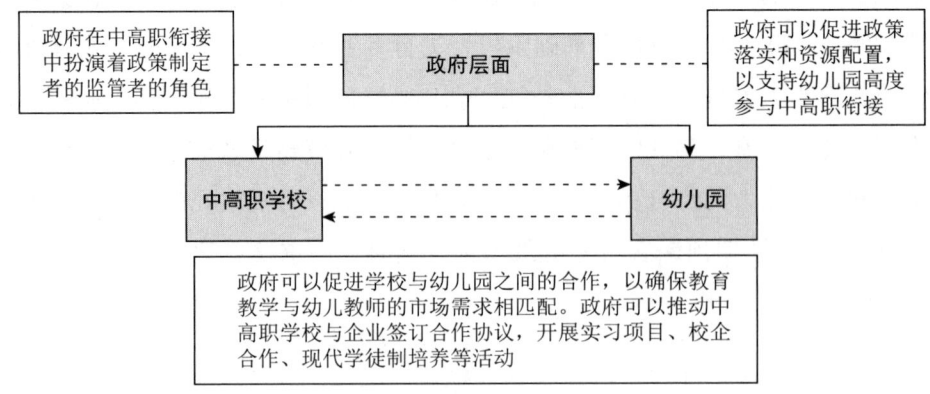

图 2-8 政府层面引领下的政府、幼儿园、中高职学校关系

为了确保合作高效有序，初期需建立涵盖双方学校领导、教学管理部门及专业负责人的合作组织机构。该机构旨在强化专业合作领导，确保工作得到决策、推进、计划和落实。机构包括领导小组、实施管理组和执行任务组。校领导决策关键问题，管理人员制订计划、沟通协调，执行人员推进工作落实和教学实施。各部门分工协作，确保合作有序，实现共同目标。

2.确保学生主体地位，凸显师范性特质

在中高职学前教育专业课程标准制定的过程中，必须确保学生的主体地位得到充分展现。但鉴于中高职学生在不同学习阶段培养目标的不同，师范性这一重要特质未能从开始就进行塑造。在中职阶段，大部分课程以保育员职业技能的掌握为主导，师范性特点不够明显，但通过培养幼儿教师（助教）的岗位能力，可以在中职阶段让学生初步感受师范性。因此，中职教师在教授关于幼儿教师（助教）能力的专业核心课程时，应特别强调师范性这一要素，着重引导学生以幼儿园工作的实际情景为基础来获取知识，为高职阶段学生成为一名合格的幼儿园教师奠定基础。具体内容见表2-4。

表2-4 中职学前教育师范性课程能力分析

岗位	岗位能力	师范性能力的表现
幼儿教师（助教）	环境创设基础能力	针对幼儿园的墙面、家园栏、区角进行教育性、科学性的设计
	教育活动实施基础能力	绘声绘色地进行模拟故事讲述，充满感情地进行幼儿舞蹈、唱歌的表演
	与家长沟通的基本能力	能尊重、有针对性地对家长询问的简单问题进行解答

3.提升教师专业能力，确保教育教学质量

教师在中高职课程标准制定过程中，担任着至关重要的角色。他们不仅需要深刻把握当前阶段学生应掌握的职业资格能力，还需全面了解学生在对口学校应获取的职业资格能力。唯有如此，教师方能有效地将课程内容与学生实际需求相结合，进而引导学生顺利获得必要的知识和技能。为了具体说明这一点，我们可以参考中高职学生能够获取的职业资格证书及其等级。在实际的学前教育专业课程教学中，为了确保教育教学的高质量和高标准，教师应该持有典型的、专业的、有企业认可的职业资格证书。

（六）着眼岗位能力为根本的课程评价

在当前职业教育发展的时代背景下，岗位能力塑造的课程评价体系具有重要价值。岗位能力的要求是推动课程评价标准变革的关键因素。只有当岗位能力得到全面梳理后，教师才能依据这些标准对中高职的课堂效果进行科学评价，进而准确判断学生所掌握的知识和技能是否达到合格标准。因此，以岗位能力为根本，积极探索构建中高职课程评价体系，将为学前教育专业的教育教学改革提供新的标准和要求，具有极其重要的现实意义。

1. 建立科学的岗位能力课程评价标准

建立科学的岗位能力课程评价标准是解决课程评价中"评什么""怎么评"的重要依据，是确保评价工作的科学性、客观性与公正性的关键，科学可行的评价指标体系是课程评价规范化、科学化的基本条件。岗位能力的课程评价标准以岗位能力为核心，根据岗位特性对专业核心课程的评价内容进行细化，并运用量化评估手段对评价内容进行评价。《婴幼儿行为观察与分析》是中高职都有的一门专业核心课程，现在就以该课程为例列出有关岗位能力的课程评价标准（见表2-5）。

表2-5 《婴幼儿行为观察与分析》岗位能力评价标准

岗位能力	中职	高职
理论掌握能力	知道观察的含义，理解观察对于幼儿的意义	知道观察的含义，结合《3—6岁儿童学习与发展指南》和《幼儿园教育指导纲要（试行）》进行分析和理解。掌握观察的不同类型
观察方法的能力（理论）	重点掌握描述观察法、日记记录法等观察方法	知道观察方法的不同种类，以及不同观察方法的优点和不足
观察分析的能力（理论）	能够较为完整地说出观察的结论，分析时要有全面性思维	掌握心理学、教育学等基础理论知识，有较强的分析和逻辑思维
正确选择方法的能力（实践）	能在一定的情景下选择正确的观察方法的能力	能根据不同情景选择正确且合适的观察方法的能力
正确分析观察案例的能力（实践）	能对案例、视频中孩子的行为进行全面观察，将看到的内容记录下来即可	能对案例、视频中孩子的行为做出合理的分析及后续的教育建议

2. 形成性评价和终结性评价相融合的评价方式

中高职"3+2"学前教育专业的核心课程评价目前主要依赖于总结性评价，而考核方式则多侧重于理论与实践相结合。虽然试卷能测评学生对理论知识的掌握程度，却无法全面反映学生在技能操作方面的能力。尽管部分学校在人才培养方案中提及过程性评价，但其关注点更多在于学生的日常行为规范，如出勤率和课堂表现等。为提升课程评价的科学性和全面性，建议在教学过程中运用形成性评价和终结性评价相融合的评价方式。形成性评价应深入学生专业核心技能学习的具体内容之中，全面评价其理论知识、操作技能、学习态度及团队合作能力，以便师生双方能够及时发现并解决问题，优化教学过程。

对于中高职"3+2"学前教育专业核心课程衔接研究，是在取消中职学前教育专业、改设幼儿保育专业这一背景下形成的，是新形势下学前教育专业发展的新动向、新要求和新问题。中高职学校可以通过研究分析，明确问题及其背后存在的原因，运用对应策略，提高学前教育人才的培养质量。但是，由于客观现实的原因和个人才能的局限，本文仍存在不足之处，部分难题仍未得到有效解决。笔者希望未来引入更为科学的量化分析模型，扩充研究资料，以期丰富研究内容。

⊙ 参考文献

［1］高庆春，李艳志.中高职贯通人才培养方案制订的策略探析——基于学前教育专业"3+2"中高职贯通人才培养方案制订的研究［J］.齐齐哈尔师范高等专科学校学报，2021（3）：11-12.

［2］林春霞.高职院校学前教育专业人才培养质量提升策略——来自行业企业的反馈及启示［J］.阜阳职业技术学院学报，2023（3）：39-43.

［3］关剑，王玲启.中高职衔接存在的问题及对策研究［J］.中国职业技术教育，2017（9）：65-69.

［4］褚建伟.中高职衔接人才培养的价值追求与推进策略［J］.中国职业技术教育，2019（1）：50-54.

［5］刘林."3+2"中高职一体化贯通培养模式问题研究［J］.襄阳职业技术学院学报，2022（1）：58-60+135.

［6］侯靖俊."3+2"中高职衔接创新人才培养模式研究［J］.汉江师范学院学报，2022（6）：127-130.

［7］赵慧君，赵星.中职—高校衔接学前教育人才培养问题和解决对策［J］.宁波教育学院学报，2020（4）：121-125.

［8］哈满林，吴一鸣.新版专业目录推动下职业教育课程衔接的理论认知与实践路径［J］.职教论坛，2023（8）：64-71.

✏ 作者简介

王玥，女，三峡旅游职业技术学院学前教育三年制教研室主任，讲师，主要研究方向为学前教育教学。

云晶晶，女，三峡旅游职业技术学院航空工程学院副院长，讲师，主要研究方向为旅游服务与管理。

文化传承与发展

黄牛开峡文化的内涵生成、价值意蕴与传承路径

◎田粟一

摘　要：黄牛开峡文化是三峡区域的特色文化，是中华优秀传统文化的重要组成部分，拥有丰富的文化内涵和深厚的价值意蕴。通过认真分析其内涵生成和价值意蕴，进而提出物态呈现、活化传承和数字赋能等三条弘扬路径。

关键词：黄牛开峡；文化；内涵；价值；传承

黄牛开峡文化是湖北省宜昌市夷陵区三斗坪镇的一种地域性文化，它源自三峡远古时期黄牛助禹开峡平江治水的故事。这一故事不仅充满了神秘色彩，更蕴含了丰富的文化内涵和价值意蕴。黄牛开峡文化的形成，正是基于这一传说，通过世代的传承和发展，逐渐丰富和完善，成为三峡地域文化的重要组成部分。弘扬和发展黄牛开峡文化对于传承历史记忆、推动文化创新、促进地方发展以及增强文化自信等方面都具有重要意义。

一、黄牛开峡文化的内涵生成

（一）黄牛开峡的神话传说

黄牛开峡最早源自三峡地区的神话传说。相传远古时期洪水泛滥，禹在北方治水成功后转战南方，到了重庆下游，发现夔山横立，挡住洪水。玉皇大帝看见后，遂派土星下凡助禹治水。土星化作黄牛，白天悄然观察、夜晚默默相助，终于用牛角抵开了夔山，助禹辟出三峡，引出洪水。当黄牛开辟到西陵峡中段时，一日，天

刚蒙蒙亮，一位民妇为治水英雄送饭，猛地发现一头大黄牛，身披霞光，正举角触石，声如山崩，吓得妇女目瞪口呆，大声呼喊。喊声惊动了神牛，迫使它跃上山崖，潜入深山，只在白石壁上留下一个黄色身影。于是，人们便把此崖称为黄牛岩，称西面长20多公里的峡谷为黄牛峡。黄牛开峡治水后悄然而去，于是后人不知道有黄牛相助，只知禹治水有功，称禹为"大禹"。位于西陵峡三斗坪的百姓因见到了这头开峡的黄牛，为表感谢，遂奉为黄牛神，世代祭祀。

（二）黄牛神话的文字记述

"神话是流动的，形成口头艺术的流动，也形成了风俗生活的流动，继而形成了文字记录的变迁。"[1]早在春秋战国时期，当地民众就在黄牛岩下修建了黄牛庙，用于祭祀开峡平江的黄牛神。三国时期，诸葛亮重建黄牛庙，作《黄牛庙记》，并刻于庙中，碑文有云："古传所载，黄牛助禹开江治水，九载而功成，信不诬也，惜乎庙貌废去，使人太息！神有功助禹开江，不事凿斧，顺济舟航，当庙食兹土。仆复而兴之，再建其庙号，目之曰黄牛庙。"[2]这证实了确有黄牛助大禹开峡平江治水的事迹。宋代，张文忠作《黄牛神赞》，云："壮哉黄牛，有大神力。辇聚巨石，百千万亿。剑戟齿牙，礧诡江侧。壅激波涛，险不可测。威胁舟人，骇怖失色。刲羊酾酒，千载庙食。"[3]其描写了此处行舟的艰险、黄牛的伟绩以及当地人对黄牛的祭祀。到了清朝乾隆年间，《东湖县志》卷26载："明洪武初，正式封黄牛庙所祀之牛归神。"[4]这确定了开峡的黄牛为黄牛庙所祭之神。黄牛开峡文化也在此地逐渐传承下来。

（三）黄牛传说的相关遗存

至今，三斗坪镇内还有30个与黄牛相关的地名，如黄牛岩、黄牛坪、黄牛沱、黄牛峡、黄陵庙等。每个地名都有与之相关的故事由来。黄牛岩上有着传说黄牛神治水成功后回天庭时留下的身影，黄牛坪相传是黄牛到江对岸吃草打量观望的地方，黄牛沱是黄牛神开峡时休息喝水的地方，黄牛峡则是由黄牛神助禹治水时开凿而成。现存黄陵庙，是明代正德年间的建筑，有禹王殿、武侯祠、山门等建筑群落。禹王殿是黄陵庙建筑群的主体建筑，庙内供奉大禹神像，庙外修建黄牛巨型雕塑，是当地百姓祭祀黄牛神的场所。在三斗坪镇，每年的三月初五为黄牛生日，旧时民众会彩扎黄牛，在黄陵庙举行庙会进行祭祀活动，祈求平安顺遂、五谷丰登、六畜兴旺。苏轼曾作《黄牛庙》一诗描述了祭祀的盛况："江边石壁高无路，上有黄牛不服箱。庙前行客拜且舞，击鼓吹箫屠白羊。山下耕牛苦硗确，两角磨崖四蹄湿。青刍半束长苦饥，仰看黄牛安可及。"

时至今日，原始的黄牛神崇拜在历史的长河中消失殆尽，但三斗坪的黄牛神祭祀却流传至今，成为现存唯一的黄牛神祭坛。文人墨客在此留下了大量的黄牛神话诗篇，积淀了深厚的历史文化。

可见，黄牛开峡文化以流行于湖北省宜昌市夷陵区三斗坪一带、与大禹治水同源同流的黄牛开江神话为本源，经过历代传讲、祭祀、阐发、引申、官方与民间互动，弘扬衍化而形成的庞杂文化体系。[5]它是该地区深厚的历史和文化传统的体现，融合了地方特色、民间传说和日常生活实践，形成了一种独特的文化现象。当地的民间文学、诗歌碑刻、彩扎艺术、祭祀礼仪以不同的方式体现了当地人对黄牛的崇拜及敬奉。

二、黄牛开峡文化的价值意蕴

习近平总书记在2021年春节团拜会上说道："在中华文化里，牛是勤劳、奉献、奋进、力量的象征。人们把为民服务、无私奉献比喻为孺子牛，把创新发展、攻坚克难比喻为拓荒牛，把艰苦奋斗、吃苦耐劳比喻为老黄牛。"在中国，牛是一种积极正面的文化符号，有着丰富的内涵，蕴藏着中华民族优秀传统文化和向上向善的民族精神。黄牛开峡文化的价值意蕴如下：

（一）承载着农耕文明中脚踏实地、勤劳耕耘的奋斗精神

作为世界农业的起源地之一，中国一直以来都是农耕大国。在农耕文明的发展过程中，由于生产力和认知水平的局限，人们逐渐对力量强大、性格温顺的牛产生了膜拜的情感，认为牛对万物的生长有着某种天然的掌控力。在各民族的创世神话中，都有关于牛破开了沉睡的土地、唤醒了生命的种子、沟通了人与天地鬼神之间联系的传说。[6]在原始文明中，牛神崇拜是一种普世信仰。人们祭祀黄牛神，祈求风调雨顺、平安富足。在农耕文化中，黄牛一直以来就是勤勤恳恳、忠于职守、任劳任怨的形象代表，符合现代社会高度赞扬的老黄牛精神。这种精神与社会主义核心价值观高度契合。黄牛开峡文化不仅是一种精神风貌，更是一种力量源泉，能够激励人们在实现中华民族伟大复兴的征程中不断前行。

（二）体现了洪水神话中坚韧不屈、勇于开拓的抗争精神

洪水神话是世界性的神话母题，是人类最古老的神话之一。大约在距今1.2万年，随着地球上最后一次冰期的结束，大量冰川融化，各大洋水量猛增，并由此造成了一次全球性的史前大洪水。这一事件在世界各古老民族的神话中都有所体现，并形成了各具特色的洪水神话。如中国的"大禹治水""女娲补天"，《圣经》中的

"诺亚方舟",希腊的"德库里昂洪水"等。与西方的洪水神话宣扬惩恶扬善不同,中国的神话更侧重于寻求治水方法,与洪水抗争,并获得成功,突出了英雄治水的功绩。洪水神话再现了远古时代人类与洪水的斗争,在面对自然灾害时,人类所展现出的蓬勃的生命力与坚韧不屈的抗争精神。

从远古时期"黄牛助禹开江治水,九载而功成",到清朝中宪大夫李拔"去危石,开官漕,除急漩,修纤路,凡施工二十余处,群工雨集,万斧雷鸣。两冬之间,顿有成效。"[7]再到孙中山先生提出"三峡建坝"的理想:"当以水闸堰其水,使舟得以逆流而行,而又可资其水力。"直至葛洲坝、三峡大坝水利枢纽工程的建设,中国人终于根治了长江水患。过程虽然艰辛,但人民始终保持着顽强的生命力和开拓精神,不断寻找生存的希望和出路。这种坚韧不屈的精神不仅体现在个体的求生欲望上,更体现在整个民族的生生不息、繁衍昌盛上。中华民族蓬勃的生命力和不屈的斗争精神是黄牛开峡文化的完美体现。

(三)彰显出国家建设中不计名利、天下为先的奉献精神

黄牛助禹开峡平江,成功治水之后,为回避民众的谢礼,转身飞回天上,慌忙之中撞上高空的岩壁,在岩壁留下了身影。黄牛开峡的神话不仅展现了黄牛为民服务、无私奉献的孺子牛精神,更成为中华民族不计名利、甘于奉献的精神象征。在现代葛洲坝、三峡大坝的建设中,无数工作者继承了这种孺子牛精神,他们背井离乡,远离亲人,积极投身到这一伟大的水利工程建设中。三峡移民也展现了舍小家为大家、顾全大局、牺牲奉献的精神。他们深知这项工程对于国家发展和人民福祉的重要性,因此愿意离开祖祖辈辈生活的土地,放弃原有的家园和生活方式,迁移到新的地方开始新的生活。从远古到现在,从传说到现实,黄牛不计名利、无私奉献的精神在历史长河中传承并弘扬。黄牛开峡文化是中华民族优秀的传统文化、珍贵的精神财富,更是我们在新时代继续奋斗、实现中华民族伟大复兴的重要动力。

新的历史时期,中共宜昌市委、宜昌市人民政府《关于推动城市和产业集中高质量发展,加快建设长江大保护典范城市、打造世界级宜昌的实施意见》提出:"奋力建设长江大保护典范城市、打造世界级宜昌……要依托世界级长江三峡,打造具有独特魅力的世界文化旅游名城。"在建设世界级宜昌的过程中,需要脚踏实地、艰苦奋斗、攻坚克难和无私奉献的精神;需要不断创新思路、创新方法,以创新的理念和举措来引领城市的发展;以攻坚克难的勇气和毅力来克服困难、解决问题,推动各个方面取得重大突破和进展;以不计名利、无私奉献的精神来激励自己积极投身宜昌的建设,致力于打造世界名城。

三、黄牛开峡文化的传承路径

2017年，中共中央办公厅、国务院办公厅印发《关于实施中华优秀传统文化传承发展工程的意见》中指出："迫切需要深化对中华优秀传统文化重要性的认识，进一步增强文化自觉和文化自信；迫切需要深入挖掘中华优秀传统文化价值内涵，进一步激发中华优秀传统文化的生机与活力；迫切需要加强政策支持，着力构建中华优秀传统文化传承发展体系。"黄牛开峡文化是三峡地区独特的民间文化，是中华优秀传统文化的组成部分，对其进行有效传承，是促进国家文化事业发展的重要举措。目前，黄牛开峡文化的传承已经从多方位展开，不仅对当地黄牛开峡文化进行调查梳理，还以现代化方式优化了传统文化的传承方式，扩大了传承视野。但整体而言，黄牛开峡文化的传承仍然面临传承碎片化、研究深度不够、传承体系不健全等问题。未来仍然需要加大探索力度，构建更为规范化、系统化的文化传承体系。[8]

（一）丰富物态呈现，推动黄牛开峡文化显性传播

物化，即将无形的文化、精神化为有形的物质形态，让人们通过视觉、触觉等感官来感知和理解。传统的黄牛文化主要通过口头传说、文字记载等方式进行传承，这些方式虽然能够传达一定的文化内涵，但往往难以让现代人产生共鸣。物态呈现的形式可以使黄牛的形象、精神特质具象化，使黄牛文化以一种更加直观和具体的方式呈现。当地在黄牛开峡文化物化方面进行了较多的尝试。例如修建神牛文化广场、街上装饰牛角灯、创作以"黄牛文化"为主题的作品等。笔者建议，在物化呈现形式方面，还可以更加多样化：举办以黄牛为主角的绘画摄影展，以平面的方式捕捉黄牛的美丽瞬间和独特气质，展现黄牛与人的和谐共生关系，传递出黄牛文化的自然与和谐之美；利用黄牛角、牛骨等原材料制作手工艺品，如牛角梳、牛骨雕刻等，通过精细的雕刻和打磨，展现出黄牛的形态和纹理，使其成为传承和展示黄牛文化的重要载体。设计黄牛元素的文创产品也是实现物化呈现的重要方式，通过现代设计理念和创意元素，将黄牛文化的元素融入日常生活中，推动传播和普及。

（二）注重活态传承，构建非遗传承人培养机制

所谓"活态传承"，是指通过师徒代代相授、口耳相传这种"活态传承"方式将人类文明一代接一代地传承下来的一种文化传承方式。[9]它以活动和实践为核心，旨在保护和传承各种传统文化和技艺，依托于人而存在，以人的声音、形象和技艺作为表现手段。三峡黄牛开峡文化及相关民间文化资源丰厚，种类齐全，涉及民间文学、传统音乐、传统舞蹈、传统美术、传统戏剧、传统曲艺与杂技、传统体育、传统医药、传统技艺、传统礼仪等多个类别。要针对不同文化内容制定针对性的保护传承体系，降低文化艺术的流失率。从政府层面来讲，应构建传承人保护培养机制，扩大传承人数量，对传承人进行系统化培养，做好传承人的储备，避免由于传承人离世而出现技艺中断的问题；从社会层面来说，要通过各种宣传，普及黄牛开峡文化相关知识，扩大传承渠道。例如，坚持做好黄牛开峡文化进校园活动，在当地或者夷陵区、宜昌市学校设置相关校本课程，做好该文化的传承；或在中小学开设民间文学、传统艺术类的课程，朗诵诗篇，讲述黄牛开峡的故事传说，学习地方音乐、舞蹈、美术等；还可以在当地职业院校把传统技艺作为选修课来传习，例如黄牛开峡文化主题的篾匠、铁匠、木匠技艺。民间社团可以定期举办表演或者相关竞赛活动，使更多的居民可以参与其中，体验黄牛开峡文化，提升文化保护传承意识。

（三）探索数字赋能，助推黄牛开峡文化普及转型

中共中央办公厅、国务院办公厅印发的《关于推进实施国家文化数字化战略的意见》中明确，到"十四五"时期末，基本建成文化数字化基础设施和服务平台，形成线上线下融合互动、立体覆盖的文化服务供给体系。三斗坪当地政府组织了专班对全镇民间文化资源进行了全方位的田野调查，共登记各类民间艺人1500余人，拍摄视频、照片留存，收集民间手抄文本120本，编撰了《三斗坪神牛文化汇编》一书，较为系统地摸清了文化家底，查清了文化源流。由于镇文化站人才不足，站内存在纸质资料多，数字档案少，没有建立数据库，大多数文化项目仍没有纳入数字化保护体系，因此，三斗坪镇应搭建黄牛开峡文化数字化资源库，提升该地区文化资料的整合力度，建设相关文化数字化平台，提升传播力度和广度。可以先把相关文化资料以图片、视频或者动画的形式储存起来，再建设黄牛开峡文化数字博物馆，内容可以包括黄牛开峡文化的历史和习俗，如神话起源、发展、重要事件和相关祭祀仪式；黄牛开峡文化的分类，包括民间文学、民间艺术、民间技艺等，还可以包括三斗坪镇的相关背景，如地理位置、历史、民族和风俗习惯。利用微信公众号、直播平台、微博热点等渠道展开黄牛开峡文化的普及，扩大影响力。

宜昌自古以来便与山水紧密相连，其历史脉络中流淌着水的智慧与生命的律动。无论是长江三峡、清江画廊等自然山水美景，还是楚巴文化、夷陵之战、屈原昭君等历史山水底蕴，抑或是葛洲坝、三峡大坝等现代山水之筑，都彰显了宜昌与水之间的深厚渊源。黄牛开峡治水是宜昌水文化的开端，远古时期黄牛助禹治理洪水、保护百姓，后建葛洲坝、三峡大坝两大水利枢纽工程根治水患、疏通巷道、为民造福，现有三峡水运新通道工程拓宽航道、提升航运能力。这无不是现代宜昌人民对于黄牛开峡文化的传承与发扬。他们用实际行动诠释了"人定胜天"的豪迈与"天人合一"的哲理，在历史的长河中千年呼应，熠熠生辉。在加快建设长江大保护典范城市的背景下，宜昌正续写着山水情缘。这座城市以黄牛开峡治水为起点，以脚踏实地的勤恳、坚韧不拔的毅力、勇于开拓的精神不断推动山水文化的传承与创新。通过加强山水资源保护、推进山水生态修复、发展绿色产业等措施，正努力打造一个人与自然和谐共生的现代化城市。在这个过程中，要继续发扬黄牛开峡文化精神，以更加开放、更加包容的姿态迎接未来的挑战，践行绿水青山就是金山银山的理念，做好长江大保护的推动者和宜昌山水文化的传承人。

⊙ 参考文献

[1] 高有鹏. 关于中国文化的起源与中华民族文化精神问题 [J]. 马克思主义美学研究, 2020 (2): 357-382.

[2] 刘彦. 黄陵庙考略 [J]. 中国三峡建设, 2002 (7): 40-41.

[3] 黄权生. 罗美洁. 明代川江防洪石坝再考——对尹玲玲:《川江石坝三峡工程之祖》的参证补遗 [J]. 三峡文化研究, 2015 (1): 186-203.

[4] (清) 林有席. 乾隆东湖县志 [M]. (清) 严思濬, (清) 林有彬, 纂. 武汉: 崇文书局, 2021: 132.

[5] 元辰. 试论黄牛文化的体系结构和价值结构 [EB/OL]. http://www.360doc.com/content/22/0610/00/63477962_1035384464.shtml.

[6] 邓蓉, 王伟. 试论中国农耕文化中的牛文化挖掘 [A]. 第七届中国牛业发展大会论文集, 2012: 373-380.

[7] 王家德. 李拔与三峡石刻 [J]. 四川文物, 1994 (4): 53-56.

[8] 杜星言. 关于妙峰山民间文化的记忆与传承探讨 [J]. 中国民族博览, 2023 (21): 54-56.

[9] 苑利. 非遗传承人: 中华文明的另类传承者 [J]. 中原文化研究, 2020, 8 (2): 74-79.

✏ 作者简介

田粟一, 女, 三峡旅游职业技术学院导游专业带头人, 讲师, 主要研究方向非遗与文化外宣。

论宜红古茶道与荆楚文化的协同发展

◎钟爱平

摘 要：伴随万里茶道的再复兴，其湖北段重要组成部分宜红古茶道的发展也迫在眉睫。宜红古茶道与荆楚文化有天然的互动关系，它们的发展互为支撑、相互协同、共同促进。本文主要探讨了宜红古茶道和荆楚文化协同发展的可行性及具体发展系统的构建，力求通过二者的有效融合，推动二者系统化、条理化、科学化的发展，以实现价值最大化。

关键词：宜红古茶道；荆楚文化；协同发展

2013年3月，习近平主席在莫斯科国际关系学院的演讲中提到"17世纪的'万里茶道'曾是联通中俄的'世纪动脉'"[1]，充分肯定了"万里茶道"的历史和现实意义。万里茶道是17世纪中叶至20世纪初，联结中国、蒙古国和俄罗斯的一条以茶叶为大宗商品的著名国际贸易商道，更是继丝绸之路后广泛联系亚洲和欧洲的交通、文化交流通道。同年9月，万里茶道被纳入"丝绸经济之路经济带"建设蓝图，这赋予了万里茶道新的时代内涵和使命。2023年10月，习近平主席在同俄罗斯总统普京会谈时强调要开展好"万里茶道"跨境旅游合作，这指导我们要不断挖掘其历史文化价值。

在共键"一带一路"和长江经济带战略的推动下，湖北省积极寻求复兴万里茶道之路。虽然这是一条商路，但万里茶道的发展与文化密不可分，具有极其珍贵的历史文化价值。2013年12月29日，武汉市人民政府和湖北省农业厅共同举办"重走'万里茶道'启动仪式暨'东方茶港''中俄万里茶道'起点立碑揭幕仪式"，彰显了武汉市在"万里茶道"上的历史与现实地位。此后，"万里茶道"作为文化线

路遗产逐渐被学界、政府部门、媒体接受[2]。2014年开始，湖北省文物局牵头各方深入开展对"万里茶道"的申遗工作。2019年3月，国家文物局将"万里茶道"列入《中国世界文化遗产预备名单》，"万里茶道"申遗工作上升到国家层面。宜红古茶道作为万里茶道湖北段的重要组成部分，拥有独有的特色和优势，对其进行研究既有推动万里茶道申遗和开发的现实意义，又有探索文化路线与区域文化协同发展的理论意义。

一、宜红古茶道及荆楚文化

（一）宜红古茶道及发展现状

宜红古茶道是对明代土司时期至20世纪50年代宜红茶运输路线的统称。宜红茶区"遍布鄂西之五峰、鹤峰、长阳、宜都、宜昌、兴山、秭归、远安、巴东、建始、恩施、宣恩、咸丰、利川及湖南石门等十余县，其产量之多，品质之佳，虽不能与祁红媲美，然亦不逊色过远，在英美市场上曾独树一帜，得畅销海外"[3]，在宜红茶生产、运输、贸易过程中形成的茶叶贸易、人群流动、文化交流线路，就是"宜红古茶道"，它主要由五峰—鹤峰—石门古茶道构成，是万里茶道的重要组成部分。

作为万里茶道重要的茶源地和集散地，以万里茶道的复兴为契机，宜红古茶道逐渐被人们所关注。2017年3月，宜红古茶道上的"五峰采花古茶园及村落""五峰古茶道梯儿岩—汉阳桥段""鹤峰南府土司衙署及连三坡古茶道"被列入首批万里茶道申遗范围，使武陵山区连接中原和大西南的这条重要贸易和文化通道进入世界的视野。[4]这给宜红古茶道的发展创造了良好机遇，但由于曾被历史遗忘了一段时间，目前，对于宜红古茶道的研究主要集中在宜红古茶道的形成、演变、地位作用上，主要围绕遗址的考古发掘、资料的搜集与整理、价值凝练等历史研究展开。在新的时代背景下，将宜红古茶道的研究立足于区域，与区域经济文化的发展融合起来，有助于对它的合理保护、开发，实现可持续发展。

（二）荆楚文化及发展现状

荆楚文化特色鲜明，源远流长。习近平总书记曾给予高度评价："荆楚文化是悠久的中华文明的重要组成部分，在中华文明发展史上地位举足轻重。"[5]经历史演变至今，荆楚文化形成了缤纷多彩的十大具体形态：远古人类文化、炎帝神农文化、楚国文化、三国文化、首义文化、巴土文化、红色文化、名人文化、宗教文化和山水文化，其特点可以概括为兼收并蓄的开放精神、卓然不屈的自强进取精神、筚路蓝缕的开拓创新精神、深固难徙的爱国精神和止戈为武的和谐精神。

在政府对荆楚文化的高度重视下，荆楚文化当前的发展呈现多角度、跨学科的繁荣景象。"从荆楚文化研究关键词演进的角度来看，经历了由文学、文化本体研究，到文化产业、文化建设、文化关系等研究，再到文化品牌、文化内涵研究的过程"[6]，荆楚文化的独特之处得到充分挖掘。当前，荆楚文化的发展更多地立足于寻求现代化传承和充分发挥当代价值以塑造品牌，这需要将荆楚文化和区域的发展战略有效地结合起来，寻求更多的载体，从而获取更长久的生命力。

二、宜红古茶道与荆楚文化协同发展的可行性

协同发展是指两个或多个不同资源或个体相互协同实现共同发展的双赢过程，它主要研究不同事物之间的共同特征及从无序到有序的转变规律，强调相辅相成、共荣共存。宜红古茶道的复兴与荆楚文化的发展虽互为两个发展体系，但二者的发展却存在内在联系，具备共同的核心要素——文化性，是互为支撑的相互协同、共同促进的发展关系。

（一）荆楚文化发展对宜红古茶道复兴的推动作用

荆楚文化能提升宜红古茶道的价值。荆楚文化是一个博大精深的体系，异彩纷呈且底蕴丰厚，名人辈出、群星闪耀，物质文化遗产丰厚，非物质文化遗产灿若繁星。丰厚的地域文化宝藏为宜红古茶道的价值凝练提供了大量资源，有助于提升其历史、经济、文化价值，尤其是荆楚文化能为宜红古茶道提供精神源泉。当前万里茶道发展中最出名的是晋商精神，这打响了万里茶道山西段的知名度，若将荆楚文化独有的气质融入宜红古茶道的建设中，亦能大大提升宜红古茶道的价值。

荆楚文化能提升宜红古茶道的品质。万里茶道途经我国9个省区，跨越中俄蒙三国，沿途历经200多个城市，是长距离、多种交通手段合作联运的商贸、文化和传播的共享路线典范，"留下了包括商贸会馆、茶树茶园、茶厂作坊、码头港口、桥梁道路、宗教场所等物质文化遗产及饮茶习俗、茶叶制作技艺等非物质文化遗产"[7]。在这条多起点、多终点，呈网状分布的商贸和人文交流通道中，宜红古茶道要与万里茶道的其他路段区分开来，必须立足于本土荆楚文化，找准文化标志，方能凸显特色，打造独树一帜的文化品牌。荆楚文化能为宜红古茶道增添独特的魅力，提升文化品质，使宜红古茶道更具丰富性、多样性和珍贵性。

荆楚文化能完善宜红古茶道的规划。宜红古茶道的复兴是一个系统工程，"通

过调查研究，湖北万里茶道遗产大致分为文化节点城镇、茶叶加工遗存、金融商贸遗存、宗教遗存、茶商旧宅、交通遗存六个类别"[8]，要将这些资源充分整合，合理规划，需要遵循统一规划的原则。荆楚文化作为本土文化资源的灵魂，能承担起串联各类遗产的功能，增强宜红古茶道建设的整体性和协调性，赋予宜红古茶道更强的生命力。

（二）宜红古茶道对荆楚文化发展的推进作用

宜红古茶道的复兴提供了荆楚文化多样化发展的载体。宜红古茶道是荆楚文化的承载者，它诞生在荆楚文化滋养的土壤上，各方面都存在荆楚文化的烙印。它当前的复兴很大程度上依赖于红茶业和旅游业的开发，这有助于荆楚文化与茶文化和旅游文化的结合。不论是茶业还是旅游业，都是一种实体存在，都能为荆楚文化的多元化发展和产业化发展提供支撑。

宜红古茶道的复兴助推荆楚文化"走出去"。历史上，宜红古茶道作为对外交流的窗口融入世界贸易体系万里茶道之中。当前，宜红古茶道的复兴与"中俄蒙万里茶道"和共建"一带一路"高度融合，这不仅涉及贸易通道的复兴，更是沿线区域经济文化发展的良好机遇。"万里茶道为湖北地区的文化传播提供了平台和机遇，促进了荆楚文化的传承和发展，"[9]为荆楚文化走向世界开通了新的渠道，有助于荆楚文化在与多元文化相互碰撞融合的过程中突破当前影响力不足的困境。

宜红古茶道的复兴拓展了荆楚文化的当代价值。文化的生命力来源于与现实生活的接续，只有顺应时代变迁，不断吐故纳新，方能保持自身蓬勃旺盛的生命力。荆楚文化发展流变至今，一直保持开放心态和创新精神，在新的时代背景下，需要不断挖掘它的当代价值才能使它保持长远的发展。宜红古茶道的复兴能给荆楚文化注入新的发展动能和活力，有助于荆楚文化适应新时代，彰显时代价值，增强文化自信。同时，宜红古茶道的复兴本身是一种历史文化遗产开发的实践，其中涉及传统文化与现代文化的结合、地方历史文化与当代产业的结合，能为荆楚文化当代价值的开发提供宝贵经验。

总体而言，宜红古茶道的复兴与荆楚文化的发展相互支持、相互依存，二者的协同发展有利于解决各自发展遭遇的瓶颈，促进区域经济文化的全面发展，构建具有明确定位、文化内涵的文化发展载体。

三、宜红古茶道与荆楚文化协同发展系统的构建

宜红古茶道与荆楚文化协同发展系统可以从协同理念和协同模式两个层面进行构建。

（一）协同理念的构建

系统的建立和完善需要一个一以贯之的指导思想。宜红古茶道与荆楚文化协同发展系统需要明确协同发展的指导地位，构建协同理念。

首先是实现思想协同，这是基本前提。政府需要树立整体意识，加强宏观调控与指导，将宜红古茶道的复兴与荆楚文化发展放到区域综合竞争力的框架下去考察，注重综合效益，将协同理念贯穿到宜红古茶道开发利用的各个环节，做好政府组织与市场需要的协调、经济与文化的结合、部门之间与地区之间的配合；深刻认识文化的生产功能，科学规划，充分挖掘自然、历史、民族文化等优势，提升文化自觉意识；以文化建设为统领，增强彰显当地文化特色的意识，营造协同发展的良好氛围。只有秉持着在宽度上辐射式延展渗透到各相关领域、在高度上对各个关键点进行提炼做精做细的思想，才能确保宜红古茶道与荆楚文化的协同发展。

其次是加强组织协同，这是基本准则。宜红古茶道的复兴是一个复杂的系统工程，荆楚文化的发展亦是一个长久的全面课题，它们涉及的领域和专业学科知识面都很广泛，要使二者协同有序发展，需要将多元交叉的各项元素有效组织起来。一是政府各个部门之间要协同工作，宣传、文化、旅游、教育、规划、财政等职能部门加强沟通与协作，国家、省、地方层层推进，保持目标和步调一致。二是建设各领域专家通力合作的高素质团队，共同研究设计、指导推进。由历史考古、地理地貌环境艺术、城市规划、建筑设计、文化学专家综合分析，客观评价宜红古茶道和荆楚文化的价值品位，定位发展方向；集聚社会学、人类学、管理科学、经济学、市场营销学、公共关系学等人才联手协作，创造发展整体效益。三是完善公众参与机制，加强宣传，提升沿线居民的文化意识，鼓励当地居民积极主动地为宜红古茶道与荆楚文化协同发展系统的构建建言献策，促进宜红古茶道与本土文化的有效融合。

最后是坚持管理协同，这是基本保障。一是完善政策，制定相关的体制、制度法律、规章行政、命令，提供标准化系统的支持，使理念能顺利执行，组织能有效运转；建立有效的保障机制，确保宜红古茶道能从文化的角度可持续发展，开发和保护并行。二是确立评价监督标准，及时监测，把握建设进展，有效遏制区域间定位雷同、生搬硬造和各自为战的乱象，避免重复建设和盲目发展导致的文化项目同

质化，推进文化产品和项目与当地荆楚文化特色的融合，打造独特文化品牌。

（二）协同模式的构建

宜红古茶道与荆楚文化协同发展系统的基本理念明确后，还需要构建具体的模式进行运作，才能真正开发价值，发挥作用，实现协同发展。

一是形态构建。首先，整合现有的宜红古茶道主要遗址遗迹，合理规划和运用空间，从点到面，重塑完整路线。宜红古茶道现存的遗址遗迹以古茶庄、古码头、古石桥、古茶园、古茶树为主。五峰渔洋关周边主要包括泰源茶庄、新泰茶庄、忠信昌茶庄、天生公司、五峰精制茶厂；龙王庙码头、中码头；湖北省银行、汉阳桥和梯儿岩摩崖石刻。鹤峰有泰和合茶庄、宝顺合茶庄、渔关源泰红茶庄牌匾，石门有泰和合茶庄和保存完好的通向五峰的古茶道十余公里。五峰的古茶园、古茶树广泛分布，沿线的乡镇超过百余处，其中采花台、楠木桥、茶园等十多个村庄面积最大，数量最多。[10]以古茶道的路线为核心，重点以山、林、路、村为依托，盘活现有资源，构建完善空间结构和路线。其次，以合理的空间布局为切入点，找准文化标识。宜红古茶道的建设不只是还原路线，还要在原有基础上推陈出新，这给荆楚文化的融入提供了空间。荆楚文化特色鲜明，拥有独特的文化符号，并已形成一定的吸引力和感召力，将凤文化、荆楚建筑风格、民俗文化等独有的文化符号点缀在路线中，把精美的荆楚文化与古路线结合，浸润荆楚文化的浪漫风情，能增添宜红古茶道的神秘气质，提升魅力和吸引力。

二是产业构建。需整合提升，积极引导，促进农业、手工业与茶文化产业、旅游文化产业的融合协调发展。首先是突出宜红茶的核心地位，加快宜红茶的产业化进程。立足于荆楚文化特色，依托独特的地理环境、自然景观和人文生态环境，建设自然风光与民俗风情相融合的茶文化庄园、茶文化主题公园、茶文化休闲市场综合体，结合荆楚文化特色对宜红茶进行创意独特的设计和引人入胜的组合、包装，建设一条魅力四射的茶文化产业链。其次是古为今用，加强宜红古茶道的现代化对接，借助旅游文化，建设充分体现居民生产和生活方式的特色乡镇。围绕旅游产业要素，打造特色旅游的综合体，完善配套设施，并以荆楚文化和民风民俗为载体，提升旅游主体吸引功能和文化软资源，秉持仿古不泥古、建筑有风味、典故有陈说、行业均齐全、服务有品位的原则，建立特色乡镇文化产业、产品开发、旅游景区及市场运营于一体的产业链，并促进商业、金融、交通运输、物流等产业的发展，增强竞争力。

三是人文构建。宜红古茶道和荆楚文化的协同发展需要将荆楚文化精神渗透到宜红古茶道的各个方面，这样才能突出特色，发挥联动效应，相互辉映，互补充盈，创造生命力和感召力，获得长足的发展。首先，打造宜红古茶道记忆工程。正是因为古人"敢为天下先的开拓精神，以及不畏艰辛的创业意识，才逐渐开创了这样一条以贩卖茶叶为主的万里茶道"[11]。宜红古茶道山路崎岖，开通的过程尤为艰辛，所以可以开展"重走古茶道"等类似的体验活动，将丰富深刻的文化内涵浓缩、外化为易于被人直感的活动，让人们在亲身体验中充分体会古茶道的历史厚重感，感受古人的伟大，尊重和敬畏先辈们的艰苦奋斗、勇敢创业精神，这也是对荆楚文化开拓创新、自强不息精神的一种发扬和传承。其次，围绕宜红古茶道打造特色产品，设计易于被人直感的文化品貌。茶来源于大自然，本是自然之物，宜红古茶道的形成充分体现了当茶超越了实用层面进入艺术层面、精神层面之后人与自然的和谐，宜红古茶道的快速兴起和发展，推动了区域发展，作为万里茶道的重要路段之一，也推动了中蒙俄国家关系的长远发展，扩大了我国的对外开放，深化了交流合作，意义深远。可以制作全面展示宜红古茶道历史的影视作品、画册，挖掘当地古茶道故事，结合当地风俗定期表演节目，丰富人们的体验渠道和内容，让人们切身感受宜红古茶道丰富多彩的人文精神。这也是对荆楚文化兼收并蓄的开放及和谐精神的延展。

文化路线与沿线区域文化的协调发展能够实现两者的高度融合，凸显文化魅力，提升文化品位。湖北独特的荆楚文化与宜红古茶道的建设相辅相成，相互促进，它们的协同发展，既能有效促进宜红古茶道的特色化发展，提升宜红古茶道的知名度以及美誉度，亦对荆楚文化的传承和创新有着重要的意义，最终实现两者价值的最大化。

⊙参考文献

[1]习近平.顺应时代前进潮流 促进世界和平发展[N].人民日报，2013-03-24（2）.

[2]黄柏权，平英志.以茶为媒："万里茶道"的形成、特征与价值[J].湖北大学学报（哲学社会科学版），2020，47（6）：69-80.

[3]张博经."宜红"精制[J].西南实业通讯，1942（2）.

[4]黄柏权.从"宜红古茶道"说开去[J].铜仁学院学报，2017，19（8）：15-17.

[5]习近平会见印度总理莫迪[N].人民日报，2018-04-28（1）.

［6］张延成，孙婉.荆楚文化研究现状可视化分析［J］.荆楚学刊，2013，14（6）：9-15.

［7］陈文华.湖北在万里茶道中的地位与品牌复兴的路径选择［J］.决策与信息，2016（6）：16-24.

［8］黄芙蓉."万里茶道"申遗与区域发展传播路径研究——湖北融入"一带一路"的战略思考［J］.学习与实践，2016（11）：129-134.

［9］杨雪蓉，阮亦心，曾佑佳.万里茶道与长江近代航线（湖北段）文化线路遗产的特征［J］.文化产业，2023（35）：148-150.

［10］李平，叶厚全.宜红茶略考［J］.中国茶叶，2017，39（10）：46-48.

［11］杨晓军.谈万里茶道与文化旅游［J］.福建茶叶，2016，38（4）：140-141.

作者简介

钟爱平，女，三峡旅游职业技术学院讲师，主要研究方向为思想政治教育。

试论中华饮食文化的分期及其基本特征

◎ 王　岳　倪姝伟

摘　要：中华饮食文化有着悠久漫长的发展历程。从史前时期到清末民国初期，其饮食文化的发展轨迹可以分为史前饮食文化萌芽期、夏商周的生长期、秦汉至南北朝的成熟期、隋唐至明清的繁荣期和清末民国初近世的转型期五个历史阶段。中华饮食文化的发展从来就不是故步自封，它的发展进化，一直伴随着外来食材、工艺的融入，伴随着学习和交流，并作为桥梁纽带推动着社会经济的发展。

关键词：中华饮食文化；分期；特征；发展

中华饮食文化是中华传统文化的重要组成部分，有着悠久漫长的发展历程，并在社会转变、社会组织、政治军事和经济发展过程中，发挥了重要作用。经先民开拓发展，经历了史前的萌芽期与夏商周的生长期、秦汉至南北朝的成熟期、隋唐至明清的繁荣期。20世纪以来，随着食品科技的发展，中华饮食文化处于不断更新的转型期。总之，它以独特的生命力守护着华夏民族的繁荣和发展，同时通过其巨大的辐射力对周边国家乃至全世界的饮食文化产生了深远影响。

一、萌芽期——史前中华饮食文化

人类早期的历史主要集中在食物资源的开发方面。正是在这个过程中，人类形成了一定的社会结构，推动了社会的不断发展，并创造了悠久的史前文化。

寻找食物是动物的本能，人类正是在寻找食物的漫长岁月中，逐渐脱离了动物界而成为人的。先民并不挑食，原生食材虽多，但分布不均，食物是唯一的刚需。

在史前时期，人们主要的食物资源包括野果、坚果、野菜、草药、小型动物（如兔子、鸟类、鼠类等）、大型野兽（如犀牛、野猪等）、鱼类、贝类、虾蟹等。具体来说，新石器时代早期的人们主要通过采集植物和狩猎来获取食物，而新石器时代后期逐渐出现了一些先进的农业生产方式，即由火耕发展到锄耕。中华原始农业的出现大约是距今万年前，粟、黍、稻成为主要的农作物，并种植了芥菜、葫芦等蔬菜品种。新石器时代后期也开始有较为规模化的畜牧业和养殖业，包括养马、牛、羊、猪等家畜，捕捞鱼类、虾蟹等水生动物，并发掘和利用更多的种植、养殖等农业生产资源。采集渔猎和农耕畜牧并用，极大地丰富了食物品种，这些食物资源在当时是人们主要的营养来源，从而奠定了中国人以粮食为主，蔬果和肉类为辅的饮食结构，也为后来的中国饮食文化打下了基础。

在人类还没有完全进化之前，最初的饮食方式与一般动物没有多大的区别，那时人类不知烹饪为何物，只是生吞活剥，也就是史书上说的"茹毛饮血"。但这样的饮食生活方式对人类健康非常不利，因此当时人类的寿命很短暂。直到火的发现和使用，人类的饮食生活开始跨入一个新的时期。人类最早使用火的时间尚无定论，根据考古学家的发现，湖北宜昌的"长阳人"遗址、周口店"北京猿人"、中国云南的"元谋人"遗址、山西的"西侯度人"都发现了人类用火的证据。因此，我国是迄今为止世界上发现最早人类使用火的国家之一。

火不仅带来了光明和温暖，更带来了人类的烹饪革命。在我们祖先最初学会用火把食物加工成熟食时，并没有炊具，也不懂什么叫蒸、煮、炒，只知道把猎物直接放在火上烤。火烹，是中国先民最早的烹饪方式，只有熏、炙、炮等烹饪方法。随后，石磨盘、石刀、石杵等工具出现了，人们用它们来研磨和切割食物，在此基础上进而发展出了石烹这种烹饪方式。石烹比火烹更进一步，有庶（煮）与燔两种方法。庶（煮）法是由裴李岗人发明的，在没有炊具的情况下能把食物煮熟；燔则是将食物原料置于烧热的石头上制熟。

陶器的出现，是人类历史上一项划时代的发明创造，标志着人类发展史从此进入新石器时代，也为中国烹饪的诞生和发展奠定了物质基础。陶器可以用于制作各种厨具和餐具，例如鼎、鬲、甑，使得食品的加工和烹调变得更加方便和高效，因此开始有了煮、蒸、焖、炖、熬等烹饪技法。值得一提的是，蒸是利用水蒸气传热使食物变熟的一种方法，此技法为东方烹饪所特有，达到了单独使用水或火均不能达到的效果。蒸器是在煮器的基础上发展起来的。蒸器常见的有甑和甗两种。甑、甗的出现，使我国古代早期社会的烹饪方法基本完善，所以《古史考》中认为黄帝时有釜甑，饮食之道始备。此外，陶器还可以用于存储和运输食品，有助于改善人们的生活条件和饮食文化。

先民们使用陶制炊具烹煮食物，通过长期实践逐渐发现一些菜肴和肉类混合烹煮可以产生美味口感。为了更好地控制食材的搭配和烹调，他们开始有意识地进行选择和使用，并创造出了原始的"调羹"。但这种调羹并没有添加任何调味料，只是用来搅拌食材，使其更加均匀地受热和烹调。随着时间的推移，人们逐渐掌握了各种调味料的使用方法，例如盐、酱油、醋等，从而丰富了烹饪的口味和风味。

烹饪加上调味，是人类食物多样化的必要条件，烹饪也由此进入了有烹有调的时期。总体来说，中华史前时期的饮食文化具有多样性、适应性、实用性和区域性等特点，此阶段的饮食文化刚刚萌芽，也为后来的中国饮食文化打下了基础。

二、生长期——夏商周时期的中华饮食文化

夏代是我国历史上氏族部落联盟向国家过渡的时期，社会生产力有了进一步的发展，而农业耕作使得人类居住更加稳定，也使得人们有更多的时间来对食物进行加工烹制，人类的烹饪使用面大幅扩大，烹饪技术也有大幅提高。

农业的产生，使人类的食物资源获取更加稳定，但食物并不十分丰富。中原的饮食基本比较固定。先民们尊崇"五"饮食结构，基本延续着《黄帝内经·素问》所构建的"五谷为养，五果为助，五畜为益，五菜为充"的饮食架构。我国现存最早的一部农事历书《夏小正》，有种植麦、黍、菽和糜的记载。到了商汤时代，由于金属铜在生产上的运用，农业得到了一定程度的发展。到了周代，生产进一步发展，粮食的品种和产量均有增加。此外，周代还出现了大规模的水利工程和农田整理活动，为粮食生产提供了有利条件。

夏商周三代先民对食物的烹饪方法主要包括蒸、煮、烤、炮和炙等，主食主要是饭和粥，富裕一些的人还能够吃到烤肉、炙肉和煮肉。在这个时期，人们使用的炊具主要是一种叫作"鬲"的陶器。从殷墟出土的大量陶鬲碎片可以推测，每个鬲的容量只够一人一餐之用。因此，可以推想那时人们进食是一人一鬲的分餐制。鬲中加米与水慢煮即成粥。如果米多水少比较黏稠则称为"饘"。如果不把米煮烂便捞出，用甑蒸熟，就是饭。食用饭时要盛在簋中。剩下的煮米汤叫作"浆"，味道甘甜，营养丰富，是当时的重要饮料。通过蒸煮方法，饭米粒不会黏在一起，啜口而散，香甜可口，是贵族和奢侈者的常食，而普通人则以食粥为主。

根据炊具、食器和甲骨文字形的推测,夏商周时期人们的肉食加工方式主要是将大块的肉(可能是整只或腐块)煮熟后,用刀切成薄片,再蘸上酱料或其他调味品食用。史书记载,商纣王曾在宫中开设"九市,车行酒,马行炙"。可见在当时,各种肉类菜品已经非常丰富,并为统治者所喜爱。总体来说,夏商周时期的肉食加工方式可能不如现代那么精细多样,但也可以通过煮熟、切片、调味等方式制作出较为美味的肉类菜品。在当时,肉类食品也已经成为统治阶级和富人家中的食品之一。

这一时期人们的制陶工艺不断发展与改进,已在造型技术和火候掌握两个方面取得了显著进步,更为金属铸造提供了条件。随着时间的推移,人们开始尝试将铜和其他金属进行混合冶炼,从而产生了青铜这种材料。青铜比陶制器具更为坚固、耐腐蚀,同时具有一定的韧性和延展性,非常适合用于制作工具、兵器和礼器等。青铜烹饪器具比陶制器具更为轻薄精巧,具有耐磨损、抗氧化、传热快等优点,因此被广泛运用于烹饪领域,是烹饪史上由陶烹到金属烹的划时代变革之一。除了青铜器具,漆制食具也在夏商周三代之后被大量制作和应用。漆制食具具有防潮、防腐、易清洗等优点,加上漆木的特殊质感和美观外观,因此备受人们喜爱。

发酵也是中国古代食品制造业中的一项重要工艺,其通过利用多种有益菌株进行发酵,为烹调和饮食增添了美味。尽管古人对发酵原理并不了解,但从长期实践中,他们学会了利用发酵生产出各种美味的食品和饮料。其中,最早的应该是利用酵母菌使糖类发酵来酿酒了。酿酒在我国可追溯到人类从采集、狩猎向农耕转变的时期。到了夏商周时期,人们已经培养出能够定向酿酒的"曲蘗",其中筛选出能酿甜酒的根霉菌制成的曲称为"小曲",即甜酒曲。直到今天,它仍然是民间广泛使用的一种酿酒原料。酒醋同源,都是粮食发酵而来。在周代,就有"醯人"这一官职,而醯就是醋。据《周礼》记载:"醯人掌共五齐七菹,凡醯物。"所谓"五齐"是指中国古代酿酒过程中五个阶段的发酵现象。所谓"菹",就是腌菜和泡菜。

先秦有很多代表性的菜品,其中最著名的要数"周八珍"了。八珍是最早的八种珍贵食物,也指八种珍贵食物的烹饪方法。据《礼记·内则》记载,这八道菜包括淳熬、淳母、炮豚、炮牂、捣珍、渍、熬和肝膋。周八珍是黄河流域中宫廷食馔的代表,而在东南地区则有另一种饮食文化。《楚辞》中的《招魂》和《大招》所载的食单,则是描写了当时吴楚贵族的南方美食。

在春秋战国时期,百家争鸣的政治环境促进了各种学术的繁荣发展。先秦诸子或多或少地涉足饮食文化领域,并从饮食问题出发思考人生问题、社会问题,乃至政治问题。孔子非常关注人们的饮食习惯,提倡追求美味、精细的饮食,注重恰当的加工和烹饪，遵守饮食礼仪，不贪求过量，注重卫生和营养，倡导文明的饮食风尚。孟子主张君王应和人民一起享受生活的乐趣，只有在温饱的基础上才能建立和谐的社会关系，百姓才会文明而富于教养。而墨子的饮食观念则反映了小生产者朴素的愿望，即从实用的观点出发，强调饮食与身体健康的关系，反对追求美味和过度奢侈的饮食。这一时期也涌现了不少具有传奇色彩的名厨，例如被厨师们奉为厨行祖师爷的彭祖，还有辅佐商汤灭夏的历史上第一个名相伊尹，以及靠自己厨艺接近吴王僚并行刺成功的刺客专诸。

因为社会生产力很低，这一时期生产出的东西几乎全部消费掉，饮食文化才初步形成和发展，但这些传承和发展，为中国的饮食文化提供了丰富的资源和历史底蕴。

三、成熟期——秦汉至南北朝时期的中华饮食文化

秦朝统一六国，建立了中国历史上第一个统一的中央集权的封建国家，到汉朝进入中国专制社会的第一个高峰。随着时间的推移，中国经历魏晋南北朝的长时间分裂，到隋朝时才重新统一。这一时期烹饪原料不断扩充，能源和炊具不断更新，烹饪技艺不断提高，中华饮食文化不断发展和壮大，逐渐进入成熟期。

全国统一后，人们的食物资源得到进一步的开发，食品种类也更加丰富。岭南地区和天山南北的蔬菜和瓜果，为中国饮食的制作提供了更多的选择，同时也反映出当时人们对于健康饮食的追求和对于自然的探索。这个时期主食发生了重大变化，出现了用麦子面粉制作的饼。在此之前，饭和粥是主食，但是随着饼的出现，面食逐渐与粥饭平分秋色，成为北方主要的食品，而南方则仍然主要吃饭。汉代则已开始生产豆腐和其他豆制品。在豆腐发明之前，豆浆就已经是中国人喜食的饮料了，并且是煮粥和制酱的原料。豆腐制造技术进一步开拓了利用大豆蛋白质的途径，不仅丰富了饮食内容，而且在植物蛋白的开发方面也是对全球健康饮食的重要贡献。

秦汉以后，随着炼铁技术的进步，铁器逐渐取代了铜器，包括金、甑和鼎等炊具也出现了铁制品。铁制品相对更容易获得，比铜器更耐高温，这为煮、炖和爆炒这种高温操作的菜肴的出现与发展提供了条件。在刀具方面，铁制刀具比铜制刀具更耐磨损，易于保持锋利，这无疑有助于厨师改进其刀工技巧。在烹饪技艺方面，人们逐渐掌握了蒸、煮、炮、炙等技术，并开始使用熬、炸、涮等方法。特别是在

蒸和炒的技艺方面有了长足的提升。在调味方面，除盐、酱、醋之外，还出现了酱清（酱油）和豆豉。

秦汉时期的饮食等级仍然非常森严，饮食制度也是体现出上下等级的不同。一般人的饮食习惯是一日两餐，而统治阶级则享有更多的食物和更高级的烹饪技艺，通常是一日三餐或者一日四餐。这一时期，仍然沿用分餐制，通常是大家坐在地上或铺上筵席一起进餐，但互不干扰。尊者和客人的面前还有"几"，以为凭倚，食物则置于筵席之间。

四、繁荣期——隋唐至明清时期的中华饮食文化

隋朝结束了长期的政治分裂局面，推动了社会政治、文化的发展进入一个新的历史阶段。在隋唐两宋至明清这一时期，社会生产力有了很大的发展，成为当时世界最先进的文明大国之一。商品经济的萌芽、城市经济的发展、市民文化的活跃繁荣、品种众多的外来食材对传统食品生产、饮食生活的革命性影响，引发了中国社会饮食结构、风气的新变化，这也使得中华饮食文化逐渐走向繁荣。

唐宋时期，农业生产工具得到了进一步的改进，尤其是曲辕犁的广泛使用，使翻耕整地的过程加快，质量提高，极大地提高了劳动生产效率。小麦和水稻成为广泛种植的主要粮食作物，并开始采用麦稻两熟制。据史料记载，清朝雍正年间耕地面积大幅超越了明朝，加之对技术的改进，对土地的开发，复种制度的实行，农田的精耕细作，使得江南、湖广、四川等地的稻米产量和粮食总产量都比较高，早已有"湖广熟，天下足"的谚语。

高产作物的引进和广泛种植，为主食品种的多样化发展创造了条件，并由单一的饭品向多种食物搭配发展。玉米、番薯、马铃薯、辣椒、花生等原产美洲的高产作物相继被引入中国，不仅丰富了粮食作物的品种，使粮食作物构成发生了重大变化，而且对于缓解因人口迅速增加而出现的粮荒问题具有重大意义。

唐宋时期中国的烹饪方式仍然以煎烤和蒸煮为主，但这个时期烧、拌、燠、炒、淘、渍等烹饪方法在饮食中都有运用，有一些是复合型烹饪方法。铁锅的出现引领了中华烹饪技术的革命，乏味已久的胃口迎来了全新的精彩，先民迅速爱上了这种炒出来的味道，各种炒菜百花齐放。炒菜的发明显示出了中国菜肴的独特性，无论是平民日常佐餐下饭的用菜，还是贵族甚至宫廷菜谱上的名馔佳肴，大多是用"炒"或由"炒"演变而来的烹饪方法烹制而成。在烹饪方式中炒的出现相对较晚，

且对火候要求十分严格。现代烹饪中炒、爆、熘、煎、烩等方法，往往是一种相对快速而讲求口感的烹饪方式，其出现可能与中国传统餐饮的就餐方式从几案分餐制到围桌共餐制、商业性餐饮大量出现有关。宋元之际正是中国从几案分餐制到围桌共餐制转变的过渡时期，也是中国传统餐饮商业性服务大量出现的时期。商业性餐饮的大量出现，由于竞争关系，餐饮企业需要提高菜品的完成速度，因此快速的烹饪方式应运而生。

从隋唐到明清，在中国封建社会经济文化等诸多因素影响下，中国饮食文化进入了历史的繁荣期。食物原料和食品品种的丰富，食料与食品加工技术的进步，民族风格的绚丽多彩，地域风格的突出和典型流派的形成，中外饮食文化的交流，贵族与官场饮食文化的发展，市肆餐饮的兴旺进步，饮食文化成就的集结等，都是这一时期突出的时代特征。

五、转型期——近世中华饮食文化

清末至民国时期，在大约一个世纪的短促时间内，中华民族饮食文化展现出的时代形态与特征，涵盖了这一时期的时代内容。尽管时间只有短暂的一个世纪，但这是中国社会饮食文化充满变数与变化的时期。一方面，由于清政府的彻底腐败所导致的内忧外患致使社会粮食生产和百姓饮食生活陷入极端困窘之中，"饿乡"成了当时西方世界眼中中国社会的代名词；另一方面，随着西学东渐的持续深入，西方食物原料、食品品种、饮食习惯和礼仪、食品生产工艺、饮食理论等西方饮食文化也开始传入中国，并对中国社会传统饮食文化的生态与变革产生重大影响。中国社会饮食生活的两极分化更加深刻和尖锐，上层社会饮食生活的畸形繁荣和果腹阶层大众的三餐难继、饿殍遍野是这一时期突出的时代特征。

民国时期，西方国家相继在我国的一些城市开设洋饭店，西式食品和西餐受到越来越多人的喜爱。一些华人的饮食观念也逐渐发生了变化，喝牛奶、咖啡、白兰地酒，面包涂黄油也都开始流行。这些地方在保留传统饮食文化的基础上，又逐步吸收了西方饮食文化，中西合璧的饮食文化逐步形成。

六、结语

正如人类文化的发展不会停留在某一个历史时刻，饮食文化也在不断地向前发展。在这个物质与精神生活日益丰富多彩、科学与文化飞速发展的新时代，中华饮食文化同样步入了一个辉煌灿烂的新时期。这是一个不可逆转的历史趋势，中华饮食文化的发展正迎来历史上的高光时刻。随着社会的进步和人们需求的提升，这一文化将继续以其独特的魅力和创新精神，为世界饮食文化贡献更多的中国智慧和中国风味。

⊙参考文献

[1] 彭敏.甑皮岩遗址史前饮食文化研究[J].文物鉴定与鉴赏，2018（1）：3.

[2] 赵荣光.中国饮食文化史[M].上海：上海人民出版社，2014：222-301.

[3] 赵荣光.中国饮食文化概论[M].北京：高等教育出版社，2018：133-151.

[4] 王学泰.中国饮食文化史[M].北京：中国青年出版社，2012：1-72.

[5] 谢定源.中国饮食文化史——长江中游地区卷[M].北京：中国轻工业出版社，2013：20-248.

[6] 季鸿崑，李维冰，马健鹰.中国饮食文化史——长江下游地区卷[M].北京：中国轻工业出版社，2013：193-213.

[7] 姚伟钧.中国食俗文化的形成与嬗变[J].人民论坛，2023（1）：3.

[8] 林乃燊.中国饮食文化[M].上海：上海人民出版社，1989：3-92.

[9] 张兴武.楚辞·大招与楚巫文化[J].西北师大学报（社会科学版），2002，39（1）：5.

[10] 王仁湘.饮食与中国文化[M].桂林：广西师范大学出版社，2022：15-75.

[11] 张光直.中国文化中的饮食[M].桂林：广西师范大学出版社，2023：1-47.

[12] 白玮.历史的味觉：食物背后的历史光影[M].北京：研究出版社，2022：83-359.

✎ 作者简介

王岳，男，三峡旅游职业技术学院讲师，主要研究方向为西餐烹饪、食品营养、饮食文化。

倪姝伟，女，三峡旅游职业技术学院助教，主要研究方向为饮食文化、茶文化、商务礼仪。

数字技术赋能屈原文化"两创"的路径研究

◎刘俞君　赵晓芸

摘　要：屈原文化，作为中华民族优秀传统文化的重要组成部分，蕴含着深厚的历史文化底蕴和民族情感。在数字化时代背景下，如何利用数字技术推动屈原文化的创造性转化和创新性发展（以下简称"两创"），成为当前文化传承与创新的重要课题。本文旨在深入探讨数字技术赋能屈原文化"两创"的逻辑向度、实践创新、发展困境及优化路径，为屈原文化的传承与发展提供理论支持和实践指导。

关键词：屈原文化；数字技术；创造性转化；创新性发展

一、引言

屈原文化以其独特的艺术形式和深厚的文化内涵，成为中华文化的重要组成部分。然而，在数字化时代背景下，屈原文化的传承与发展面临新的挑战和机遇。数字技术的快速发展为屈原文化的"两创"提供了新的契机，通过深入探讨数字技术赋能屈原文化"两创"的路径，有助于推动屈原文化的传承与创新。

二、数字技术赋能屈原文化"两创"的逻辑向度

（一）数字技术赋能屈原文化创造性转化和创新性发展

1. 数字化处理与呈现

数字技术通过数字化处理，将屈原文化的各类资源转化为数字形式，如文本、

图像、音频、视频等，为文化的传承与发展提供了新的载体和平台。这些数字资源不仅便于存储和传播，还能够通过虚拟现实、全息投影等技术进行沉浸式呈现，使观众能够身临其境地感受屈原文化的魅力。

2.虚拟现实与交互体验

虚拟现实技术为屈原文化的创造性转化提供了无限可能。通过构建虚拟的屈原生活场景、创作环境等，观众可以"穿越"到古代，与屈原进行"面对面"的交流，深入了解其生平和思想。同时，交互体验技术还能够让观众在享受文化的同时，参与到文化的创作和传播中来，增强文化的互动性和参与感。

3.人工智能与智能推荐

人工智能技术能够根据用户的兴趣和需求，智能推荐相关的屈原文化内容，提高文化的传播效率和精准度。通过大数据分析用户的浏览记录、搜索关键词等信息，可以精准地描绘用户画像，为其推送个性化的文化产品和服务。这不仅有助于满足用户的多元化需求，还能够促进屈原文化的广泛传播和深入普及。

（二）屈原文化提升数字技术原创力

1.文化内涵与创意灵感

屈原文化作为中华文化的瑰宝，其丰富的文化内涵和独特的艺术形式为数字技术提供了丰富的创作灵感和素材。通过深入挖掘屈原文化的内涵和价值，可以为数字技术的创新提供源源不断的动力。例如，可以将屈原的诗词、故事等融入数字游戏、动漫等作品中，创作出有中国特色和文化底蕴的数字产品。

2.文化元素与技术创新

屈原文化中的元素和符号可以为数字技术的创新提供新的思路和方向。例如，可以将屈原文化中的图案、色彩等元素运用到数字产品的设计中，增强产品的文化特色和审美价值。同时，还可以结合屈原文化的特点和需求，研发出更加符合用户需求和市场需求的数字技术产品和服务。

三、数字技术赋能屈原文化"两创"的实践进路

（一）屈原文化沉浸式场景的构建

1.虚拟现实技术的应用

利用虚拟现实技术构建屈原文化的沉浸式场景，是数字技术赋能屈原文化"两创"的重要实践之一。通过模拟屈原的生活场景、创作环境等，让观众能够身临其

境地感受屈原文化的魅力。例如，可以构建虚拟的屈原故居、汨罗江等场景，让观众在虚拟环境中漫步、探索，深入了解屈原的生平和思想。

2. 全息投影技术的运用

全息投影技术也是构建屈原文化沉浸式场景的重要手段。利用全息投影技术，我们能够以三维立体的方式展示屈原的形象和诗词，让观众更直接地感受到屈原文化的吸引力。例如，可以在博物馆、文化展览等场所设置全息投影设备，展示屈原的诗词、故事等，增强文化的吸引力和感染力。

（二）屈原文化数字化表达的创新

1. 数字藏品与数字人的开发

数字藏品和数字人是数字技术赋能屈原文化"两创"的新兴形式。通过开发数字藏品，如屈原诗词的数字版本、屈原形象的数字雕塑等，可以让观众以更加便捷的方式收藏和欣赏屈原文化。同时，还可以利用数字技术创作屈原的数字人形象，通过数字人进行文化的传播和推广，增强文化的互动性和趣味性。

2. 影视作品与动漫游戏的创作

影视作品和动漫游戏是数字技术赋能屈原文化"两创"的重要载体。通过创作与屈原文化相关的影视作品和动漫游戏，可以将屈原的故事、思想等以更加生动、有趣的方式呈现给观众。例如，可以拍摄以屈原为主题的电影、电视剧等，或者开发以屈原文化为背景的动漫游戏等，让观众在娱乐中了解和学习屈原文化。

（三）屈原文化新周边形态的探索

1. 文化衍生品的开发

结合数字技术，可以开发屈原文化的衍生品和周边产品，如文化衫、纪念品、文具等。通过将这些产品与数字技术融为一体，赋予它们更深的文化含义和创新因素，从而提升产品的附加价值和市场竞争力。例如，可以利用数字技术设计具有屈原文化特色的图案、标识等，将其应用到文化衫、纪念品等产品中，满足消费者的多元化需求。

2. 数字文化体验馆的建设

数字文化体验馆是数字技术赋能屈原文化"两创"的新兴场所。通过建设数字文化体验馆，可以将屈原文化的各类资源整合在一起，为观众提供全方位、多角度的文化体验。例如，可以在体验馆内设置虚拟现实设备、全息投影设备、数字藏品展示区等，让观众在体验馆内深刻感受屈原文化的魅力。

（四）屈原文化云传播路径的开辟

1. 云平台的构建与运用

利用云计算技术构建屈原文化的云平台，是数字技术赋能屈原文化"两创"的重要手段之一。通过云平台，可以整合各地的屈原文化资源，为公众提供便捷的文化服务。例如，可以在云平台上发布屈原诗词的数字化版本、屈原故事的音频、视频等，让观众能够随时随地获取和欣赏屈原文化。

2. 社交媒体的传播与推广

社交媒体是数字技术赋能屈原文化"两创"的重要传播渠道。利用社交媒体平台，例如微博、微信、抖音等，我们能够以更具活力和趣味性的方式向观众展示屈原文化的各种内容，从而提升文化传播的效率和影响力。例如，可以制作与屈原文化相关的短视频、图文等，在社交媒体上进行传播和推广，吸引更多用户的关注和参与。

四、数字技术赋能屈原文化"两创"的发展困境与优化路径

（一）发展困境

1. 资源整合不足

在屈原文化数字化进程中存在资源整合不足的问题。在宜昌与湖南汨罗等地关于屈原故里的争议中，各地都拥有与屈原相关的文化资源，如屈原祠、屈原墓等。各部门、各地区之间文化资源分散，缺乏统一规划和协调，难以形成合力。屈原文化数字化资源未实现有效整合和联通，不利于屈原文化资源的可持续利用。

2. 同质化突出

在屈原文化的数字化表达中，许多产品都集中在讲述屈原的生平和作品上，过于浅显和形式化，缺乏新颖的视角和创意。目前，市场上和屈原文化相关的App，如《楚辞》《九歌》《中国古诗词》等，其内容大多雷同，都是介绍屈原的生平事迹、代表作品和端午节的由来等，用户通过手机或平板电脑进行阅读。这种同质化现象使得用户难以在众多产品中做出选择，也降低了他们对屈原文化数字化产品的兴趣和关注度。

3. 创意性不足

部分数字化产品在创作过程中缺乏深度和广度，未能深入挖掘屈原文化的内涵和价值。例如，一些以屈原文化为主题的互动游戏或虚拟现实体验项目，只停留在

表面层次的娱乐和互动上,而没有将屈原的忧国忧民精神、求索精神等深刻内涵融入其中。如在游戏《无悔华夏》中的屈原专属小剧场里,体验"楚江直臣,香草美人"剧情;在汨罗市的屈子文化园,开设了《九鼎天问·沧浪》沉浸式剧本游戏,玩家与改编故事情景开展互动。诸如此类的产品虽然能够吸引一部分用户的关注,但难以让他们真正理解和感受到屈原文化的魅力所在。

4. 传播效果欠佳

目前,屈原文化的传播渠道主要局限于官方网站、微信公众号等少数媒体平台,传播形式也以较为传统的文字、图片和视频为主。即便在新媒体领域进行传播,也往往只是简单地照搬传统媒体的内容,未能在内容和技术层面实现深层次的创新。由此导致交互体验不佳,受众范围较为狭窄。此外,屈原文化的传播大多呈现出碎片化的状态,缺乏一个能够起到主力支撑作用的运营平台。在交互平台中,社会力量的参与度以及公众的参与程度都十分有限。

(二)优化路径

1. 整合资源,构建区域文旅数字新生态

首先,在屈原文化数字化进程中,宜昌应聚焦"一标三地"的建设目标,充分利用屈原故里的独特优势,全面整合本地及周边的屈原文化资源。这包括历史文献、民俗传统、艺术作品等,形成一个全面、系统的文化资源库。同时,依托正在建设的宜昌算力中心,将这些资源数字化、网络化,为文化资源的存储、检索和利用提供强大的技术支持。通过构建统一的数字资源库和共享平台,实现文化资源的优化配置和高效利用,为宜昌文旅产业注入新的活力。

在此基础上,结合文旅产业的发展需求,将数字化的文化资源融入旅游景区、文化场馆、公共空间等,打造具有宜昌特色的文旅数字新生态。游客可以通过手机、平板等移动设备,随时随地访问这些数字资源,了解屈原文化的历史渊源、文化内涵和当代价值,从而增强对宜昌文旅产业的认同感和归属感。

2. 创新驱动,打造屈原文化数字新体验

为了深入挖掘屈原文化的内涵和价值,结合数字技术的创新手段,打造具有新颖性和吸引力的数字化产品,可以开发出屈原文化 VR 体验、互动游戏、动漫、在线课程等创新产品,让游客在娱乐中感受屈原文化的魅力。

同时,鼓励文旅企业与文化创意企业合作,共同推动屈原文化数字产品的创新研发。通过跨界合作和协同创新,可以打破传统文旅产业的边界,推动文旅产业的融合发展和转型升级。此外,还要借助本地高校的力量,积极引进和培养数字技术人才，为屈原文化数字产品的创新研发提供有力的人才保障。

3. 拓展渠道，提升屈原文化国际影响力

利用社交媒体、视频网站等新媒体平台，扩大屈原文化数字化产品的传播范围。例如，引导社会大众以"UGC+PGC"短视频生产混合模式展开裂变式传播，提高屈原文化的曝光率，形成从生产端到受众端的全链路传播体系。此外，与旅游、教育等行业合作，将屈原文化的数字化产品融入相关场景，如旅游景点、学校课堂等。结合宜昌的地理位置优势，举办线上线下相结合的屈原文化节、龙舟赛、诗词大会等文化交流活动，为游客提供更加丰富多样的文化体验。

同时，充分运用5G、区块链等技术，扩大屈原文化的"出海"版图。运用模型优化、数据合成、贴图优化等数字技术，在国际文化交流中充分展现屈原文化的独特魅力，提升屈原文化的艺术创造力与国际市场号召力，使屈原文化释放出更大的能量。

4. 市场导向，构建文旅融合产业链

通过打造文旅融合产业链，可以推动宜昌文旅产业的协同发展和转型升级。一方面，屈原文化的数字化产品可以为旅游、餐饮等产业提供丰富的文化内涵和创意元素，提升其附加值和竞争力；另一方面，旅游、餐饮等产业的发展也可以为屈原文化的数字化产品提供更多的应用场景和市场机会，促进其良性循环和持续发展。此外，积极培育文旅融合的新业态和新模式，如文化旅游综合体、数字文旅平台等，为文旅产业的融合发展提供新的动力和支撑。

通过市场调查和数据分析，开发符合市场需求的数字化产品，如针对年轻人的屈原文化主题游戏、针对旅游者的屈原文化导览应用等。同步建立起多元化的盈利模式，如广告收入、会员费、产品销售等，确保项目的长期运行和持续发展。同时，可以考虑与宜昌本地的旅游、餐饮等行业合作，形成产业链，共同推动屈原文化的市场化发展。

五、结语

数字技术为屈原文化的创造性转化和创新性发展提供了新的契机和平台。通过深入探讨数字技术赋能屈原文化"两创"的路径，有助于推动屈原文化的传承与创新。然而，在数字化进程中仍存在一些困境和挑战，需要加强资源整合、注重创意创新、拓展传播渠道以及强化市场导向等方面的努力。只有这样，才能更好地推动

屈原文化的传承与发展，让其在数字化时代焕发出新的生机与活力。

⊙ 参考文献

［1］周建新.中华优秀传统文化数字化：逻辑进路与实践创新［J］.理论月刊，2022（10）：82-88.

［2］陆遥，李娇俨，张梦月.浙江实施宋韵文化传世工程一年间：落子宋韵，起笔不藏锋［N］.浙江日报，2022-11-18.

［3］吴剑明.智慧博物馆体系的建设策略［J］.文化产业，2024（1）：63.

［4］郑雪寒.电视节目《典籍里的中国》的文化意蕴与艺术表达研究［D］.曲阜：曲阜师范大学，2022：34

［5］刘佳.中华传统文化创新性传播的路径与对策［J］.传媒，2021（10）：73-76.

● 作者简介

刘俞君，女，三峡旅游职业技术学院信息技术教研室主任，副教授，主要研究方向为数字媒体、数字化教学。

赵晓芸，女，三峡旅游职业技术学院教师，主要研究方向为智慧旅游。

从三峡人家到世界舞台：非遗文化在高职英语教学中的价值与融合路径①

◎ 范博文　杨　洋

摘　要：非物质文化遗产是国家文化自信和软实力的重要体现，其在高职英语教学中的融入对于传承中华优秀传统文化和提升学生国际竞争力至关重要。本文以三峡人家非遗文化为例，通过分析非遗文化与高职英语教育融合的深远价值，提出了传承与融合的具体路径，旨在实现语言技能提升与文化传承的双重目标，增强文化自信，并推动非遗文化的国际传播。

关键词：非物质文化遗产；高职英语教学；三峡人家；文化传承

一、引言

在全球化背景下，中国非物质文化遗产（以下简称"非遗"）的国际传播对于增强国家文化自信和提升软实力具有重要意义。党的二十大报告中强调了传播中华优秀传统文化的重要性，这不仅是对外展示中国形象的需要，也是提升国家软实力的战略举措。作为宜昌市的国家5A级旅游景区，三峡人家承载着丰富的非遗文化资源，这些资源不仅是地方文化的重要组成部分，也是中华优秀传统文化的缩影。在新时代背景下，如何将这些独特的文化元素融入高职英语教学，使之成为传播中国声音、讲好中国故事的有效载体，这既是对中华优秀传统文化的传承，也是对文

---

① 课题来源：2021年湖北省学前教育研究会"十四五"课题"OBE理念下学前双语教育人才培养模式研究"（课题编号：鄂2022KTC134）。

化创新的探索。本文旨在探讨在高职英语教学中融合三峡人家非遗文化的策略，以期培养具有国际视野和文化自信的新时代青年，推动中国非遗文化走向世界舞台。

二、非遗文化在高职英语教育中的价值体现

非遗文化，作为中华文明传承的纽带，将其融入高职英语教育领域，不仅与《高等职业教育专科英语课程标准（2021年版）》中提倡的多元文化交流精神相契合，而且为学生打开了一扇理解和传播中国文化的新窗口。这种融合在多个层面上展现出其深远的价值。下文将进一步阐述非遗文化如何在高职英语教育中实现这些价值，全面展现其与教育融合的多维度效应，并讨论如何通过这种融合，培养出既精通英语又深谙中国文化的学生，使他们能够在全球化的舞台上更有效地传播中国声音，讲好中国故事。

（一）文化自信与传承的培育：非遗文化在高职英语教育中的塑造价值

非遗文化是我国文化自信的重要源泉，在高职英语教育中的融入非遗文化对于培养学生的文化认同感具有显著作用。在高职学生价值观形成的关键时期，非遗文化的融入不仅能够加深他们对本土优秀文化的理解，还能在他们学习西方文化的同时，强化对本土文化的认知和尊重。通过将三峡人家非遗文化元素融入英语教学，学生能够亲身体验和学习如峡江号子、夷陵楠管等具有地方特色的非遗项目，这种实践性的学习方式有助于学生建立起对本土文化的自豪感，从而在文化交流中减少"逆差"，增强文化自信，为非遗文化的传承提供内在动力[1]。

进一步而言，非遗文化的融入在高职英语教育中不仅是一种语言技能的培养，更是一种文化自信的塑造。通过英语这一国际语言桥梁，学生能够更好地理解和传播中华文化的内涵。例如，三峡人家景区的非遗项目，如薅草锣鼓、夷陵楠管等，可以通过英语课堂的讲解和实践，让学生深刻感受到中华优秀传统文化的博大精深。这种文化自信的培养对于学生形成正确的世界观、人生观和价值观具有重要意义[2]。同时，非遗文化的传承也需要高职英语教育的支持，通过教学活动能让学生在实践中感悟非遗文化的精髓，从而更好地承担起文化传承的责任。这种教育模式不仅能教授学生英语知识，更培养了学生传承和弘扬本土文化的责任感，使他们成为非遗文化传承链上的重要一环，为非遗文化的全球传播和保护贡献力量。

（二）跨文化交际能力的提升：非遗文化在高职英语教学中的应用价值

在全球化的大背景下，跨文化交际能力已成为衡量个体国际竞争力的核心指

标。这一能力要求个体能够深刻理解不同文化背景、尊重多元文化差异，并在多元文化环境中进行有效沟通。非遗文化作为文化多样性的重要体现，其在高职英语教学中的融入对于培养学生的跨文化交际能力具有重要意义。非遗文化不仅蕴含着丰富的历史和文化内涵，而且为学生提供了一个直观的文化学习平台。通过将具有地方特色的非遗文化，如三峡人家的皮影戏，融入高职英语教学，学生不仅能够学习语言知识，还能深入了解本土文化，增强文化自信，从而在跨文化交流中表现得更加自信和得体。

非遗文化的融入为高职英语教学提供了独特的跨文化交际实践机会。通过对比非遗文化与英语文化，学生能够识别和理解文化差异，从而在实际交流中更加敏感和适应。例如，在探讨三峡人家的皮影戏时，学生不仅学习相关的英语词汇和表达，还能通过比较分析，理解中西方在艺术表现和文化传承上的差异。这种教学方法不仅增强了学生对本土文化的认同感，也锻炼了他们在跨文化交流中的应变能力。随着全球化的深入发展，这种能力对于学生未来的职业发展至关重要，使他们能够在国际舞台上更好地展现自己的文化，同时也更有效地吸收和学习外来文化。因此，非遗文化的融入不仅丰富了高职英语教学的内容，也为学生提供了宝贵的跨文化交际实践经验。

（三）教学内容多元化的实现：非遗文化融入高职英语教育的创新价值

当前大学英语教学内容多以英美文化为主，对中国地方非遗文化的涉猎较少，这限制了学生对多元文化的认知和理解。将三峡人家等中国地方非遗文化融入高职英语教学，不仅能够丰富教学内容，还能促进学生对本土文化的深入理解。非遗文化的融入为高职英语教学提供了丰富的教学资源和实践案例，使课堂内容更加生动有趣。例如，针对三峡人家的非遗项目，教师可以设计相关的英语阅读材料、口语练习和写作任务，使学生在多维度上理解和运用英语。这种教学方式使学生在学习语言的同时，也能感受到文化的深度和广度，从而在全球化背景下更好地理解和尊重不同文化，提升跨文化交流的能力。通过项目式学习法等创新教学模式，学生能够对非遗文化进行调研、整理，并用英语进行展示，这样的实践活动不仅提高了学生的学习积极性和参与度，而且锻炼了他们的研究能力和表达能力，为他们的全面发展奠定了坚实的基础。

（四）文化传承与发展的推动：非遗文化与高职英语教育融合的战略价值

非遗文化作为中华优秀传统文化的重要载体，在现代社会中扮演着保护文化多样性、增强民族凝聚力及促进人类文明进步的角色。面对非遗文化传承与发展中的挑战，如知名度不足、传承人断代和传统技艺创新不足，高职英语教育与非遗文化的融合显得尤为关键。高职教育凭借其广泛的受众基础和针对性强的人才培养特点，为非遗文化的传承提供了新的途径[3]。通过系统的教学设计，众多高职学生得以学习到非遗文化相关课程，使他们成为传承非遗文化的新力量。例如，在旅游管理相关专业的高职英语教学中，加入三峡人家非遗文化的英语介绍与推广内容，学生在未来的工作中就能够成为非遗文化的传播者，既服务于地方旅游文化建设，又推动了非遗文化的传承。这种融合不仅提升了学生的跨文化交流能力，也为非遗文化的国际化传播和创新发展奠定了坚实的基础。

三、非遗文化在高职英语教育中的融合路径

在高职英语教学中，非遗文化的传承与融合是一项多维度、跨学科的复杂任务。下文将探讨如何有效地将三峡人家等中国非遗文化的丰富元素融入英语教学中，提升学生的语言技能和文化素养，确保文化传承与语言学习的深度融合。

一是构建教学大纲。在高职英语教学中，构建融合非遗文化的教学大纲是基础。教学大纲应明确非遗文化在英语教学中的地位和比重。以三峡人家的非遗文化为例，三峡人家拥有丰富的传统建筑技艺、民间故事等非遗元素。在教学大纲中，可以设定专门的章节介绍三峡人家传统建筑技艺相关的英语表达，如描述传统吊脚楼建筑特色的词汇和句型。这不仅能让学生学习英语知识，还能加深对本土非遗文化的理解，使学生意识到非遗文化在国际交流中的独特价值。

二是深挖教材资源。教材是教学的重要依据。高职英语教材往往侧重于西方文化介绍，对于本土非遗文化提及较少。教师应主动挖掘教材潜在的相关内容，将三峡人家非遗文化与之联系起来。例如，在教授与民俗文化、传统艺术相关课文时，引入三峡人家中的皮影戏这一国家级非物质文化遗产。皮影戏具有深厚的文化底蕴，在英语教学中，可以介绍皮影戏的特色、制作工艺和表演形式等，让学生学会用英语表述相关内容，这不仅丰富了教材的文化内涵，也让学生意识到非遗文化与英语学习的关联性。地方高校可以与当地文化部门、非遗传承人合作，共同开发包含三峡人家非遗文化内容的英语教材和读物，制作相关的教学视频，为教学提供丰富的素材。

三是改进教学方法。改进教学方法有助于更好地将非遗文化融入高职英语教学。采用翻转课堂、项目式教学等创新方法，激发学生对非遗文化的兴趣。例如，

让学生分组研究三峡地区的非遗项目，并用英语制作短视频或PPT进行展示，既锻炼了学生的英语表达能力，又提升了他们对非遗文化的认知。采用情境教学法，教师可以三峡人家的民俗活动为依托，创设三峡人家端午赛龙舟的场景，让学生用英语进行角色扮演。学生需要用英语介绍赛龙舟的起源、比赛规则及其背后蕴含的团结协作等文化价值。这种方法能增强学生的学习兴趣，提高他们在实际情境中运用英语传播非遗文化的能力。

四是开展实践活动。开展实践教学能让学生更深入地体验非遗文化与英语的融合。通过组织学生到三峡人家进行实地考察，学生能够直接体验非遗文化并与英语应用相结合。在考察中，学生采访当地居民，了解非遗文化的传承情况，并用英语记录和整理采访内容，如传统手工艺的制作过程，然后撰写英文报告。这种活动不仅提升了学生的英语应用能力，也促进了非遗文化的传承和传播。同时，可以组织学生参与如三峡人家非遗文化的英语导游词创作项目，鼓励学生深入了解茶盐古道、巴王寨等景点及其背后的文化内涵，并创作英语导游词。这样的实践项目能够让学生在实际操作中运用英语传播非遗文化，增强文化自信的，同时提升英语应用能力，实现文化教育与语言教学的深度融合。

五是优化课程评价体系。优化课程评价体系对于促进非遗文化在高职英语教学中的传承与融合至关重要。通过在口语考试中纳入与三峡人家非遗文化相关的题目，例如，要求学生用英语介绍土家族的摆手舞，不仅评估学生的语言能力，还考察他们对文化内涵的理解。这种评价方式鼓励学生深入学习与非遗文化相关的英语知识，从而更加积极地参与到文化与语言学习的融合过程中。

六是加强教师培训交流。教师是教学过程的主导者，加强教师对非遗文化和英语教学融合的能力的培训至关重要。可以开展针对三峡人家非遗文化的教师培训工作坊，邀请三峡人家非遗文化的专家为英语教师讲解三峡地区非遗文化的内涵、特色，提升教师对非遗文化的认知水平。同时，组织教师到三峡人家进行实地考察交流，深入了解渔网编织、棒槌洗衣等体现土家族风土人情的文化元素。通过这些培训和交流活动，教师将能显著提升个人的文化素养，并能更有效地在课堂上传授非遗文化知识，进而促进学生对非遗文化的理解及英语能力的同步提高。

七是建立合作共享机制。促进校企合作与社会参与可以为学生提供学习和应用非遗文化的实践机会。高职院校可以与文化机构合作，让学生参与非遗项目的保护和推广工作。具体而言，学生可以与三峡人家文化保护组织合作，用英语制作宣传材料，向国际游客介绍三峡人家的非遗文化。此外，项目驱动学习模式是校企合作的另一种有效途径。通过开发包含非遗元素的项目，学生在完成具体任务的过程中能够掌握非遗的核心知识和技能[4]。例如，学生可以设计一个融合三峡人家非遗元素的产品，并用英语撰写产品介绍，这样的活动不仅锻炼了学生的英语应用能力，也让他们学会如何将非遗文化与现代产品设计相结合，为非遗文化的国际传播和市场推广打下坚实的基础。

四、结语

本文探讨了非遗文化在高职英语教学中的价值与融合策略，将非遗文化融入高职英语教学不仅丰富了教学内容，提升了学生的文化自信和跨文化交流能力，还为非遗文化的传承与传播开辟了新的路径。通过精心设计的教学策略，学生能够在学习语言的同时，深入了解和弘扬中华优秀传统文化，从而在全球化背景下更好地展示中国形象，讲好中国故事。未来，我们期待更多的教育工作者积极探索和实践，推动非遗文化与高职英语教育的深度融合，共同谱写文化传承与创新的新篇章。

⊙参考文献

[1]张芳，贾慧英.核心素养理念下高职英语教学中传统文化的渗透[J].创新教育研究，2021，9（4）：1018-1022.

[2]啜春红.将非遗文化融入高职公共英语课堂的实践研究——以秦淮灯彩为例[J].新传奇，2024（35）：89-91.

[3]刘雪松.将非遗资源融入大学英语课程思政建设的路径探析[J].沈阳工程学院学报（社会科学版），2024，20（1）：107-110+140.

[4]马亚丽，王向阳.课堂革命背景下非遗文化与高职英语教学融合路径探究——以江苏省为例[J].湖北开放职业学院学报，2022，35（10）：172-174.

作者简介

范博文，女，三峡旅游职业技术学院公共英语教研室主任，副教授，主要研究方向为高职外语教学。

杨洋，女，三峡旅游职业技术学院教育学院副院长，讲师，主要研究方向为课程教学论。

旅游经济与开发

复苏元年旅游业发展十大演进趋势

◎ 阚如良

摘　要：2023年被誉为旅游业"复苏元年"，复苏是旅游业大方向、总逻辑，复苏不是为了让数据恢复到过去，而是提升发展质效，迈向更美好的未来。总体来看，未来旅游业将呈现十大演进趋势：①纵深融合：大旅游乘数效应加速释放；②细分打磨：找好你的靶，拉满你的弦；③赋能城乡：嵌入和服务新时代发展大局；④价值共创：搭好舞台，游客唱戏；⑤人民共享：中国式现代化的本质体现；⑥高质量：创造更有品质的旅游体验；⑦可持续：向往远方，亦带去美好；⑧沉浸式：打开深度旅游的新模式；⑨数字化：智慧旅游，畅想未来；⑩国际化：更开放、更多元、更美誉。

关键词：旅游业；市场复苏；演进趋势

如果2022年是旅游业的触底之年，那么2023年已开启反弹模式。2023年被誉为旅游业全面"复苏元年"。从官方发布的数据来看，2023年春节期间，国内出游人次达3.08亿，旅游收入达3758.43亿元，分别恢复至2019年的88.6%、73.1%。复苏，是2023年旅游业的大方向、总逻辑。

当然，复苏不是为了让数据恢复到过去，更重要的是提升品质，迈向未来。旅游业全面觉醒的2023年，新政策、新产品、新技术、新理念、新潮流、新机会也在不断涌现，但同时又令人目乱神迷。我们像是乘着一艘触礁停摆后重新起航的希望之船，既见大海平阔，又觉暗流涌动，既有"长风破浪，未来可期"的信心，又免不了产生观望和迟疑。

伴随春天的到来，在此总结2023年及未来旅游业十大演进趋势，希望能给文旅人提供一些思考和启发。

一、纵深融合：大旅游乘数效应加速释放

首先是文旅融合。党的二十大报告明确提出："坚持以文塑旅、以旅彰文，推进文化和旅游深度融合发展。"过去的融合更多是表面的融合，现在则需要下沉，突出文化和旅游和合共生、相辅相成，当然也要坚持宜融则融、能融尽融，不能强拼硬凑。

其次是功能融合。从大旅游的视角，推动文化、旅游和经济、社会、教育、生态、对外开放等功能交融，促进"多位一体"价值叠加，实现政府、企业、居民、游客等多方共赢。

再次是行业融合。通过交通、水利、农业、工业、林业、体育、建筑等"+文化、+旅游"，产生引客、留人、吸金的化学反应。总之就是加点文化，山水涨价；加点旅游，更有搞头。

复次是学科融合。接下来更需要推动旅游学与人类学、社会学、心理学、哲学、美学等学科交融，在实践中培养和练就复合型人才，让旅游从业者学习和掌握多维知识、技能体系。相信新时代旅游人才一定是多面手，更懂审美、关爱和理解人心。

最后是区域融合。未来国家文化公园、都市圈文旅联盟、非遗精品线路等跨省域联动更加频繁，区域合作更加紧密，进一步推动资源共享、客源互送、品牌共建、政策互惠，开放合作、互惠共赢是大势所趋。

二、细分打磨：找好你的靶，拉满你的弦

第一是客群细分，文旅市场越繁荣，客群细分越精密。年轻客群、亲子客群、家庭客群、银发客群、研学客群、兴趣客群、商务客群、政务客群、工会客群、康养客群等，一群人形成一个圈层，造就一个市场。客群细分的逻辑是不要做所有人的生意，要做深、做细、做透一部分人的生意。

第二是产品细分，每一类产品都有自身的爆发点，需要打造核心产品，创造独特卖点。森林旅游、湖泊旅游、峡谷旅游、草原旅游、工业旅游、冰雪旅游、红色旅游、探险旅游、夜间旅游、体育旅游、非遗旅游、城市旅游、乡村旅游、健身旅

游、蜜月旅游、科普旅游等，结合资源特色和文化脉络，设计独具一格的食住行游购娱要素。产品细分的逻辑是不要做所有的产品，要做优、做好、做美自己的爆款产品。

三、赋能城乡：嵌入和服务新时代发展大局

第一是赋能城市更新，让城市更休闲、更适游。过去几十年里，中国城市的核心功能是居住，忽略了以游憩为代表的美好生活属性。未来的城市更新，是要让城市更有活力、吸引力和消费力，尤其是更能承载宜游功能。

第二是赋能乡村振兴，释放乡村多元价值。从党的二十大报告及中央农村工作会议看到，农业强国建设已成为支撑人民共同富裕的主旋律。通过旅游挖掘农业多种功能，延长产业链效益，更好助力乡村振兴。

四、价值共创：搭好舞台，游客唱戏

首先是商业共创，发展平台化经济，赋予长期生命力。现在比较火的陶溪川文创街区，围绕打造国内首个五星级电商直播基地，开启线上线下互动连接，培育"网红+直播+电商+集群"模式，形成稳定流量的共创商业平台。

其次是营销共创，这是一个人人都是传播者的时代。现在西安已经成为全国知名的网红城市，每年千百亿的曝光量，绝大多数为游客自发传播以及二次传播、多次传播。其中大唐不夜城，从网红打卡到全民营销，不断通过游客本人的小红书、抖音为自己打广告，并且让人们乐于参与其中。

最后是内容共创，好的故事，让大家一起来写，并且融入大众生活中去。比如四川的大熊猫IP，正在被演绎成为年轻人的社交货币。文旅目的地和用户之间通过内容连接，成为互相成就的好搭档。

五、人民共享：中国式现代化的本质体现

一是公共服务共享。新型文旅空间越来越呈现多功能于一体的形式，图书阅读、非遗展示、文化驿站等公共服务功能皆可融入其中，兼顾市民和游客多样化的文旅需求，达到主客共享、近悦远来的目的。

二是精神文化共享。其重点是营造群体认同的公共文化生活，创造有情感、有认同、有归属感的文旅空间。比如北戴河的阿那亚，它已经不是简单的"文旅＋地产"项目，而是人们通过丰富的社区活动来提升生活质感和温度的方式。

三是美好生活共享。以旅游的形式分享美好生活，重点体现在旅游促进共同缔造、共同富裕，这也是中国式旅游现代化的典型特征。

六、高质量：创造更有品质的旅游体验

一是旅游产品的高质量，既要有意思，又要有意义。现在旅游发展正在从重视规模速度转向重视质量效益，从外延式转向内涵式发展模式，未来的旅游产品既要有创新性、独特性，也需要体现文化内涵、人文精神。

二是旅游服务的高质量，既要提升标准化，又要加强个性化。标准化方面，在餐饮、住宿、交通、公共服务等方面严格执行国家和行业标准，确保游客安全、食品卫生、身心舒适。人性化方面，考虑旅游者的年龄结构、身体状况、群体特征和旅游偏好等因素，提供个性化、定制化、多元化产品与服务。

三是旅游效益的高质量，既要提升经济效益，又要保障生态效益，促进社会效益。一方面，推进各类资源节约集约高效利用，提高要素投入的经济转化效率；另一方面，发挥"旅游为民、旅游带动"作用，吸纳本地居民就业，吸引社会有效投资。

七、可持续：向往远方，亦带去美好

一是旅游生产的可持续。生态旅游、低碳交通、有机食品、绿色购物等正在成为流行，旅游地正在加强对太阳能、风能、氢能等清洁能源和材料的使用，推广低碳建筑、低碳科技、固碳技术、新兴储能技术等绿色环保技术的使用。

二是旅游消费的可持续。自然、健康的旅游方式越来越受欢迎，未来会针对旅游者加强生态环保理念的宣传和教育，鼓励和倡导低碳旅游。

八、沉浸式：打开深度旅游的新模式

一是沉浸式场景。设施、建筑、道具等要符合主题特征和时代背景，营造虚实

结合的空间，给予游客"身临其境"的感受。

二是沉浸式氛围。通过现代科学技术，搭建视、触、听、嗅、味等全感官的完整环境体系，达到让游客身心沉浸的效果。

三是沉浸式故事。设计符合主题文化、情节跌宕起伏的主线故事，引起游客的情感共鸣和价值认同。

四是沉浸式体验。"吃、住、行、游、购、娱"全环节、全要素沉浸，开发沉浸式演艺、展览、光影秀等活动。

五是沉浸式服务。使工作人员成为常驻演员，其行为、语言、穿着、道具等均符合主题，融合为故事的一部分。

现在这方面做得比较好的，还是上海迪士尼、北京环球影城这类主题公园。

九、数字化：智慧旅游，畅想未来

一是数字产品。云展览、云娱乐、云旅游、线上演播、数字艺术、光影秀、VR/AR体验等新兴业态正在崛起，智慧景区、智慧酒店、智慧餐厅、智慧游船、数字文博院馆等项目正在开展。

二是数字服务。文旅"新基建"加快建设，提供线上预约、电子票务、智慧导览、智慧导游、机器人服务等智慧化服务，文旅综合服务能力进一步增强。

三是数字管理。依托"城市大脑"和"文旅小脑"建设，搭建智慧旅游综合平台、文化旅游产业运行监测与安全监管平台，提供智能监控、流量预警等各项功能，旅游治理现代化水平进一步提高。

十、国际化：更开放、更多元、更美誉

一是国际化的旅游产品和品牌。首先是国家支持建设一批富有文化底蕴的世界级旅游景区和度假区，其次是举办形成一批国际化节庆、赛事、会议会展，最后是配套一批国际化的度假酒店、度假设施。

二是国际化的旅游服务标准。其中包括旅游标识系统、多语种咨询服务体系、多语种导游讲解、国际旅游投诉处理和安全医疗救助机制等，实现全过程的国际化服务标准。

三是国际化的组织运营能力。在"水陆空"交通上加大运力投放，在接待入境

游客上具有流畅的协调能力，甚至主动吸引外国人前来旅游休闲，宣传中国风景，讲好中国故事。

十一、结语

2023年开始，人们对生活的认知发生了许多改变，更珍重健康，更看重当下的生活体验，更明白自己究竟想要什么。

"河山大好，出去走走。"旅游是美好生活的重要抓手，旅游越来越成为一种生活、学习和成长方式，期待每一个游客能在旅途中分享美丽风景、收获美丽心灵，期待每一位文旅人在工作和生活中成就美丽事业、赢得美丽人生。

⊙ 参考文献

［1］张敏敏.休闲农业旅游业发展建议［J］.棉花学报，2024，36（3）：272.

［2］殷紫燕，黄安民.旅游业发展水平对共同富裕的影响效应［J］.福建师范大学学报（自然科学版），2024，40（3）：54-64.

［3］聂剑映.智慧体育旅游时代茶乡旅游新模式［J］.福建茶叶，2024，46（3）：61-63.

◆ 作者简介

阚如良，男，三峡大学经济与管理学院教授，主要研究方向为旅游开发与管理。

空气负离子在自然景观旅游开发中的应用与管理策略

◎刘丰亮　王　宇　商庆坤

摘　要：本文探讨了空气负离子在自然景观旅游开发中的应用与管理策略。空气负离子作为自然元素之一，对人体健康具有诸多益处，已成为提升旅游吸引力的重要资源。本文研究分析了空气负离子在提升旅游环境品质、开发康养旅游产品、增强游客体验以及促进生态保护和可持续发展方面的作用。通过对九寨沟国家公园和黄山风景区等案例分析，展示了如何通过科学监测、环境教育、合理规划和有效管理等措施，实现空气负离子资源的可持续利用，为自然景观旅游的创新发展提供了新动力。

关键词：空气负离子；自然景观；旅游开发；管理策略；康养旅游

在当今快节奏的社会生活中，人们对旅游的需求不再仅仅局限于欣赏美景和放松身心，更渴望获得身心健康的全方位体验。自然景观作为旅游资源的重要组成部分，其独特的魅力不仅在于山水的壮美、生态的多样，还在于蕴含其中的对人体有益的自然元素，空气负离子便是其中之一。

空气负离子是带负电荷的单个气体分子及其轻离子团的总称[1]。科学研究表明，空气负离子具有降尘、杀菌、预防和治疗疾病的功能，有利于人体健康，被誉为"空气维生素和生长素"。其对人体7个系统的30多种疾病有抑制、缓解或辅助治疗作用，对改善人体健康具有显著的积极影响[2-4]。根据世界卫生组织的规定，对清新空气进行评价时，要求每立方厘米空气中的负离子含量不低于1100个。其中，具有离子迁移率 $K \geq 0.4$ 的小粒径负氧离子应占总数的40%~50%，且每立方厘米空气中这些小粒径负氧离子的含量应至少为 500 个。参考国内外常见的空气等级评价标准，空气负离子浓度分级标准见表 4-1[5]。

表 4-1 空气负离子保健浓度分级标准

等级	负离子浓度 / (ions/cm³)	空气清新度	对健康影响
1	≥ 1100	很清新	很有利
2	800~1100	清新	有利
3	500~800	较清新	较有利
4	200~500	一般	正常
5	< 200	不清新	不利

因此，空气负离子的浓度常被作为衡量空气质量和环境舒适度的重要指标之一。自然景观中空气负离子含量已成为吸引游客的一大亮点。然而，如何充分利用这一宝贵资源，将其科学合理地应用于自然景观的旅游开发，并制定有效的管理策略，以实现旅游发展与生态保护的双赢，成为当前旅游领域亟待解决的重要课题。

本文旨在深入探讨空气负离子在自然景观旅游开发中的应用与管理策略。通过对相关理论和实践的研究分析，挖掘空气负离子在提升旅游品质和促进游客身心健康方面的巨大潜力，同时关注其在开发过程中可能面临的问题和挑战，如测量与评估的准确性、生态平衡的维护及游客体验的优化等。期望通过本文，为自然景观旅游的可持续发展提供有益的思路和方法，使空气负离子成为推动自然景观旅游创新发展的新动力。

一、空气负离子在自然景观旅游开发中的应用

（一）提升旅游环境品质

空气负离子具有良好的生物活性。研究发现，空气负离子可以通过呼吸与人体皮肤吸收两种方式进入人体，继而在人体内产生一系列生物效应，对人体的神经系统、心脑血管疾病、呼吸系统产生积极影响，可以消除疲劳、提高工作效率、改善睡眠、加速基础代谢，对机体的成长发育起到促进作用[5]。因此，在自然景观旅游开发中，增加空气负离子在空气中的有效浓度，可以有效提升旅游环境的品质。通过保护和恢复自然环境，如森林、湿地等，可以增加空气中负离子的含量，为游客提供一个清新、健康的旅游环境。同时，景区还可以通过引入人工负离子发生器等技术手段，进一步提高空气中负离子的含量，满足游客对高品质旅游环境的需求。

（二）开发康养旅游产品

基于空气负离子的保健功能，可以开发一系列康养旅游产品。例如，开发森林浴、海滨浴等旅游产品，让游客在享受自然美景的同时，也能感受到空气中负离子的健康效益。这些康养旅游产品不仅可以满足游客对健康的追求，还可以为景区带来新的经济增长点。

在开发康养旅游产品时，景区应注重产品的科学性和安全性。例如，在森林浴产品的开发中，应选择合适的森林类型和树种，确保游客在森林中能够安全、舒适地享受空气负离子对人体的益处。同时，景区还应提供必要的服务和设施，如导游讲解服务、餐饮服务、住宿服务、休息区、观景平台、厕所、急救站和垃圾回收设施等，以满足游客在游览过程中的需求。

（三）促进生态保护与可持续发展

空气负离子的含量与生态环境的质量密切相关。在自然景观旅游开发中，应注重生态保护，避免过度开发造成的生态破坏。通过科学监测和管理空气负离子资源，可以指导景区规划、建设和管理，实现生态保护与可持续发展的双赢。

二、空气负离子在自然景观旅游开发中的管理策略

空气负离子对人体健康有益的特性，使其成为自然景观旅游开发中的一大亮点。管理策略的制定对于确保这一资源的可持续利用至关重要。以下是空气负离子在自然景观旅游开发中的管理策略：

（一）监测与评估

通过在景区内设立负离子监测站，实时监测空气中负离子的含量和分布情况。根据监测结果，景区可以有针对性地采取措施，如像太白山国家森林公园一样，通过加大压强，提高喷头喷水动力，实现加快喷水，将旅游区泳池矿泉水进行雾化处理，提高空气湿度，增强空气负离子浓度[6]。此外，还可以通过调整植物种类来增加空气负离子浓度。有研究认为，不同的树种对空气负离子具有显著影响，如针叶林中的空气负离子浓度高于阔叶林，其原因可能是针叶树种的针叶尖数多于阔叶树种，其"尖端放电"效应显著增加了空气负离子浓度[7]。

通过定期监测景区内的空气负离子浓度，我们可以掌握其分布规律和浓度变化，从而为管理提供科学依据，如在青海北山国家森林公园进行的空气负离子浓度测定，针对监测的数据分析植被、水体、气象条件等对空气负离子浓度的影响，调

整景区管理和游客引导策略,以优化空气负离子的产生和存在环境[8]。根据分析数据进行全面的环境影响评价,考虑旅游活动对空气负离子资源可能产生的正面和负面影响,并制定相应措施。

(二)规划与建设

首先,在景区规划阶段,要充分考虑空气负离子的产生机制和生态价值,比如避免过度建设,以减少对植被和水体的破坏。其次,利用景观生态学原理创造有利于空气负离子产生的自然景观,例如通过种植能够释放负离子的植物来提高景区内的浓度。最后,在确保不破坏生态环境的基础上,配置必要的旅游服务设施,如步道和观景平台,并控制游客容量,以减少人为干扰。

(三)教育与普及

通过展览和讲解等方式,向公众普及空气负离子的知识,包括其产生机制、健康效益以及保护的重要性。结合生态旅游活动,培养游客的环保意识,提倡低碳游览方式,并鼓励他们积极参与到保护自然资源的行动中来。开发与空气负离子相关的文化产品和生态旅游项目,例如养生体验和森林浴等,不仅能提升游客的旅游体验,还能促进环境教育。

(四)管理与保护

首先,采取定时开放、预约制度等措施,控制景区的游客流量,减少游客拥挤对空气品质的负面影响。其次,实施生态保护措施,如限制车辆进入、禁止野外用火等,防止空气质量下降。最后,建议相关部门制定并执行保护空气负离子资源的法律法规,以确保这些资源得到有效的保护。

(五)研究与合作

多支持与空气负离子相关的科学研究,不断深化对其产生和变化机制的认识。鼓励旅游学、环境科学、林学等多个学科之间的交流与合作,共同推动空气负离子资源的可持续利用。借鉴国际上空气负离子研究和应用的成功经验,加强国际交流与合作。

此外,在执行上述管理策略时,需要注意以下三点。

(1)管理策略应根据实际变化进行调整,持续监测空气负离子浓度,以确保管理措施的有效性。

(2)鼓励当地社区居民参与到空气负离子资源的保护工作中来,使他们能从中受益,从而增强责任感和保护意识。

(3)对游客进行环保教育,提高他们的环保素质,鼓励他们参与到保护工作中来，形成良好的参观习惯。

三、案例分析

（一）九寨沟国家公园

九寨沟国家公园位于四川省阿坝藏族羌族自治州，以其清澈的湖泊、瀑布群和丰富的森林资源而著称。高海拔和良好的生态环境使得该地区空气负离子浓度较高，对游客具有较强的吸引力。

景区采取的管理策略有以下三点。

（1）九寨沟管理部门通过与科研机构合作，对空气负离子浓度进行长期监测，确保数据的准确性，并据此调整旅游活动安排。

（2）通过合理规划路线和控制游客数量，避免过度集中的游客流量对空气负离子质量造成影响。

（3）在景区内设置解说牌和举办讲座，提高游客对空气负离子重要性的认识，促使游客自觉遵守环保规定。

（二）黄山风景区

黄山风景区位于安徽省黄山市，以其奇松、怪石、云海和温泉闻名于世。景区内植被覆盖率高，良好的自然环境为空气负离子的产生提供了雄厚的基础。景区在旅游宣传中突出了"天然氧吧"的概念，强调了黄山的空气负离子可以促进健康，吸引了众多追求自然疗愈法的游客。

景区采取的管理策略有以下三点。

（1）黄山风景区实行严格的分区管理策略，针对不同区域制订差异化的游客接待计划，以减少对核心景区的环境压力。

（2）在不破坏自然景观的前提下，合理布局旅游基础设施，如步道和休息区，在提升游客体验的同时保护自然资源。

（3）开展植被恢复和水土保持工程，确保生态系统的稳定性和空气负离子的自然供给。

通过以上两个案例的分析，说明空气负离子在自然景观旅游开发中的应用具有重要的价值。这些案例展示了通过科学监测、环境教育、合理规划和有效管理等措施，可以在旅游开发中实现空气负离子资源的可持续利用。

四、结论

在当前全球旅游市场日益重视健康与生态保护的背景下，空气负离子作为自然景观旅游开发中的一个重要元素，其价值与应用潜力被越来越多的旅游目的地所认识和挖掘。通过本文的探讨和案例分析，我们可以得出以下五点结论。

（1）空气负离子对提升旅游环境品质具有显著作用。其不仅能够改善空气质量，还能为游客提供更健康、更舒适的旅游体验。这种体验的提升，可以作为旅游目的地吸引游客的一大亮点，从而提高旅游地的竞争力。

（2）开发以空气负离子为主题的康养旅游产品，不仅能满足现代旅游消费者对健康的追求，还能带动地区经济的发展。通过科学规划和管理，可以有效地将空气负离子的自然特性融入旅游产品中，创造独特的旅游体验，促进旅游与健康的融合。

（3）有效的管理策略是确保空气负离子资源可持续利用的关键。这包括监测与评估、规划与建设、教育与普及、管理与保护以及研究与合作等方面。这些策略的实施需要多方参与和跨学科合作，以确保旅游发展与环境保护的双赢。

（4）九寨沟国家公园和黄山风景区的案例表明，通过科学监测、合理规划、环境教育和有效管理等措施，可以实现空气负离子资源的合理利用和保护。这两个案例为其他自然景观旅游目的地提供了宝贵的经验和启示。

（5）未来，空气负离子在自然景观旅游开发中的应用将更加广泛和深入。随着科学研究的不断进步和公众健康意识的不断增强，空气负离子的应用将在提升旅游体验、促进人体健康和推动可持续发展方面发挥更大的作用。

综上所述，空气负离子在自然景观旅游开发领域展现出了巨大的潜力和价值。为了最大化这一资源的益处，需要旅游业界、科研机构、政府部门和游客本身共同努力，采取科学合理的策略与措施，以实现旅游业的可持续发展和生态环境的保护。

⊙参考文献

[1] 余娟. 龙打岩洞空气负离子时空分布特征及影响因素研究 [D]. 贵阳：贵州师范大学，2021.

[2] 刘丰亮，王洪俊，陈建伟，等. 吉林市圣母洞空气负离子浓度及变化规律 [J]. 北华大学学报（自然科学版），2011，12（1）：88-92.

［3］吴志萍，王成.城市绿地与人体健康［J］.世界林业研究，2007（2）：32-37.

［4］李少宁，李媛，赵旭，等.北京西山国家森林公园空气负离子与大气污染物关系研究［J］.西南农业学报，2021，34（10）：2269-2273.

［5］杨慧敏.空气负离子与森林康养［J］.山西林业科技，2022，51（S1）：74-75.

［6］黄建武，陶家元.空气负离子资源开发与生态旅游［J］.华中师范大学学报（自然科学版），2002，36（2）：257-260.

［7］李爱博，周本智，李春友，等.基于控制实验的6个典型亚热带树种空气负离子效应［J］.林业科学研究，2019，32（4）：120-128.

［8］魏国良，王得祥，赵留柱.青海北山国家森林公园旅游资源综合评价［J］.西北林学院学报，2008（5）：209-212+225.

作者简介

刘丰亮，男，三峡旅游职业技术学院讲师，主要研究方向为观赏园艺。

王宇，女，三峡旅游职业技术学院园林休闲教研室主任，讲师，主要研究方向为园林工程技术、建筑设计教学。

商庆坤，男，三峡旅游职业技术学院园林工程技术专业带头人，主要研究方向为岩土工程。

加强"宜昌宜红"区域公共品牌推广的实践路径研究[①]

◎ 蒋 洁

摘 要：宜昌宜红茶有百年历史，曾享誉海内外。为振兴宜昌宜红茶产业，宜昌市委、市政府牵头培育"宜昌宜红"区域公共品牌，强力推进茶叶品牌整合，促进茶产业合作。文章以此为背景简述了建立"宜昌宜红"区域公共品牌的重大意义，分析了品牌推广过程中出现的困难和问题，提出了相应的可行性实践路径。

关键词："宜昌宜红"；区域公共品牌；推广

宜昌，地处长江中上游接合部和武陵山脉与江汉平原的交会过渡地带，水源丰富，阳光充足，雨量充盈，昼夜温差大，土壤有机质含量高，所产茶叶的品质也是名列上乘，尤以宜昌宜红茶为代表。宜昌宜红茶是采摘生长在地域保护范围内海拔300米以上的茶树新梢芽叶，经萎凋、揉捻、发酵、干燥等工艺加工而成，外形条索紧细匀整，乌润带金毫；果蜜香深郁持久，汤色橘红明亮，滋味醇爽，叶底细嫩匀整，"橘红汤、果蜜香、味醇爽"，具有"冷后浑"的品质特征。

但是多年来，受各方面原因影响，宜昌宜红茶产业发展严重滞后。为全面振兴宜红茶，在充分调研和广泛征求企业、专家、学者意见的基础上，宜昌市委、市政府着力培育"宜昌宜红"区域公用品牌，范围涵盖"宜都宜红茶"和"五峰宜红茶"两个地标，采用统一标准、统一质量、统一品牌、统一标识、统一宣传，开拓国际国内市场。

[①] 课题来源：宜昌市2020年度社会科学研究课题"万里茶道与宜昌'宜红'品牌建设研究"（课题编号：ysk20kt008）。

一、成立"宜昌宜红"区域公共品牌的意义

宜昌地区是中国古老茶区之一。宜昌宜红茶问世于19世纪中叶,迄今已有近200年历史,历史上曾与祁红、滇红齐名,并称我国三大传统工夫红茶,在国内外享有盛誉。20世纪中期,因为历史原因,宜昌地区茶叶生产进行了"红改绿",开始大力发展绿茶的加工生产,宜红茶的发展受到重创。后期宜昌地区的红茶生产企业各自为政,市面上的宜昌宜红茶品牌多、乱、杂,导致在竞争日益激烈的茶叶市场上缺乏竞争力,产业发展受限。

为全面振兴宜昌宜红茶产业,由宜昌市委、市政府牵头,成立"宜昌宜红"区域公共品牌,采用"政府主导、协会运作、社会参与、集合发展"的原则,按照"公用品牌+企业商标"的营商模式,制定统一的《宜昌宜红》《宜昌宜红加工技术规程》团体标准,强力推进茶叶品牌整合。"宜昌宜红"区域公共品牌的建设,不仅可以避免恶性同质化竞争,还能够充分调动所有资源形成合力,打造品牌,快速建立较高的市场认知度。

二、成立"宜昌宜红"区域公共品牌所面临的困难

(一)后续外宣推广力度不够

虽然政府牵头建立了"宜昌宜红"区域公共品牌,但是缺乏后续力量,对于品牌的宣传投入力度不够,协会或相关部门未完全起到纽带作用,多数企业仍然处于"单打独斗"状态。建立"宜昌宜红"区域公共品牌的目的,就是为了形成产业特色,推动产业发展,各级政府部门必须优化发展环境。但是在实际操作过程中,各部门如何发挥作用支持、培育经营主体,采取哪些措施和方式能够有效地进行品牌推广,都是后期需要进一步思考的问题。

(二)相关企业缺乏积极性

多数企业对于"宜昌宜红"区域公共品牌推广缺乏积极性,一味地依赖政府。在"宜昌宜红"品牌使用情况走访过程中,大多数企业提到需要政府的大力扶持,"要钱给钱、要政策给政策",将品牌推广的困难都推向了政府相关部门,一旦政府未能及时满足相关要求,企业便对品牌失去信心。

(三)自主品牌和公共品牌抢占市场

宜昌全市茶企众多,生产水平和能力参差不齐,影响茶叶品质;且各茶企均有

各自的自主品牌，在经营过程中，更多的是在推广自主品牌，强调茶叶原产地，例如市面上经常会出现"宜都红茶""潘湾红茶""五峰红茶""长阳红茶"等，对于区域公共品牌的推广产生了巨大的不利影响。另外，宜昌宜红茶在外销过程中，因生产标准的问题，很难进入中高端市场，因此在推广"宜昌宜红"区域公共品牌的过程中，也要加速宜昌茶产业的转型升级，从种植、采摘到加工，必须严格按照统一标准，并往低农残、有机茶的方向转变和发展，这样才能更好地拓展宜昌宜红茶的海外市场。

三、推广"宜昌宜红"区域公共品牌的实践路径

（一）厘清政府、企业、市场关系，合力推广公共品牌

在推广"宜昌宜红"区域公共品牌的过程中，要厘清政府和市场的关系，应该坚持政府扶持、企业主体、市场主导的品牌建设方式。当然，在目前品牌推广起步阶段，市场主体作用不能有效发挥的情况下，政府可以加大扶持力度，例如借助重大茶事活动，开展茶产业采购商大会、世界茶商大会、茶博会等。但品牌推广绝不是政府大包大揽，没有企业参与，"宜昌宜红"区域公共品牌只能是空中楼阁。另外茶行业区域公共品牌和企业产品品牌应该相互依存，相互促进。企业在开发生产经营自主品牌的过程中，需要同心协力，主推"宜昌宜红"公共品牌，避免各自为政的现象。

（二）有效抓住万里茶道（湖北段）申遗契机，加强公共品牌外宣工作效果

"万里茶道"是一条始于17世纪以茶叶贸易为主要内容的国际古商道，是欧亚大陆重要的经济文化交流通道，也是继古代丝绸之路衰落之后，在欧亚大陆兴起的又一条重要的国际商道。中国的万里茶道已经在2017年的时候被列入世界文化遗产的预备名录中，原计划在2020年正式进行申报。宜昌是"万里茶道"的重要节点城市，是中国传统三大红茶之一"宜红茶"的主要原产地，是农业农村部规划的长江上中游特色和出口绿茶的重点区域。在这种形势下，"宜昌宜红"区域公共品牌的外宣推广工作也要抓住世遗具备的强大影响力以及权威性，有效提升外宣工作质效。可以利用申遗，将宜昌宜红茶文化进行有效地发掘，体现品牌的历史价值和文化价值，提高宜昌宜红的知名度，促使外宣工作更有效地开展。除此之外，政府和企业也需要抓住这个契机，积极地对该区域内的文化遗存进行清理，收集更多的相关历史资料，积极进行学术方面的研讨，充分挖掘宜昌宜红的文化、旅游、经济

价值，将外宣、推广工作做得更好。

（三）深入挖掘宜昌宜红茶文化内涵，保证品牌推广工作完善

根据目前宜昌红茶的发展情况来看，在20世纪70年代，很多宜昌茶农就已经普遍掌握了红茶初制相关技术，其具备良好的品牌和外宣策略，但是对于"宜昌红茶"区域公共品牌来说，属于刚刚起步的阶段。因此在实际的外宣过程中，可以将宜昌红茶中包含的一些历史、文化等相关元素结合在一起，将与宜昌宜红茶有关的典故、故事等作为外宣的一种方式，通过这种方式促使消费者加深对品牌的认知。这样能够有效提升"宜昌宜红"品牌的内涵，以此保证"宜昌宜红"不仅是一个红茶品牌，而且是当地文化的一种象征。在具体实施推广工作的时候，可以选取"宜昌宜红"中的一个元素，如"万里茶道"、代表人物、红茶文化等，以确保将文化内涵变得更加生动和具体。

四、结语

"宜昌宜红"是万里茶道中重要的茶源地，同时也是保证宜昌地区经济更好发展、文化积极传播的一个途径，因此，需要做好"宜昌宜红"区域公共品牌的外宣推广工作，让更多的人了解其历史价值、文化价值，为"宜昌宜红"区域公共品牌的开发、传承以及保护工作奠定良好基础。

⊙参考文献

［1］龚永新.宜昌红茶产业发展研究［J］.湖北农业学，2014，53（20）：4897-4899.

［2］曾维超，唐海燕，杨玻.立足区域优势，壮大鄂茶区域公用品牌［J］.湖北农业科学，2019，58（S1）：101-102.

［3］田粟一.宜红古茶道的外宣意义与策略研究［J］.三峡文化研究，2020（1）：94-100.

● 作者简介

蒋洁，女，三峡旅游职业技术学院讲师，主要研究方向为酒店管理、茶艺与茶叶营销。

新质生产力助力中小景区发展路径研究

◎郑雪霏

摘　要：新质生产力是高质量发展的内在要求。在旅游市场竞争日趋激烈的今天，中小景区的生存和发展不容乐观，如何实现其可持续发展，新质生产力是破局之道。本文分析了中小景区存在的优势和劣势，面临的机遇和挑战，结合实际从合理定位、应用科技、细分市场和要素突破四个方面进行创新，发展新质生产力，助力中小景区可持续发展。

关键词：新质生产力；中小景区；创新

关于中小景区，学界没有明确的定义，大都是根据其规模大小、等级高低来界定[1]。依照惯例，本文所指中小景区为3A及以下等级的小型景区[2]。2023年我国已建成A级旅游景区1.57万家，其中5A级旅游景区339家。据测算，全国A级旅游景区中，5A旅游景区占比约2%，4A旅游景区占比约30%，3A及以下等级旅游景区占比60%以上。中小旅游景区自身规模虽小，但数量多、占比重，对于促进地方经济发展，带动就业以及推动乡村振兴等具有不可忽视的作用。中小景区的可持续发展是我国旅游业高质量发展的应有之义。现阶段，旅游发展已从粗放、外延式发展转向集约、内涵式发展。发展新质生产力是各行各业高质量发展的重要抓手，旅游业作为国民战略性支柱产业，其发展壮大也离不开新质生产力的助推。中小景区应顺应时代潮流，发展新质生产力，通过转型升级在激烈的市场竞争中实现突围。

一、旅游业与新质生产力

（一）二者的关联

旅游业是一个多元化、综合性的行业。随着生活水平的提高和消费观念的变化，游客对旅游产品和服务的需求越来越个性化和多样化，旅游业需要不断创新以适应市场变化和消费需求。同时，旅游市场竞争激烈，旅游企业可以通过创新开发独特的、首创的、高附加值的旅游产品，吸引更多游客，创造更多价值，因此，创新是旅游业可持续发展的关键驱动力。

"新质生产力"一词于2023年9月在习近平总书记考察东北时被首次提出。2024年1月31日，习近平总书记在主持中央政治局第十一次集体学习时指出，新质生产力由技术革命性突破、生产要素创新性配置、产业深度转型升级而催生，以劳动者、劳动资料、劳动对象及其优化组合的跃升为基本内涵，以全要素生产率大幅提升为核心标志，特点是创新，关键在质优，本质是先进生产力。[3]

综上可知，新质生产力与旅游业因其对创新的追求，有着天然的契合度。新质生产力的催生和应用，可以推动传统旅游业态、产品和服务全面升级，推动旅游业提质增效、高质量发展。

（二）旅游新质生产力

1. 技术突破赋能方面

新质生产力之"新"，核心在于以科技创新推动产业创新。旅游业创新的重心是"应用创新"。[4]现阶段大数据、云计算、5G、物联网、人工智能、AI等新技术高速发展，给旅游业的发展插上了科技的翅膀。其应用主要体现在以精准导航、在线同声翻译、线上购票、电子票证为代表的旅游服务效率提升；以光影技术、VR（虚拟现实）、AR（增强现实）等为代表的技术手段，打造沉浸式旅游体验；以微信、微博、抖音、直播带货为代表的互联网传播方式，打破时空宣传界限，增强传播效果；以大数据技术进行消费者行为的收集和分析，精准开发旅游产品、精准开展营销宣传等。

2. 生产要素创新配置方面

生产要素是经济学概念，它是指进行社会生产经营活动时所需要的各种社会资源，包括劳动力、土地、资本、企业家才能、技术和信息等。旅游业要素创新配置是指，改变以往劳动密集型、资源依附型、重资产投入的模式，依托文化、人才、创意、绿色等新型生产要素，整合优化，配置成新产品，打造特色IP，例如"不夜城"系列文化街区，以文化为独特魅力，低成本打造集休闲娱乐、餐饮美食、购物体验和文化展示为一体的城市夜生活聚集地。

3. 产业转型升级方面

旅游业的产业转型不再局限于传统的旅游观光，而是瞄准未来旅游产业，深入发展文旅融合，培育新业态、营造新场景、释放新活力，将旅游业与体育、农业、健康、养老、教育等产业相结合，找到融合的渠道和方式，激发旅游市场活力，满足消费者多样化的需求，例如贵州的"村超""村BA"，以体育赛事为媒介，打造全民体育盛宴，带动当地旅游业发展。

二、中小景区发展现状SWOT分析

（一）中小景区优势分析（S）

1. 资源独特鲜明

中小景区往往拥有独特的自然风光、文化背景或历史遗迹，虽然按照《旅游景区质量等级的划分与评定》（GB/T 17775—2003）标准，其资源的珍稀或奇特程度、规模与丰度等得分并不高，但在一定范围内，其相对独一无二的特色，能够吸引特定兴趣的游客。

2. 市场适应性强

中小景区大都是个人独资或合伙人共同出资，产权清晰、管理层级少、决策成本较小，能快速适应市场需求变化，与其他旅游企业或相关机构灵活合作，推出新的旅游产品和服务，试错成本低。以上都有利于中小景区多样化发展，更易于满足游客的个性化需求。

3. 成本控制较好

相较于大型景区，中小景区在运营成本上具有一定的优势，其工作人员大多为当地居民，人力成本相对较小。其扁平化管理方式，使得管理层通常为"多面手"，能够更加灵活地控制成本，提高竞争力。

（二）中小景区劣势分析（W）

1. 旅游吸引力不强

景区评定等级在3A级及以下的，就说明其在服务质量与环境质量、景观质量、游客满意度这三方面与4A、5A级景区有明显差距，这就导致其对游客吸引力有限。

2. 接待状况不佳

相比而言，4A、5A级景区的接待能力和市场吸引力占有明显优势。据不完全统计，2024年五一假期，339家国家5A级旅游景区共接待游客超4333.77万人次，平均每家5A级景区接待游客超12.7万人次。而与之形成鲜明对比的是，众多中小旅游景区门庭冷落，难以为继，可谓"冰火两重天"。

3. 宣传曝光不多

由于中小景区规模有限，自身特色亮点不足，在本就缺少知名度的情况下，再加上资金实力薄弱，这就导致其宣传曝光的机会少，营销推广面不大。

（三）中小景区机遇分析（O）

1. 科技进步为旅游赋能

随着5G、大数据、云计算等新兴技术的发展，越来越多新奇的旅游项目兴起，例如通过数字观影技术打造的千古情系列演艺，让游客获得了沉浸式体验。原本不温不火的旅游目的地因新媒体的传播被大众所知，吸引了大量游客，例如哈尔滨在社交媒体上爆红，使得该市成为热门旅游目的地。

2. 对中小企业的政策扶持

近年来国家和地方出台了一系列政策措施来促进中小企业发展，其中也包含中小景区。例如，湖北省曾在疫情防控期间鼓励银行业金融机构对普惠小微企业贷款实施阶段性延期还本付息，对中小微企业降低失业保险和工伤保险费率，执行减税政策，并提高中小企业在政府采购中的份额。

3. 旅游潮流的变化

随着经济的增长，人们的可支配收入增多，旅游的需求增大，游客总量增大。与此同时，受"反向旅游""县域旅游"潮流的影响，越来越多的游客不再一窝蜂地扎堆大景区，反而喜欢体验一些距离较近、景色迥异的特色化中小景区。

（四）中小景区威胁分析（T）

1. 市场竞争加剧

一是市场上景区数量逐年增加。除具有竞争优势和吸引力的4A、5A级景区外，主题公园数量也逐年上升，例如"不夜城"系列街区、方特主题乐园、华侨城、千古情演艺项目等，它们的市场反响好，游客喜爱度高。大景区、大项目、大IP具有马太效应，会集聚投资和客流，使得强者愈强。二是市场需求变化。景区游已不是旅游的必选项，异地化生活服务已成为一种流行，例如露营、无景点旅游、citywalk、公园及博物馆打卡等均成为一种时尚。景区数量和旅游方式的增多会加剧市场竞争，使得中小景区的生存空间进一步被压缩。

2. 同质化经营多

中小景区因其景观质量不高，资源吸引力有限，为了吸引更多游客，追求短期效益，往往会跟风上马一些网红项目，例如网红晃晃桥、玻璃吊桥、玻璃水滑等，这就导致区域内的景区同质化，中小景区的吸引力被削弱，游客的重游率降低。

因此，中小景区应关注市场需求变化，充分挖掘并利用自身优势，把握时代机遇，同时积极应对劣势和外部威胁，通过发展新质生产力来破解其经营困局，不断创新，实现发展突围。

三、中小旅游景区发展新质生产力路径

中小景区发展新质生产力离不开创新，但创新不意味着推倒重来，或刻意追求新奇。在景区整体格局难以颠覆式改变的情况下，可以从经营理念、技术运用、市场选择、要素突破上持续进行改良创新。

（一）合理进行定位，以引流增收为先

多数中小景区有做成高等级景区的目标，高标准规划定位，高规格投资建设。但应意识到，高等级旅游景区，尤其是自然资源型景区前期投入大，收益慢，正所谓"投资无底洞，回收马拉松"，甚至有些项目投入市场后，反响并不好，因此，中小景区要实事求是地评估其资源禀赋、游览价值。如果其景观价值高、珍稀程度强，具有打造高等级景区的潜力，那么可以持续投入、久久为功；又或者其具备创新引领，树立标杆的强大智力、雄厚财力等生产要素，可以大胆地"无中生有"，打造"人无我有，人有我优"的旅游特色，向高等级景区进军。反之，中小景区则需要认清现实，合理定位，以平衡投入产出，增收引流为先。对内要对景区现有资源进行合理配置和有效组织，在游客中心、亭台楼阁等建设上不要贪大求多，轻资产运营；对外要研究跟其他周边景区资源和配套的关联，可定位为大型旅游景区的"绿叶"，以其灵活的游览时长、优惠的市场价格以及交通的串联性，在旅游线路上与热门旅游景区、高等级旅游景点捆绑，包装成1日游或多日游产品，成为配套游览点。例如湖北神农架，不论是夏天避暑还是冬季滑雪，都广受游客欢迎，其2日游、3日游经典旅游线路上总是会绑定香溪源、情人泉等3A及以下等级旅游景区，使得这些中小景区游客不断。

（二）借助科技支撑，以提升魅力为要

中小景区新质生产力的塑造，首先需打破传统认知，摆脱对资源的过度依赖，

转向更加注重创新和创意的发展模式；其次要因地制宜，合理运用科技元素，实现融合发展，因为旅游业新质生产力的发展，关键是寻找文化和旅游融合的具体方式；[5]最后要深化应用层次，科技创意应用不应仅局限于游览途中，而是应该贯穿于游前决策、游中体验、游后评价等各个关键环节。[6]一方面要借助新兴技术对景区的硬件、软件进行提档升级，深度开展文旅融合。利用AI、虚拟技术、人工智能等技术对景区原有场景、吸引物进行改造升级，展示景区所在地的历史人文、风土人情。另一方面要利用数字技术分析当代旅游者需求，结合景区实际，进行精准项目策划，满足游客的个性化需求，实施精准营销。充分利用抖音、小红书、视频号等新媒体平台开展宣传、营销和票务运营，推动旅游产品直卖，提升传播转化率。此外，旅游新质生产力的发展，离不开人才的支撑，中小景区须算好"经济账"，利用高水平人才来提升景区活力，招引文化创意类、计算机类、新媒体营销类人才，推动景区改革创新。

（三）专注细分市场，以突出特色为重

中小景区为稳固现有市场份额，吸引更多潜在游客，需提供个性化产品和服务，具体来说就是集中优势资源打造差异化特色。一方面，要将有限的资源进行科学配置，对于耗费人力物力大、产出效益少的项目，要对其改造优化，或者直接清理。例如景区内酒店式住宿设施，如果营收低，且运营成本高，可以进行提档升级，走特色化、精品化之路，也可以缩小其开放规模，或者直接从景区剥离。另一方面，要抓住关键有形资源，比如景区内的某个重要景点，对其进行优化，形成具有核心吸引力的点位。例如，可以利用景区的山谷瀑布发展古装"飞天威亚"、溪降等小众体验项目，吸引对该项目感兴趣的客群；还可以利用中小景区"小而美"的优势，对外承接露营、小型歌会、生日宴会、团建等活动，将景区旅游与老年人疗养、家庭微度假、中小学生劳动教育等细分市场的需求相结合，拓展营收渠道。

（四）紧盯其他要素，以转向突破为机

旅游包括"吃、住、行、游、购、娱"六要素，通常我们的关注重点在"游"上，而对其他要素的挖掘不够。但需要注意的是，其他要素在吸引游客，激励出游上的作用越来越不可忽视。为了一顿"吃"，游客纷纷打卡"淄博烧烤""天水麻辣烫"；为了一间"住"，天南海北的游客奔赴大理古城、莫干山体验民宿；为了特色"行"，重庆的过江索道和穿城轻轨吸引了不少游客前往体验；为了痛快"购"，不少游客前往香港、海南追求购物性价比；为了欢快"娱"，上海迪士尼乐园、广州长隆一经开业就人气爆棚。中小景区可以将当地美食、带有故事的个性化住宿、有创意和趣味的文创产品等展示出来，并以此来错位竞争。换个角度思考，当前有特色的农家乐、有格调的民宿，都进行了景点化打造，借此吸引络绎不绝的消费者。如果中小景区放下身段，延伸其产业链到住宿和餐饮领域，将其作为景区的亮点，打造有品位的住宿和有特色的餐饮，那么借助其游览的优势，餐饮和住宿更容易脱颖而出，受到游客的青睐。

四、结语

旅游业的发展离不开新质生产力的助推，中小景区更是需要新质生产力的驱动来发挥其独特优势，补齐发展短板，把握现有机遇，在竞争激烈的旅游市场中谋求一席之地。因此，中小景区需实事求是，科学定位，借助科技的力量，提升其旅游体验度和服务精准性，深耕细分市场，在住宿、餐饮等要素上寻求突破。

⊙参考文献

[1]左齐，张利霞，唐婕.慧旅云助推中小景区数字化转型[J].智能建筑，2022（6）：63.

[2]胡红梅.试论中小型景区的创新发展[J].旅游纵览（下半月），2013（5）：105.

[3]新华社.习近平在中共中央政治局第十一次集体学习时强调—加快发展新质生产力—扎实推进高质量发展[EB/OL].（2024-02-01）[2024-07-28］.https：//baijiahao.baidu.com/s?id=1789665198906980661&wfr=spider&for=pc.

[4]马波.发展新质生产力：旅游业的逻辑分析框架[J].旅游导刊，2024，8（3）：1-2.

[5]厉新建，曾博伟，张辉，等.新质生产力与旅游业高质量发展[J].旅游学刊，2024，39（5）：15-29.

[6]刘军，刘林琪，常俐丽.新质生产力推动旅游可持续发展：理论逻辑与实现路径[J].生态经济.2024，40（9）：121-126.

◆作者简介

郑雪霏，女，宜昌市夷陵区文化和旅游市场管理服务中心副主任，中级经济师，主要研究方向为旅游资源开发、旅游民宿和旅游度假区创建。

宜昌民宿产业发展研究

◎易红燕　云晶晶　周任重　孟小琴

摘　要：民宿，尤其乡村民宿的发展，是中国由观光旅游到休闲度假旅游，进入"大旅游"时代的关键因素之一。课题组以获得2021年"三峡·宜昌最美民宿"荣誉称号的5家宜昌乡村民宿作为研究对象，通过携程网站上相关民宿资料统计研究，先分析地方文化背景下宜昌乡村民宿的发展特点，接着从住宿文化要别出心裁、饮食文化要回味无穷、休闲文化要丰富多彩、接待文化要深入人心和提高体验的性价比5个方面，提出地方文化背景下宜昌乡村民宿的发展建议，以期促进宜昌民宿和乡村旅游的发展，助力宜昌乡村振兴。

关键词：地方文化；宜昌；民宿；乡村民宿

2021年11月8日，全国甲级、乙级旅游民宿评定结果公示，全国旅游标准化技术委员会认定58家民宿达到甲级、乙级旅游民宿标准，湖北省上榜3家，其中宜昌有2家，恩施1家，宜昌2家分别是长阳的清舍客栈、宜都的梵璞山居。可见宜昌民宿发展在湖北省堪称翘楚，而这2家民宿也正是本课题组研究的对象，其地方文化特点显著。

地方文化对地方发展的各个方面都发挥了重要作用，尤其是地方文化与乡村振兴的发展息息相关。当今，随着旅游业的发展，民宿发展越来越快，其中乡村民宿的发展离不开地方文化的融入与带动[1]。地方文化发展越好的乡村，其乡村民宿的发展也越好。宜昌地方文化丰富，民宿发展也不错，本课题研究希望将宜昌地方文化有机融入乡村民宿，以大力促进乡村民宿的发展，助力乡村振兴。

一、研究背景

（一）国内外研究现状述评

民宿的起源有很多说法。一般认为民宿起源于欧洲，如法国、英国；有的认为民宿起源于日本；还有的认为民宿起源于中国台湾。中国的民宿发展起步较晚，但发展迅速[2]。文化和旅游部2021年2月新发布的《旅游民宿基本要求与评价》（LB/T 065—2019）第1号修改单，对部分条款进行了修改，将旅游民宿等级修改为甲级、乙级、丙级3个级别[3]。

从观光旅游到休闲度假旅游，中国进入"大旅游"时代[4]。休闲度假旅游的核心内容是体验旅游，体验旅游是游客在旅游过程中，亲身参与形成的感官体验与思维认同，从而带来的经济消费。民宿主的热情接待是民宿的特色之一，而地方文化是民宿体验旅游最具吸引力的因素之一。民宿主利用这些因素吸引游客休闲度假旅游，进而促进乡村民宿的可持续发展，促进乡村振兴，提升人民幸福度。

（二）学术和应用价值

乡村民宿是民宿的主体，乡村民宿的大力发展，是我国政府倡导的乡村振兴战略之一[5]。宜昌市政府非常重视乡村民宿的发展，但宜昌的乡村民宿和发达地区相比仍差距较大。地方文化是民宿的特点，也是民宿精华所在。课题组从宜昌地方文化研究着手，探索宜昌民宿产业发展的有效途径，以期促进宜昌乡村旅游的发展，助力宜昌乡村振兴。研究结果将作为宜昌市相关部门制定乡村振兴战略提供相应依据。第一，促进民宿的发展是我国政府支持乡村振兴的战略之一；第二，宜昌市政府非常重视民宿的发展；第三，对地方文化的体验旅游是旅游者日益增长的需求；第四，促进宜昌地方文化的发展，助力宜昌乡村振兴。

二、研究实施

（一）相关概念界定

地方文化背景下宜昌民宿产业发展研究，必须明确的概念有地方文化、民宿及乡村民宿、乡村振兴。只有明确地方文化的内涵、民宿的内涵及分类、乡村振兴的内涵，才能为后期研究打下基础。

1. 地方文化

文化是一种普遍的社会现象，具备地域性、民族性、多样性、阶级性这4个方

面的特征[6]。一般而言，地方文化与特定区域关联性大，很多地方文化传承至今仍影响较大，但有的地方文化随着时代的发展也在慢慢消亡。本课题研究认为，地方文化是指特定地域的地方特色文化，包括历史遗存、社会习俗、生产方式、生活方式等。

2. 民宿及乡村民宿

关于民宿概念的界定，研究者有各种理解。文化和旅游部发布的相关文件对民宿做了最权威、最专业的界定：旅游民宿是指利用当地民居等相关闲置资源，经营用客房不超过4层，建筑面积不超过800平方米，主人参与接待，为游客提供体验当地自然、文化与生产生活方式的小型住宿设施[3]。

民宿分为乡村民宿、城市民宿2个类型，结合上述旅游民宿的概念，研究小组认为乡村民宿是指利用乡村闲置用房，体现乡村特色的旅游民宿。

3. 乡村振兴

关于乡村振兴的概念，研究者说法不一。本文小组以易红燕提出的乡村振兴概念来界定，即乡村振兴是指促进农业产业及以农业产业为主的人群集聚区的兴旺和活力[7]。

（二）确定研究对象

宜昌市文化和旅游局组织开展了2021年"三峡·宜昌最美民宿"评选活动。按照活动规则，综合网络投票和专家评分，有10家民宿脱颖而出，获得了2021年"三峡·宜昌最美民宿"的光荣称号，分别为清舍民宿、渡心·南岔湾石屋民宿、拈花谷民宿、溪外民宿、梵璞山居、昭君别院客栈、美栖美宿创意艺术民宿、百度民俗客栈、楚源农夫民宿、山与山寻民宿。这10家民宿是宜昌民宿业的翘楚和标杆。其中美栖美宿创意艺术民宿位于宜昌伍家岗区胜利四路2-2号，百度民俗客栈位于宜昌秭归滨湖路山水龙城E区物美生活超市楼上6-38栋，此2家民宿均为城市民宿，现代气息浓郁。其余8家均为乡村民宿。乡村民宿最能体现宜昌地方文化特色。本课题组以这8家乡村民宿为研究对象，探讨地方文化背景下宜昌这8家乡村民宿的发展。

（三）构建乡村民宿体验旅游的维度

2021年"三峡·宜昌最美民宿"的评选标准规定：入选民宿经营用客房要符合旅游民宿的标准，不包括庭院面积；证照要符合国家相关规范要求；要具有旅游资源特色、人文资源特色、生活体验特色、建筑装饰特色、地方美食特色，开业以来或近三年未发生重大以上的安全责任事故。以上评选标准和本课题组研究的乡村民宿体验旅游是有区别的。本课题的研究核心点在于地方文化。为构建地方文化背景下乡村民宿发展的维度，课题组成员分别调研了这8家乡村民宿的民宿主或管家，探讨地方背景下乡村民宿发展的维度，并和相关旅游行业专家进行研讨，构建地方文化背景下乡村民宿发展的4个维度，分别是住宿文化、饮食文化、休闲文化、接待文化，并明确了每个维度的内涵及重要性，最终构建了地方文化背景下乡村民宿发展的维度，如表4-2所示。

表4-2　地方文化背景下乡村民宿发展的维度

体验旅游的维度	维度内涵	重要性
住宿文化	住宿特色：外形、装饰、装修的文化特色等	基础
饮食文化	美食特色：地方美食、创新美食文化特色等	保障
休闲文化	休闲特色：钓鱼、游泳、桌游、K歌、蜡染扎染、剪纸、陶艺、运动、农作等文化活动特色	核心
接待文化	接待特色：民宿主或管家亲自组织并参与活动、聊天等	重点

（四）实证研究

1. 宜昌乡村民宿入驻网络平台研究

上述研究中已说明，入选2021年"三峡·宜昌最美民宿"的有8家是乡村民宿。这8家分别为清舍民宿、渡心·南岔湾石屋民宿、拈花谷民宿、溪外民宿、梵璞山居、昭君别院客栈、楚源农夫民宿、山与山寻民宿。本课题组将以这8家乡村民宿作为研究对象，按照课题组研究构建的乡村民宿体验旅游的4个维度，研究体验旅游背景下的宜昌乡村民宿吸引力。体验旅游重在体验，课题组研究的是民宿客人的体验感，因为网络资料便于搜集、整理与分析，所以课题组选择携程作为课题研究的平台。携程是中国最具有影响力在线旅游企业，这8家宜昌乡村民宿都入驻了该平台，基于同一家平台开展民宿客人体验旅游研究具有科学性、合理性、公平性。这8家"三峡·宜昌最美民宿"在携程上的民宿名称和评选名称有些不同。本文是以携程网作为主要研究途径，调研时间是2021年9月10日至2021年10月10日携程网的相关民宿网页信息，主要指标获取以2021年10月10日为主，且课题组确定民宿名称以携程网上登记的名称为主。首先调研的是这8家宜昌乡村民宿在携程网上的基本情况，具体情况如表4-3所示。

表4-3 宜昌最美8家乡村民宿携程网基本情况

民宿名称	地址	房间数	开业时间	网站显示
长阳清舍客栈	长阳土家族自治县马家溪村7组	18	2015	正常
宜昌南岔湾石屋民宿	夷陵区分乡镇南岔湾村4组43号	4	2020	正常
宜昌远安县拈花谷民宿	远安县花林寺镇龙凤村三组民宿一号院	无	无	信息不全
宜昌溪外民宿	点军区土城乡车溪村三组	10	2021	1条点评
宜都梵璞山居民宿	宜都市姚家店镇黄莲头村三组	28	2019	正常
兴山昭君别院	兴山县昭君镇陈家湾村一组	13	2015	正常
楚源农夫民宿	当阳市庙前镇井岗村二组	无	无	信息不全
宜昌山与山寻民宿	夷陵区分乡镇天坑村一组	26	2019	正常

由表4-3可知，宜昌8家乡村民宿中有宜昌远安县拈花谷民宿和楚源农夫民宿在携程网上信息显示不全，宜昌溪外民宿在携程网上只显示1条点评信息，这3家宜昌乡村民宿因无法收集相关研究数据，故而不能作为后期课题研究的对象。剩下的5家宜昌乡村民宿最终被确定为本课题组实证研究的对象。它们分别是长阳清舍客栈、宜昌南岔湾石屋民宿、宜都梵璞山居民宿、兴山昭君别院、宜昌山与山寻民宿。这5家民宿基本信息显示：第一，民宿分属于不同村镇。分别属于长阳马家溪村、夷陵区分乡镇南岔湾村、宜都市姚家店镇黄莲头村、兴山县昭君镇陈家湾村、夷陵区分乡镇天坑村。第二，民宿开业时间、房间数不同。开业时间方面：最早的是2015年，有2家，分别是长阳清舍客栈和兴山昭君别院；开业时间在2019年的也有2家，分别是宜都梵璞山居民宿和宜昌山与山寻民宿；开业时间最晚的是2020年，有1家，是宜昌南岔湾石屋民宿。房间数方面：最多的有28间，是宜都梵璞山居民宿；最少的只有4间，是宜昌南岔湾石屋民宿；其余的为13~26间。

2. 宜昌乡村民宿网络评价基础研究

对经过筛选符合课题研究的5家宜昌最美乡村民宿进行网络评价基础研究。通过携程网，对长阳清舍客栈、宜昌南岔湾石屋民宿、宜都梵璞山居民宿、兴山昭君别院、宜昌山与山寻民宿这5家宜昌最美民宿进行网络评价基础研究，主要从总评分、推荐度（%）、点评次数、推荐次数、图片上传次数、差评等进行统计研究。5家宜昌最美乡村民宿网络评价基础研究情况如表4-4所示。

表4-4 宜昌最美5家乡村民宿携程网站评价基础研究情况

民宿名称	总评分	推荐度（%）	点评次数	推荐次数	图片上传次数	差评
长阳清舍客栈	4.6	95	65	62	41	3
宜昌南岔湾石屋民宿	4.9	100	7	7	5	0
宜都梵璞山居民宿	4.8	100	109	109	44	0
兴山昭君别院	4.4	75	20	15	3	5
宜昌山与山寻民宿	4	100	3	3	1	0

上述宜昌最美5家乡村民宿携程网评价基础研究情况显示，总评分方面，5家乡村民宿整体不错，总评分最高分和最低分相差0.9分，最高分是宜昌南岔湾石屋民宿4.9分，最低分是宜昌山与山寻民宿只有4分。推荐度方面，有3家推荐度为100%，分别是宜昌南岔湾石屋民宿、宜都梵璞山居民宿和宜昌山与山寻民宿；1家推荐度为95%，是长阳清舍客栈；1家推荐度为75%，是兴山昭君别院。点评次数方面，差距较大，最多点评次数109次，是宜都梵璞山居民宿；最少的只有3次，是宜昌山与山寻民宿。图片上传次数方面，最多的44次，是宜都梵璞山居民宿；其中宜都梵璞山居民宿视频上传有3次；最少的只有1次，是宜昌山与山寻民宿。差评方面，有2家有差评，长阳清舍客栈和兴山昭君别院分别为3次和5次。

3.宜昌乡村民宿网络评价内容研究

根据上述研究构建的地方文化背景下乡村民宿发展维度，课题组通过宜昌最美5家乡村民宿在携程网的评价内容，按照地方文化背景下乡村民宿发展的维度进行分类归纳统计，形成宜昌最美5家乡村民宿在住宿文化、饮食文化、休闲文化、接待文化4个维度方面评价的统计情况，如表4-5所示。

表4-5 携程网地方文化背景下宜昌最美5家乡村民宿评价统计表

类型	长阳清舍客栈	宜昌南岔湾石屋民宿	宜都梵璞山居民宿	兴山昭君别院	宜昌山与山寻民宿
点评次数	65	7	109	20	3
住宿文化	33	7	58	6	1
饮食文化	33	2	44	0	0
休闲文化	12	1	68	0	0
接待文化	45	3	44	1	1

携程网地方文化背景下宜昌最美5家乡村民宿评价统计表显示，宜昌最美5家

乡村民宿的点评次数相差比较大，点评最多的宜都梵璞山居民宿有109次，长阳清舍客栈65次，兴山昭君别院20次，宜昌南岔湾石屋民宿7次，最少的是宜昌山与山寻民宿只有3次。在住宿文化、饮食文化、休闲文化、接待文化4个维度方面相差也较大，点评次数多的乡村民宿地方文化评价也多，但在具体地方文化评价维度方面有所差异。宜都梵璞山居民宿的4个维度评价都比较好，在住宿文化和休闲文化方面尤其突出，客人评价满意度高。长阳清舍客栈在接待文化方面比较突出，客人评价满意度高。宜昌南岔湾石屋民宿点评次数只有7次，但住宿文化评价较好也是7次，客人评价满意度高。兴山昭君别院评价次数低，同时在饮食文化和休闲文化方面是0评价。宜昌山与山寻民宿点评最少，且在饮食文化和休闲文化方面是0评价。

4. 宜昌乡村民宿网络房价研究

携程网宜昌最美5家乡村民宿由于诸多因素导致房价各有不同。课题组调研了十一期间和十一后这5家民宿的房价情况、客人入住概况，具体情况如表4-6所示。

表4-6 携程网宜昌最美5家乡村民宿房价及入住概况

民宿名称	十一房价（元）	十一后房价（元）	房价差价（元）	十一入住概况	十一后入住概况
长阳清舍客栈	1000~1600	670~1300	300~330	满房	有余房
宜昌南岔湾石屋民宿	2200~2600	2200~2600	0	满房	有余房
宜都梵璞山居民宿	500~1000	250~640	250~360	满房	有余房
兴山昭君别院	180~300	180~300	0	有余房	有余房
宜昌山与山寻民宿	270~450	150~300	120~150	有余房	有余房

携程网宜昌最美5家乡村民宿房价及入住概况显示，房价差别较大，宜昌南岔湾石屋民宿房价每晚最高可达2600元，而宜昌山与山寻民宿房价每晚最低可达150元。十一黄金周期间与十一后房价，有3家民宿调整房价，分别是长阳清舍客栈、宜都梵璞山居民宿和宜昌山与山寻民宿，同类型房价最低相差120元，最高相差360元，但也有2家民宿房价不变，是宜昌南岔湾石屋民宿和兴山昭君别院。十一期间长阳清舍客栈、宜昌南岔湾石屋民宿和宜都梵璞山居民宿都是满房，兴山昭君别院和宜昌山与山寻民宿还有余房。但十一过后，这5家民宿都有余房且较多。

三、地方文化背景下宜昌乡村民宿发展特点

课题组通过地方文化背景下宜昌乡村民宿发展研究可知，地方文化中住宿文化、饮食文化、休闲文化、接待文化这4个维度就是宜昌乡村民宿吸引力之所在。研究对象是经过筛选符合课题研究的5家宜昌最美乡村民宿，分别是长阳清舍客栈、宜昌南岔湾石屋民宿、宜都梵璞山居民宿、兴山昭君别院和宜昌山与山寻民宿，通过对宜昌乡村民宿入驻网络平台、网络评价基础、网络评价内容和网络房价这4个方面的研究，课题组分析研究结果，地方文化背景下宜昌乡村民宿发展特点如下。

（一）民宿分布广，房间数差异大，开业时间分散

这5家民宿广泛分布在宜昌市（辖5县3个县级市5区）的乡镇村中，课题组研究的这5家宜昌最美乡村民宿没有在同一个乡镇的。房间数方面，差异比较大，最多的有28间，最少的只有4间。开业时间方面，最早的2015年，最晚的2019年。

（二）民宿网站总评分、推荐度及点评次数差异大

民宿网站总评分方面，满分是5分，最高分是4.9分，最低分只有4分。推荐度方面，100%推荐的有3家民宿，最低的推荐度只有75%。点评次数方面差异最大，最高点评次数为109次，最低的只有3次。同时还有2家差评，分别是5次和3次。

（三）地方文化背景下乡村民宿发展维度评价差异较大

这5家民宿中点评次数较多的民宿，其地方文化维度评价也较多。有2家民宿点评次数较多，但在地方文化维度评价上区别较大，1家在接待文化上评价次数较多，而另外1家在住宿文化和休闲文化上评价次数较多。

（四）民宿网络房价差异较大

研究的这5家宜昌乡村民宿，房价差异较大，房价最高可达2600元/晚，房价最低可为120元/晚。旅游旺季和淡季有3家民宿房价有差异，差异最大的，2021年旺季十一黄金周房价可达500~1000元/晚，十一过后的淡季可降至250~640元/晚，房价相差250~360元/晚，而另外有2家民宿淡旺季房价无变动。同时，在2021年十一黄金周期间，有3家民宿是满房，十一过后，5家民宿都有余房。

四、研究建议

通过上述地方文化背景下宜昌乡村民宿发展的研究结果及特点，课题组对地方文化背景下宜昌民宿的发展提出如下建议。

（一）住宿文化要因地制宜

住宿文化是乡村民宿的基础条件。乡村民宿是非标准酒店，在客房设计上可以别出心裁，体现当地的文化特色，让客人感到温馨与惊喜。研究的5家宜昌乡村民宿，在住宿文化上是用心设计的，其住宿文化的网络评价都不错。如长阳清舍客栈建筑以地方园林建筑为主，有的客人认为房间灯光温馨摆设别致；有的认为小细节设计得非常漂亮，非常清新文艺范儿；有的认为房间的洗漱用品很好，用不完还可以带走，出差用特别好；等等。如宜昌南岔湾石屋民宿房子全由当地石料砌筑而成，其中西式的咖啡厅及壁炉，还有中国传统的书、香、茶、画。有的客人认为建筑设计风格独特；有的客人认为石头砌成的房子，自然与时尚的结合，低调与奢华的体现；有的客人认为太有家的感觉了。如宜都梵璞山居民宿将东方禅意和茶文化相融合的民宿，有的客人认为房间的木制品调性很舒服；有的客人认为马桶是智能型的，有浴霸，太舒服了。这家民宿客人的客房体验好评最高，占总点评一半以上，是调研乡村民宿中评价最高的。由此可见，对于乡村民宿住宿设计而言，建筑材质、设施设备等都要有文化融入感，能够带给客人很好的住宿文化体验。

（二）饮食文化要回味无穷

饮食文化是乡村民宿的保障条件。饮食是旅游六大要素之一，乡村民宿的饮食要区别于一般酒店餐饮，应当具备地方饮食文化特色，体现当地特色饮食，客人的饮食体验才会回味无穷。如长阳清舍客栈的饮食，有的客人认为早餐的面条很惊艳，虽然是素面，但是味道棒棒哒；有的认为阿姨的手艺真不错，在这里吃到了肉最甜的烤鲫鱼；有的认为酒店里的菜也挺好吃，最喜欢风干鲫鱼，早餐很丰盛。其饮食体验好评占总点评一半以上，是调研乡村民宿中评价最高的。如宜都梵璞山居民宿的饮食，有的客人认为餐食品味棒，可口价廉；有的认为鱼特别新鲜好吃；有的认为菜也很好吃，我们都光盘了；有的认为早餐丰盛美味，中餐晚餐都可在酒店享受农家菜，鸡、鱼、菜都是地道土味；有的认为老板娘下的熏肉面，我喜欢吃。其饮食体验好评接近总点评一半。由此可见，对于乡村民宿的饮食特色而言，当地的特色菜肴，地道土味，好的烹调手艺等，能够带给客人很好的饮食文化体验。

（三）休闲文化要丰富多彩

休闲文化是乡村民宿的核心条件。乡村民宿位于乡村，休闲文化活动有着更为广阔的空间、时间和形式，也是区别于标准酒店的重要因素之一。各地乡村都有其特有的休闲文化活动和内容，这既是乡村民宿吸引客人向往的所在之处，也是留住客人长期住宿的关键所在。如长阳清舍客栈的休闲文化，有的客人认为老板组织所有客人一起包饺子，气氛好，饺子味道也好；院子里有一只狗狗，不懂是什么品种，但是很爱吃零食，可爱；有的认为晚上酒吧有驻唱，适合过来发呆。有的认为酒吧的驻唱歌手唱歌真好听；有的认为咖啡馆暖和舒服，泡茶取暖的好地方。如宜都梵璞山居民宿的休闲文化，有的客人认为游戏机、K歌、桌游、游泳、钓鱼，亲子体验好；有的认为适合钓鱼，因为有泳池小朋友玩得很开心；有的认为室内游乐设施齐备，两只狗狗很黏人；有的认为K歌房、台球、游戏机齐备，还有躺椅、秋千，游玩项目多，是一个适合休闲亲子活动的好地方。其休闲文化好评占总点评三分之二以上，是调研乡村民宿中评价最高的。由此可见，对于乡村民宿休闲文化而言，游戏机、K歌、桌游、游泳、钓鱼、咖啡馆、酒吧等丰富多彩的休闲文化活动，能够带给客人很好的文化体验。

（四）接待文化要深入人心

接待文化是乡村民宿的核心条件。乡村民宿的内涵要素之一就是主人参与接待，也是区别于标准酒店的重要因素之一。这里的主人可以是业主、经营者、管家，或是对酒店整体了如指掌的人。乡村民宿的接待因接待人员不同，客人感受也不尽相同，这既是乡村民宿吸引客人向往的所在之处，也是客人心里感动之所在。如长阳清舍客栈的接待文化，有的客人认为老板态度超好；有的认为酒店老板、员工全都很好，很亲切，很有人情味；有的认为管家很快就来接我们，入住服务很热情；有的认为老板人很好，去的那天是生日，老板送了长寿面和一个慕斯小蛋糕，还在餐厅放生日歌；有的认为晚上和王管家K歌，王管家真是勤快人，前天说咖啡厅里要是有棵树挺好，第二天王管家就弄来一棵树。其接待文化好评占总点评三分之二以上，是调研乡村民宿中评价最高的。如宜都梵璞山居民宿的接待文化，有的客人认为老板热情好客，点赞；有的认为老板很热情，走时把包忘在房间老板娘及时打了电话，很感谢；有的认为老板服务态度很好，还送我们出去搭车；有的认为服务的漂亮姐姐非常热情，天太冷，看车窗玻璃结冰了，用专门烧的热水帮我们车窗玻璃解冻；还有善解人意的老板娘，看我们赞青菜好吃，晚上亲自带我们到自家菜地摘了一大堆菜送给我们，太感动了。其接待文化好评接近总点评的一半。由此可见，对于乡村民宿接待文化而言，热情、真诚、亲切、贴心、助人的民风民俗，能够带给客人很好的文化体验。

（五）提高体验的性价比

性价比是消费者关注的焦点，也是吸引消费者的关键因素。性价比高的商品消费者是没有抵抗力的，对商家和消费者都有利。研究的这5家宜昌乡村民宿，性价比最高的就是宜都梵璞山居民宿。携程网信息显示，其总评分最高4.9分，点评次数109次，推荐次数109次，推荐度100%。其中，休闲文化体验好评占总点评三分之二以上，住宿文化体验好评占总点评一半以上，这2项在被调研的乡村民宿中评价最高；饮食文化、接待文化体验，好评接近总点评一半。其主要特点在于距离宜昌仅1小时左右车程；拥有28间客房，规模相对较大；房价适中，十一期间满房，价格500~1000元/晚，十一过后只有250~640元/晚，淡季价格非常亲民；该民宿的休闲文化体验超好，非常适合打发闲暇时光，同时住宿文化、饮食文化、接待文化的体验都不错，109次点评无1次差评，高分评价。由此可见，对于乡村民宿性价比而言，高性价比的文化体验及亲民的房价等，是对客人最好的吸引力。

五、反思

针对地方文化背景下宜昌民宿产业发展研究，课题组确定相应的研究对象，构建地方文化背景下宜昌乡村民宿发展维度，通过宜昌乡村民宿入驻网络平台、网络评价基础、网络评价内容和网络房价这4个方面的研究，探析地方文化背景下宜昌乡村民宿4个方面的发展特点，并由此对地方文化背景下乡村民宿发展提出5个方面的建议。但在研究过程中，课题组认为仍有些问题值得深思。由乡村民宿的概念内涵可知，民宿的面积不大，利用的是闲置资源；主人需要参与接待，游客可以感受当地自然、文化特色，乡土气息浓郁，是比较小众的旅游接待设施。但目前各地乡村民宿的发展精品化趋势明显，设计高大上、用品现代奢华、房价动辄上千元，和高端度假酒店非常接近，非普通消费者所能承受。这和我们对乡村民宿的内涵理解一致吗？其发展前景在哪里？这种现象值得乡村民宿主、研究者、消费者乃至政府相关部门关注和商榷。

⊙参考文献

［1］高红艳.地方文化体验视角下青岩古镇民宿发展思考［J］.农村经济与科

技，2020，31（21）：97-99+136.

［2］王美钰.地方性视角下旅游地文化对乡村民宿发展影响研究——以平安壮寨为例［D］.广西：桂林理工大学，2020：82-86.

［3］文化和旅游部.关于发布旅游行业标准《旅游民宿基本要求与评价》第1号修改单的公告［EB/OL］.（2021-02-25）.http：//zwgk.mct.gov.cn/zfxxgkml/hybz/202102/t20210226_921876.html.

［4］陈子玥，刘力维.浅析地方文化在民宿设计中的体现［J］.艺海，2020（11）：156-157.

［5］余正勇，陈兴，李磊，等.民宿对乡村文化传承创新的评价指标体系构建［J］.四川旅游学院学报，2020（6）：21-24.

［6］周雨辰.美丽乡村建设背景下民宿设计研究——以南京复兴村民居改造设计为例［D］.南京：南京师范大学，2020：15.

［7］易红燕.基于生态文化旅游的乡村民宿发展研究——以宜昌乡村民宿为例［J］.宁波职业技术学院学报，2020，24（2）：92-98.

作者简介

易红燕，女，三峡旅游职业技术学院副教授，主要研究方向为旅游管理、高职教育。

云晶晶，女，三峡旅游职业技术学院航空工程学院副院长，讲师，主要研究方向为旅游服务与管理。

周任重，男，宜昌市文化和旅游局副科长，主要研究方向为旅游文化与服务。

孟小琴，女，宜昌求石民宿主，主要研究方向为民宿服务与管理。

电子商务在现代旅游市场营销中的应用

◎吴 倩

摘 要： 随着网络科技水平的不断提升，电子商务在各行业发展中展现出的优势也越发得到关注并得到了广泛应用，对旅游市场营销更是如此。我国电子商务在旅游业应用的时间有限，并且我国旅游业基础较为薄弱，在应用过程中发现了很多问题。本文对相关文献进行了梳理及总结，从电子商务在旅游市场营销环节的应用出发，通过相关研究调查，对电子商务在旅游市场营销中的作用、应用和目前存在的问题进行分析，进而找出相应的解决方法，旨在促进电子商务推动我国旅游市场营销的良好发展。

关键词： 电子商务；旅游业；旅游电子商务；旅游市场营销

随着我国国力和经济的快速提升，旅游业在我国得以快速发展。目前旅游业随着市场的变化与科技的进步，正逐步由量的扩张向质的提升发展，旅游产业和其他行业一样，面临着产业转型和结构升级。在互联网快速发展的大环境下，电子商务作为网络时代最重要的商业模式之一被应用到旅游行业中，它具有普遍性、协调性、安全性、可扩展性、集成性、高效性等特征，给现代旅游市场营销带来了诸多益处。

一、电子商务在现代旅游市场营销中的作用

旅游电子商务是以网络为主体，以旅游信息库、电子化商务银行等为基础，运用最先进的电子手段在旅游业及其分销系统运作的商务体系。简单说，旅游电子商

务就是为广大旅游业同行提供了一个互联网平台。

（一）打开新的宣传渠道

随着网络时代的快速发展，新媒体和传统媒体实现资源共享，能够针对同一内容进行线上线下宣传。新媒体具有信息传播速度快、受众面广、交互性强、可实时更新等特点，在宣传旅游产品时可以起到关键作用。尤其是它让消费者足不出户，就能在移动终端上接收产品信息，从而提高产品宣传力。

（二）开拓新的销售渠道

区别于传统的线下门店销售模式，网络销售如今已经非常普及。在旅游市场营销中，旅游企业也运用了线上和线下共同经营的销售模式，并且在旅游业各个环节得到了广泛的应用。例如，除携程、去哪儿、途牛这样的专业旅游出行 App 可以给消费者提供交通、住宿、门票等旅游产品之外，淘宝、美团、抖音这样的综合性强、日活量更大的平台也可以提供相关的旅游产品。区别于传统的单一化销售渠道，网络平台的受众面更广，且传播时效性更高，所面对的销售群体和规模更大，企业和平台同时扩大了经营范围，从单一的线下门店一对一的销售模式，扩大成了线上一对 N 的销售模式，同时缩小了时间、空间和距离对产品销售的影响。

（三）精准确立目标市场

任何产品的销售前期都要进行市场调研和分析，从而更精准地找准目标市场，进行针对性的营销和推广，这样才能取得更好的市场反馈。传统的市场分析时间长，效率相对较低，但是现在网络可以进行大数据分析，从而快速精准地锁定目标市场，为营销方案的制定提供了重要的数据支持。

（四）降低营销成本

传统的旅游产品销售需要层层分包，不仅导致企业销售成本增加，附加在旅游者身上的消费成本也会增加。现在的旅游电子商务宛如旅游企业与旅游消费者之间的桥梁，可以减少中间环节，直接达成 BtoC 模式，减少企业的经营成本和旅游者的出行成本。

二、电子商务在现代旅游市场营销中的应用

（一）确立目标人群

通过大数据分析，能够更精确地描绘用户画像，以及对用户进行行为分析，最终实现精准营销。大数据时代的用户画像颠覆了传统的营销路径，不仅可以理解需

求，而且可以预测需求。只要累积了足够多的用户数据，就能对消费者有更深入的了解，包括消费者的个人喜好、消费价格区间、消费行为习惯等。这是许多大数据营销的前提与出发点。大数据用户画像可在以下应用环节中实现商业价值转化。

（二）预订与销售业务

消费者可以通过旅游电子商务平台查询、预订交通、景点、食宿等信息，从而确定自己所需要的旅游产品，在网络平台进行预订和购买。

（三）旅游咨询服务

消费者可以通过电子邮件、社交媒体、在线聊天、直播电商等方式，了解和咨询旅游产品。这样的方式比传统的单一宣传交互性更强，可以更便捷地获取有效信息。

（四）旅游售后与评价反馈

旅行结束后，消费者可以在网络上发布自己的旅行过程、感受和评价。不仅可以自己记录旅游过程，也可以帮助其他消费者做出更好的消费决策和旅行计划，找到更适合自己的旅游产品。此外，也可以为旅游企业的旅游产品和发展提供有效的改进建议。

三、应用过程中存在的问题

（一）传统旅游企业的不重视

现在很多旅游企业已经搭建了自己的网站，但由于成本、运营和回报率等问题，大部分旅游企业自己运行的网站，还是以宣传介绍为主，是市场营销的辅助工具，而没有深度挖掘其销售价值。更多的旅游产品网络销售则放在了综合性平台。

（二）旅游电子商务人才相对匮乏

目前，无论是行业内还是高校人才培养，旅游电子商务都是薄弱环节。有做技术但不太懂旅游的，也有做旅游但是没有相关技术的。旅游电子商务需要的是既懂电子商务又熟悉旅游业特点的复合型人才，必须既有过硬的计算机操作技能，又有较高的网络技术，同时还具备旅游和营销方面的专业知识。

（三）网络安全问题

互联网时代最大的威胁就来自网络安全，很多人不太敢从网上购物的最大顾虑也是网络安全。这个安全是两个方面的：一方面，是否有病毒和黑客入侵，导致重要资料和商业机密的丢失，或者资金被盗；另一方面，是对于看不见的买卖双方的不信任,担心对方是否在实施网络诈骗等行为。

(四)消费者对旅游电子商务的信任度有待加强

这里的信任度和网络安全无关,消费者在现实中可以通过实体店的规模、旅行社的员工和当地的信誉度等信息,来判断所选企业是否值得信任,再考虑购买适合的旅游产品。但是在网络平台上,除了特别有信誉的销售平台和主播,大部分旅游产品和销售商,无法有效评估,在消费前都存在很多的不确定性,再加上网上水军和刷分现象的存在,消费者甚至无法通过客户评价来获取真实信息。

四、解决方法

(一)提升观念,重视发展

电子商务在现代商业中已经成为企业不可或缺的一部分,旅游企业亦是如此,所以不管是从政府到企业,还是旅游从业人员,都应该对电子商务的发展有正确认知,提高认识,重视发展。

(二)加强校企合作

旅游电子商务人才的缺失,是两方面造成的:一是电子商务在旅游业的快速发展,让人才的培养有滞后性,导致现有从业人员只能在实际工作中根据经验来学习;二是行业和学校的联系不紧密,相关专业人才的培养机制还有待加强。所以,现阶段应该从企业实际用人需求出发,加强校企合作,有针对性地培养企业所需的技能人才。学校也应根据行业的发展现状,加强相关领域的科研能力,走在行业前面。在技术上,加强学校和企业的合作,摸索探新引领行业的发展。

(三)健全政策法规

建立健全电子商务相关的政策、制度和法律法规,能够为行业的健康持续发展提供基础。人们在电子商务上购买服务和产品时,才会有安全和法律保障,这有利于促进行业快速且有效的发展,也是行业实现互惠互利、平稳发展的重要前提。

如今,电子商务的迅速发展,促进了旅游产业与信息化的融合,从而更加有效地推动了旅游市场营销的发展与拓展。目前旅游电子商务已经成为旅游发展的决定性因素之一,以此来不断实现市场的开发、旅游产品的营销,从而提升旅游产业的核心竞争力。

⊙参考文献

［1］张凡.博物馆旅游产品开发与市场营销策略研究［J］.现代营销，2018（7）：13-14.

［2］李念佳.分析工商管理学中的电子商务和市场营销［J］.中国国际财经（中英文），2017（14）：10-11.

［3］傅广海.电子商务与旅游产品市场营销［J］.四川商业高等专科学校学报，2001（2）：27-28.

［4］熊文浩，税正芬.谈电子商务在我国旅游业中的应用［J］.商场现代化，2019（2）：30-31.

［5］赵春燕.苏州旅游电子商务现状及发展策略研究［J］.电子商务，2009（5）：45-46.

［6］韩忠春，徐岸峰.电子商务在现代旅游企业营销中的应用［J］.商场现代化，2010（28）：36-37.

◉作者简介

吴倩，女，三峡旅游职业技术学院教务处干事，助教，主要研究方向为旅游管理和旅游市场。

茶与茶文化

传统文化视角的茶义引申与特殊义群生成

◎龚永新 张耀武 黄启亮

摘 要：语言是文化的载体和最重要的表现形式，研究语言有助于推动文化的继承与创新、交流与发展。茶义引申是指在茶本义的基础上，通过人的想象、联想、比喻、拓展等，进而生成新的义项或义群。在特定语境下，所生成的特殊义项或义群能使其通过语言表达的茶文化更加丰富、更为生动，具有更强的表达力和感染力。因此，本文通过对茶义引申进行简要阐释，重点分析茶义引申及其部分特殊义群的生成，强调茶义引申与特殊义群生成对茶文化创新发展的积极作用。

关键词：茶文化；语言；引申义；特殊义群；文化发展

一、茶的引申义

古代"字"亦称"词"，故字义即词义。所谓词义引申，指的就是从词的本义出发，沿着不同方向，向相关的方面延伸而产生一系列新的意义的过程。

（一）茶的本义与引申义

词的本义是指其最基本、最早的意义，茶的本义即茶树、茶叶。古人用"其树如瓜芦，叶如栀子，花如白蔷薇，实如栟榈，叶如丁香，根如胡桃"描述茶树。[1] 18世纪50年代，瑞典植物学家、植物分类与命名原则的奠基人林奈通过对茶树的研究，给出了茶树的植物学名，即 Camellia sinensis（L.）O. Ktze，从而明确了茶树属于山茶科山茶属茶种。茶叶是指茶树的芽叶及取其芽叶制作的产品，因产地、季节、加工方法等不同，或有不同的称谓，如吴人陆玑《毛诗草木鸟兽虫鱼疏》称：

"蜀人作茶，吴人作茗"；晋人郭璞云："早采为茶，晚采为茗，一名荈，蜀人谓之苦荼"。[2] 饮用茶叶，具有提神醒脑、清心明目、消食和胃、轻身换骨等功效。现代研究表明：茶叶内含有多种有益成分，对人体具有各种保健作用，茶叶与咖啡、可可并列，被誉为"世界三大软饮料之一"。

（二）茶义的一般引申

茶义引申是一种常见的词义运动，这种运动决定了茶义表达的宽度与深度，也决定了茶义覆盖的价值范围。一般的茶义引申，表现为茶的本义向产品器物、行为方式、制度规范及精神理念方面的引申发展生成新的义项或义群。由茶的本义向产品器物引申衍生出的引申义，如茶种、茶苗、茶山、茶乡、饼茶、散茶、绿茶、红茶、茶杯、茶盘等；由茶的本义向行为方式引申衍生出的引申义，如食茶、饮茶、煮茶、泡茶、施茶、敬茶、斗茶、品茶、茶膳、茶俗等；由茶的本义向规章制度引申衍生出的引申义，如茶政、茶法、茶贡、茶税、茶司、榷茶、茶叶专卖、茶马御史等；由茶的本义向精神理念引申衍生出的引申义，如茶人、茶圣、茶诗、茶词、茶谚、茶谜、茶功、茶效、茶道、茶德等。从语言学的角度分析，繁花似锦、博大精深的中华茶文化体系形成，正是这种词义引申运动的结果。

（三）茶义的特殊引申

茶义引申中的特殊引申，一般是在特定语境下，通过人们的理解或解读，从茶的固有词义中引申出临时意义，后约定俗成构成新的义项，并扩大成新的义群。如《诗经》曰："有女如荼"（注："荼"，茶的古称），把女子比作荼。唐人以茶为少女美称，诗人李群玉《娇娃诗》云："镇日自牙牙，茶茶憨可夸"，这里的"茶茶"指的就是少女；晚唐李匡乂在《资暇集》里，更著有"阿茶"条，称那时的公主们为"茶子""阿茶子""阿茶"等。金代有诗曰："牙牙娇语总堪夸，学念新诗似小茶"，诗中的小女孩又有了"小茶"的别称。元代人有将女孩直呼为"茶"者，《虎头牌》剧中也将旦角称"茶茶"。明代《水东日记》中，更是依次将"孙女五"作"小茶、三茶、增茶、顺茶、相茶"称。可见，在大体相同的语境下，通过长期、不断的词义引申运动，"有女如荼"便衍生出了一类有着"茶女"含义的特殊义群。[3]

二、茶义引申视域中的特殊义群分析

（一）文化符号

茶的世界是一个符号的世界，在茶义引申过程中，语境不同，会生成各种意义的文化符号。以茶的称谓为例,唐代诗人杜牧《题茶山》中的"山实东吴秀,茶称瑞草魁";五代吴越诗人皮光业的"未见甘心氏,先尝苦口师",其中的"瑞草魁""苦口师",就是与不同语境,从不同角度理解或解读茶,生成的具有某种特殊意义的文化符号,类似的还有"涤烦子""不夜侯""余甘氏""鸡苏佛"等。"茶痴"指有饮茶嗜好、与茶结缘很深的人,人称"茶痴"的陆羽、卢仝、皮日休、李清照、张岱、乾隆、蒲松龄、汪士慎等,他们不仅爱茶、喝茶、研究茶,且都是典型的、有"茶故事"的人。

古代寺院的"茶堂""茶寮"等,是指僧人啜饮香茗,招待施主、宾客,讨论佛理禅道,切磋经论的地方。寺院内法堂上悬挂的"茶鼓",用来击鼓招集众僧饮茶,烧水煮茶的人叫"茶头",布施茶水的人称"施茶僧",供奉佛祖的有"奠茶",僧人茶饮的为"普茶"等,这些文化符号都有特殊含义。然而,寺院中最具特色的文化符号还是"茶禅","茶禅"体现了茶事活动与参禅悟道的密切联系,代表了茶文化与禅文化的融合,即禅宗需要茶叶协助修行,嗜茶推动茶文化发展,同时茶味与禅味的追求相似,从而为茶、禅融合提供了契机,生成了"茶禅"这一特殊文化符号。唐代诗人钱起有一首《与赵莒茶宴》,诗云:"竹下忘言对紫茶,全胜羽客醉流霞。尘心洗尽兴难尽,一树蝉声片影斜。"[4]将钱起与赵莒茶宴之乐描绘出来,竹下品茶、醉对忘言、蝉声树影、洗尽尘心,一种世外淡然的"茶禅"心境跃然纸上。

(二)生活方式

在我国,茶是各民族的生活必需品,无论是汉族还是少数民族,人们普遍饮茶,并通过茶义引申以体现不同的生活方式,分享对茶的特殊体验。汉族人民饮茶大多推崇清饮,认为清饮最能保持茶的纯粹,体现茶的本色,领略茶的真趣,如"品龙井""啜乌龙"等属于多数汉族人的生活方式。处于不同环境下的少数民族,受其传统习俗的影响,在茶的生活方式上表现则不同。如藏族酥油茶、侗家打油茶、白族三道茶、蒙古族咸奶茶等,代表的是不同少数民族特殊的生活体验。

以往,笔者曾就长江三峡地区民间茶俗做过一些调研,发现沿长江码头随处可见的吊脚楼里有"歇脚茶",有为山民们喜爱的"苞米饭、懒豆腐、油茶汤";有朴实的峡江人习惯于用"砣砣肉、毛把烟、膏子茶"待客的习俗;还有高荒地区人们离不开的"火坑屋"与"罐罐茶";等等。其中"歇脚茶""油茶汤""膏子茶""罐罐茶"就分别代表了处于三峡地区不同环境下普通百姓的生活方式,这些生活方式适应不同的环境要求,带给人们的体验也不一样。[5]

（三）流行风尚

唐代封演《封氏闻见记》卷六中，记载了各地饮茶流行情形时，指出："南人好饮之，北人初不多饮。开元中，泰山灵岩寺有降魔师大兴禅教，学禅务于不寐，又不夕食，皆许其饮茶。人自怀挟，到处煮饮，从此转相仿效，遂成风俗……于是茶道大行，王公朝士无不饮者……穷日尽夜，殆成风俗。始自中地，流于塞外。"杨晔的《膳夫经手录》中，"今关西、山东，间阎村落皆吃之，累日不食犹得，不得一日无茶。"[6]这说明早在唐代，民间生活中的饮茶，就是一种流行风尚，所谓"茶道大行"，确切地说，也是一种"茶风盛行"的现象。

佛教认为茶是养身正心之物，寺院饮茶早在宋代即成"和尚家风"。据宋代普济的《五灯会元》记载："问如何是和尚家风？师曰：饭后三碗茶。"宋代道原《景德传灯灵》卷二十六："晨起洗手面盥漱了吃茶，吃茶了佛教前礼拜，归下去打睡了，起来洗手面盥漱了吃茶，吃茶了东事西事，上堂吃饭了盥漱，盥漱了吃茶，吃茶了东事西事。"[7]可见"和尚家风"的"饭后三碗茶"对于佛家弟子生活的必要性和重要性。当今世界可谓茶风炽盛的时代，近来称"茶风"，也有理解为在此环境中，通过潜移默化，长期熏陶，从而形成的以茶人为主的温文雅致、行成于思、有宽宏大度之意的特殊人群。

（四）人生寓意

茶义引申过程中，生成具有人生寓意的义项是比较丰富的。据说，著名哲学家冯友兰先生曾在为好友金岳霖八十八岁生日祝寿时，作了一副对联，对联为"何止于米，相期以茶；道超青牛，论高白马。"其中"米"象征"米寿"，"茶"象征"茶寿"，通过对"米""茶"的拆字推算，"米寿"正好是八十八，"茶寿"则为一百零八。也就是说，"米"和"茶"在此都与人寿相联系，是具有人生寓意的特殊义项，相对于"米寿"，"茶寿"更长，冯友兰先生所作的对联中"何止于米，相期以茶"，既表达了"米寿"祝寿之意，更体现了对好友"茶寿"高寿、长寿的良好祝愿。

"茶如人生，人生如茶"，这里的茶体现的也是一种寓意。一般情况下，人们理解的人生之路，酸甜苦辣咸五味俱全，且大多会经历一个由苦到甜、由甜至多味的过程，茶味的变化也有这样一个过程。因而，饮茶的人就会很自然地把茶味的变化与人生的这种经历联系起来。在云南白族人的生活中，有一种被称为"绍道兆"的"三道茶"就很好地隐喻了这二者之间的联系。用茶及各种原料配制成"苦茶""甜茶""回味茶"，顾名思义，以隐喻人生，尤其是第三道"回味茶"，形象地解读了经历过酸甜苦辣之后,形成的那种各味俱全、回味无穷的人生体验。所以在白族人的眼里,品"三道茶"就是在体会人生经历、品味人生的意义。

(五)民间信仰

居住在云南德宏地区的德昂族中流行一首名为《达古达楞格莱标》的叙事诗,诗称茶叶是人类和万物的始祖,其中诗曰:"茶叶是茶树的生命,茶叶是万物的阿祖,天上的日月星辰,都是茶叶的精灵化出。""一百零二片茶叶在狂风中变化,单数叶变成五十一个精悍小伙,双数叶化为二十五对半美丽姑娘。茶叶是德昂命脉,有德昂的地方就有茶山。"正因如此,德昂族人祭拜天地众神,都离不开茶叶,而茶叶本身又是列祖列宗的象征。[8]

图腾是一种古代文化现象,图腾崇拜是指关于人与某一图腾有亲缘关系的信仰。我国有一些少数民族,他们以茶为图腾祖先,典型的如世居大巴山并分布在川鄂西地区的土家族人,他们最崇拜的氏族始祖是"茶叶之子"。相传,土家族氏族始祖为"八部大王"("八部大神"),称其母苡禾娘娘吞食茶叶怀孕,怀胎3年6个月,生下"八部大王",所以以茶为图腾祖先。[9]不仅如此,后来人们还仿照这一传说,擂制出本族人喜爱的"擂茶",让婚后新娘常喝此茶,喝了此茶可以"早生贵子",以至于这一古俗沿袭至今。

(六)践行精神

《晏子春秋》记载:"婴相齐景公时,食脱粟之饭,炙三弋、五卵,茗菜而已。"意思是说,晏子身为一国之相,但生活清廉节俭。魏晋南北朝时期,南齐世祖武皇帝以茶示俭、陆纳以茶为素业,桓温以茶代替酒宴,他们自觉践行,带头扭转社会风气,其中又以陆纳以茶待客、茶为素业的事例最为典型。唐代陆羽《茶经》中讲:"茶性俭,最宜精行俭德之人",进一步从精神层面揭示了茶性与人性的联系。北宋文学家黄庭坚也有诗曰:"粗茶淡饭饱即休,补破遮寒暖即休,三平二满过即休,不贪不妒老即休。"所谓以茶示俭、茶为素业、茶性俭、粗茶淡饭等,从特殊义群的角度,体现的都是这种"清廉精神"。[10]

中国茶传入欧洲后,欧洲人将茶融入自己的生活,创造出适合自身特点的茶话会形式。18世纪后,这种茶话会盛行于英国伦敦的一些俱乐部组织,在俱乐部里,人们边饮茶、边研究学问,称之为"茶杯精神"。这种精神也很特殊,至今为英国学术界沿袭。值得提及的是,随着中国茶及茶文化的广泛传播,中华民族的客来敬茶传统礼节也在世界各地进一步发扬光大,虽然大家饮着不同的茶、采用不同方法敬茶,但是客来敬茶过程贯穿的精神是一致的,这种精神就是"好客精神"。

(七)审美意象

茶,尤其是名茶,是一个真实的世界,也是一个意象的世界。这是因为我们品鉴茶叶,尤其是品鉴名茶,常会受一些情景的影响,从而在情景交融的背景下生成某种意象。五代时期,蜀人毛文锡《茶谱》中描述蜀州有"蝉翼者,其叶嫩薄如蝉翼也。皆散茶之最上也。"用极薄鲜嫩茶叶原料制作的上好散茶,叶嫩"薄如蝉翼","薄如蝉翼"是一种意象。如果说"眼中之竹"是现象,那么"心中之竹"就是意象,这种意象又会成为艺术家的"手中之竹",诞生于20世纪50年代末期的南京雨花茶,茶师们将茶的外形与革命先烈的精神联系起来,以最具青松品质的松针为意象,从而创制出了具有特殊寓意的、富于美感的南京雨花茶。[11]

日常生活中,茶、茶具、泡茶、品茶等,都能促使人们联想起它的审美意象。例如,用玻璃杯泡一杯上等绿茶,通过观赏细嫩芽叶在热水中吸水舒展和运动,脑子会生成"茶舞"的意象。这样的意象生成,表现在同一款茶的冲泡上,往往也会随着技艺表演变得更加丰富。以工夫茶茶艺为例,"洗杯"生成"白鹤沐浴"的意象;"烫杯"生成"青瓷生烟"的意象;"落茶"生成"观音入宫"的意象;"注水"生成"凤凰三点头"的意象;"悬壶高冲"生成"高山流水"的意象;"刮沫"生成"春风拂面"意象,还有"关公巡城""韩信点兵"的意象;等等。

(八)和谐氛围

茶义引申成以组织形式体现的茶会(宴),给与会者的感受往往是气氛融洽、兴趣盎然、愉快温馨、尽兴而归的,所以茶会(宴)风靡历朝历代,经久不衰。以乾隆独创的"三清茶宴"为例,作为清廷重要的君臣雅集活动,每年正月都有举办。所谓"三清茶",是指以雪水烹茶,加上梅花、松子仁和佛手柑三种雅品组合成茶。以"三清茶"宴请文人雅士,不涉政务,品茶赋诗,和谐氛围,以示恩宠。夏云虎赋诗赞美这一宫廷茶宴:"传出柏梁诗句好,诗肠先为涤三清。"[12]至于近代出现的茶话会,融茶会与茶话为一体,保留了古代茶会、茶宴品茗叙谊、交流论事的内容,更体现了自然、和谐的氛围特点,茶话会也逐渐成为世界性的习俗。

茶馆类似一个"小社会",茶馆的环境不仅适合沟通与交流各种信息,而且茶馆宁静安逸、温馨祥和的气氛也有利于人调适与舒展性情。例如,忙碌之人进茶馆,举止会变得悠闲;怨愤之人进茶馆,心境会趋于平和;性急之人进茶馆,心情会觉得舒缓;郁闷之人进茶馆,情绪会变得开朗。茶馆营造的和谐氛围,有助于培养亲善、祥和的人际关系及心境,以至于各地沿袭至今的"吃讲茶",就发生在茶馆里。在茶馆里,和谐的氛围能使双方静下心来,自觉接受调解,消除矛盾或冲突，将人际关系修复如初。

三、茶义引申与特殊义群生成对茶文化发展的推动

有人形容字、词义的引申，类似人类的繁衍一样，父生子，子生孙，孙又生子，子子孙孙绵延不断。以此可说明茶义引申与特殊义群的生成，在推动茶文化发展上发挥着积极作用。

（一）丰富茶文化现象，深化茶文化内涵，扩大茶文化边界

如前所述，"茶道""茶艺""吃茶去""三道茶""客来敬茶""茶禅一味"等，都是通过茶义引申运动生成、具有特殊内涵的义群。这种由茶义引申运动生成的特殊义群，一方面丰富了茶文化现象，即它使茶从具体事物，发展到覆盖更多的领域，渗透到各类人、事、物之中，使茶文化变得丰富多彩。从类型上看，涉及以物态形式体现的茶文化、以行为方式体现的茶文化、以规章制度体现的茶文化，以及以精神信仰体现的茶文化。

另一方面，特殊义群的生成，深化了茶文化的内涵。例如，在古人眼里，茶不仅"有味"，茶也"有德"。唐代刘贞亮就认为"茶有十德"，即"以茶散郁气，以茶驱睡气，以茶养生气，以茶除病气，以茶利礼仁，以茶表敬意，以茶尝滋味，以茶养身体，以茶可行道，以茶可雅志。"佛家弟子笃信"茶有三德"，一是以茶坐禅，可以清心涤虑，彻夜不眠；二是以茶消化，可轻神气；三是以茶"不发"，即能抑制淫欲。当代茶学家庄晚芳先生更是结合传统文化的继承与茶文化发展的实际，将"中国茶德"概括为"廉、美、和、敬"，其中"廉"即"廉俭育德"，"美"即"美真康乐"，"和"即"和诚处世"，"敬"即"敬爱为人"。[13]可见，正是由于这样的不断丰富与深化，将"茶德"拓展到了伦理学、美学、社会学、民俗学等多个领域。

（二）增加茶文化乐趣，提升茶文化品位，增强茶文化魅力

在我国，茶与婚俗就像一幅多姿多彩的风俗画卷，许多形象生动、幽默风趣的婚俗表现，也与茶义引申及特殊义群生成相联系。例如，苏州民间有一种特殊的职业，叫"茶担"，专事婚丧喜庆烧水泡茶、招待客人。在婚礼中，茶担要表演"跳板茶"。所谓跳板茶，就是茶担手托茶盘作跳舞状献茶，为讨个口彩。表演跳板茶要做到身段柔软、脚步稳健、节奏轻松，手托茶盘，不能让茶水溅出。跳板茶仪式既是婚礼中最热闹、最吸引人的环节，又是滑稽的表演艺术，它使婚礼现场充满欢乐的气氛。在云南洱海地区白族人的婚宴上，按照当地风俗，举办的"蜜蜂

茶""蝴蝶茶"仪式同样富于乐趣且寓意深刻。[14]

茶在宗教信仰、风俗习惯、道德情操、学术思想、文学艺术、科学技术、制度规范等领域的引申运动，直接推动了茶的高雅文化形成。一方面，人们因茶产生灵感、获得启发，把茶写入诗词、书画、歌舞、影视中，使其形成更高的意境，获得更多美的享受。如宋代大文豪苏轼在《次韵曹辅寄壑源试焙新茶》中，诗云："戏作小诗君勿笑，从来佳茗似佳人"；通过撰写《叶嘉传》，把茶塑造成一位具有高洁刚正、恬淡飘然品格的正人君子等，堪称高雅茶文化标杆之作。另一方面，茶义引申与特殊义群的生成，使茶与体、道理论结缘，将茶文化的研究发展提升到哲学的高度，形成新理念或认识。这些在文学家苏轼与司马光二人的"茶墨论"中，以及在理学家朱熹对于建茶与江茶的比较中，都有足够的说明，给人以深刻的启示和教育作用。

（三）推动茶文化传承，促进茶文化交流，适应全球化发展

茶宴，作为宴请客人的一种组织形式或特殊仪式，在我国始于唐，盛于宋，流传至今。浙江径山万寿禅寺的茶宴历史悠久，享誉海内外，作为茶文化的载体，后流传至日本，成为日本茶道之源。日本佛教史上第一位"国师"圆尔辨圆、日本茶道先驱者南浦绍明等日本僧人都曾来径山寺参学，并将径山茶宴直接引入镰仓幕府、室町幕府时代的日本博多（今福冈）、镰仓、京都等名城古都的禅宗寺院中，通过与日本本土文化融合发展，逐渐演变成为"日本茶道"，成为日本大和民族的民族特色之一。[15]

客来敬茶既是中华民族的传统美德，也是一种高尚的礼仪。随着茶与茶文化的传播，内涵丰富的客来敬茶传播到世界各地，并与多元文化融合，现成为各国人民普遍倡导的待客之道。例如，土耳其人习惯在炎热的夏季，取出中国眉茶或珠茶，在冲泡的茶汤中放入薄荷叶，加入适量的冰糖，用"薄荷茶"招待客人；印度习惯于用"调味茶"招待客人，并摆出水果和甜食作为茶点；在英国，人们不仅有"床茶""晨茶""下午茶""晚茶"等饮茶习俗，"客来泡茶"也是他们接待朋友的最好方式，其中以产生于19世纪的"下午茶"最为考究，最能体现大英帝国的特色；在俄罗斯，"乡间茶会"也是一种中西文化交流融合的产物，"乡间茶会"既有中国的茶礼、茶仪元素，又不乏欧洲贵族们崇尚的奢华与浪漫。

文化全球化是文化发展的一种必然趋势，文化软实力作为现代社会发展的精神动力，越来越成为各国民族凝聚力和创造力的重要源泉，越来越成为一个国家综合国力竞争的重要因素。重视茶文化载体的研究，推动茶义引申运动，促进特殊义群生成，丰富茶文化语言现象，拓展茶文化语言内涵，不仅是促进茶文化传承与茶文

化交流，主动适应茶文化全球化发展的需要，同时也是立足我国茶文化发祥中心，发挥茶文化资源优势，讲好茶文化故事，提升茶文化软实力，提升国家综合实力竞争的需要。

⊙ 参考文献

［1］吴觉农．茶经述评［M］．2版．北京：中国农业出版社，2005：1．

［2］陈书谦．始于巴蜀的绿色茶文化起源与传播［J］．人与生物圈，2020（2）：72．

［3］祝昊冉．"茶"为小女美名考［J］．寻根，2017（2）：52-53．

［4］蔡镇楚，施兆鹏．中国名家茶诗［M］．北京：中国农业出版社，2003：15．

［5］龚永新．三峡茶文化的昨天、今天与明天——兼论茶文化的当代创新发展与未来走势预测［J］．重庆三峡学院学报，2013（5）：2．

［6］郭孟良．中国茶史［M］．太原：山西古籍出版社，2003：31．

［7］宋时磊．唐代茶史研究［M］．北京：中国社会科学出版社，2017：52-53．

［8］陈辉，吕国利．中华茶文化寻踪［M］．北京：中国城市出版社，2000：35-37．

［9］陈红，田强．自强与和合：土家族茶叶种制技艺与饮用习俗的文化内涵［J］．理论月刊，2015（9）：75．

［10］杜昌宏．粗茶淡饭［J］．新湘评论，2014（10）：47．

［11］龚永新．名茶："按美的规律"创造的对象世界——兼论名茶产业链上的创意渗透［J］．茶叶，2013，39（1）：46．

［12］向斯．清代的三清茶宴［J］．茶（健康天地），2011（10）：66-67．

［13］庄晚芳．再论茶德精神——廉、美、和、敬［J］．茶叶，1993（4）：3-4．

［14］龚永新．茶文化与茶道艺术［M］．北京：中国农业出版社，2006：155．

［15］余悦．日本茶道的源头与当今茶人的学风——从一则新华社电讯谈起［J］．农业考古，1998（2）：7-8．

✎ 作者简介

龚永新，男，三峡旅游职业技术学院教授，主要研究方向为茶学、茶文化。

张耀武，男，三峡旅游职业技术学院副校长，教授，主要研究方向为茶文化、传统文化、文化旅游。

黄啟亮，男，湖北三峡职业技术学院副教授，主要研究方向为茶学。

茶疗茶养

◎高小芹 陈 明

摘 要：茶在中国有几千年的历史，喝茶养生的观念自古有之。本文从茶疗的概念与分类，古代茶疗的发展，近代茶疗的现状，六大茶叶的主要疗效，以及茶疗的主要适应病症等方面对茶疗进行阐述，并从茶叶冲泡与品饮、茶道礼仪与精神、茶叶旅游与休闲三个方面提出了茶叶对现代人类的滋养作用。

关键词：茶疗；茶养

茶叶自古以来就有药用、食用、饮用等功效，茶叶用于治病养生的历史悠久。茶史学者一般都认为，在没有茶叶药用的文字记载之前，茶叶早已作为治疗之用，口耳相传。西汉以后，有关茶的药用价值，历代茶学和医药学专著的记载多不胜数，其中唐代著名医学家陈藏器在《本草拾遗》中指出"诸药为各病之药，茶为万病之药"，对茶的药用价值评价之高达到最甚。

一、茶疗之定义

（一）茶疗的概念

"茶疗"一词由林乾良教授在1983年"茶与健康文化学术研讨会"上首次提出。尽管历史上有百余种专著论及茶叶的药用功效，但都没有使用"茶疗"一词，而是茶药、茶加药、药茶、茶方等词。林乾良还指出，茶疗的定义有广义与狭义之分，包括单味茶（为茶疗之主体）、茶加药与代茶。我们认为，茶疗是指用茶叶组成单方或复方，用沸水冲泡或稍加煎煮后，取其汤汁饮用，用以防病治病和养生保健的一种自然疗法。所谓"单方"，是指只使用一种茶品作为药物；所谓"复方"，是指可使用一种以上的茶品配伍，以配合病症的需要。而茶疗强调的是用茶叶作为治疗药物，强调茶叶是指山茶科山茶属的植物茶和普洱茶［Camellia assamica（Mast.）Chang］的嫩叶或嫩芽，而不泛指其他科属与茶叶有相同功能的植物。

（二）茶疗的分类

宋朝的《和剂局方》《太平圣惠方》和明朝的《普济方》等中医学巨著中，都单列有"药茶"的专篇。例如《太平圣惠方》第97卷的《药茶诸方》中收录了8个方剂。其中，有茶叶的4方，无茶叶的4方。从尊重史实出发，大多数学者认为茶疗分为三类，即单味茶（为茶疗之主体）、茶加药与代茶。代茶其实无茶，用的是其他食物或药物，但"一依煎茶"（宋《太平圣惠方》）。

本文按茶疗的组方形式将茶疗分为以茶代药、茶药结合、以药代茶三大类。

"以茶代药"是指单用茶叶冲泡或稍加煎煮后饮用的疗法。每种茶就是一味中药，不同茶叶的性味归经、功能及临床应用也不一样。为了治疗一些较为复杂的病症，茶疗医师会把不同的茶叶组成配方，以配合病症及患者的需要。根据个人的体质和病情需要选用和配伍合适的茶叶，就能起到防病治病的作用。

"茶药结合"是指茶叶与其他中药一同使用。此类茶疗组方有两种：一种是以茶叶为主，配合适当的配料，如普洱茶加菊花或红茶加玫瑰花。这样组方是为了增强茶叶的功效，或消除茶叶的某些副作用，调和茶叶的偏性，使之发挥更理想的治病保健作用；另一种是以其他中药为主，配合适当的茶叶或以茶汤送服，如"川芎茶调散"。这种组方是利用茶叶的性味、功能，增强其他中药的治病能力，使之共收疗效。

"以药代茶"是指采用茶叶以外的原料组方，用冲泡或稍加煎煮的方式制作及饮用，属于广义的茶疗，又称为"代茶饮"或"代茶"。不少书籍记载的茶疗，并非使用山茶科植物，而是以其他药物入药，如冬青科冬青属的苦丁茶、菊科菊属的菊花茶等。还有一些复方的茶剂，如五花茶、夏桑菊茶等，都是以茶叶以外的原料组方，煎煮成茶剂服用。虽然这些茶剂都加上"茶"字，但并非山茶科的茶叶，因此不是真正意义上的茶疗。

二、岁月之沉淀

（一）古代茶疗的发展

"神农尝百草，日遇七十二毒，得荼而解之。""荼"即为茶，最早在神农时期茶已经有药用功效了。先秦至汉晋时期是茶疗的初始期，《神农食经》记载："茶茗久服，令人有力悦志。"饮茶使人精神饱满。从中医发展来看，只有先食用才能发现其生理活性，所以才有"药食同源"的说法。东汉时期，著名医师张仲景的《伤寒杂病论》中提道："茶治便脓血甚效。"三国魏人张揖的《广雅》记载，饼茶"捣末，置瓷器中，以汤浇覆之，用葱、姜、橘子芼之。其饮醒酒，令人不眠"。唐宋时期是茶疗的成形期，医学著作中出现了大量关于茶疗的记载。宋代茶疗已成为官方疗法之一。宋代的《太平圣惠方》《太平惠民和剂局方》及明代的《普济方》等官方医学典籍中，都有"药茶"专篇。唐朝孟诜的《食疗本草》有关于茶治"热毒下痢""腰痛难转"的记载。宋朝郭稽中在《妇女方》中提道："茶能治产后便秘。"《兵部手集方》记载，茶可治"久年心痛五年十年者"。陆羽的《茶经》中也记载："茶之为用，味至寒，为饮，最宜精行俭德之人，若热渴、凝闷、脑疼、目涩、四肢烦、百节不舒，聊四五啜，与醍醐、甘露抗衡也。"唐宋时期的茶疗已经出现茶醋调服、茶丸剂、茶散剂等，且在《兵部手集方》《妇人方》《普济方》等医书中均有所记载。这使得中医茶疗又迈向了一个新时期。明清时期可谓茶疗的鼎盛期。李时珍在《本草纲目》中对茶疗进行了系统性总结，指出："茶苦而寒，阴中之阴，沉也，降也，最能降火。火为百病，火降则上清矣。然火有五，火有虚实。若少壮胃健之人，心肺脾胃之火多盛，故与茶相宜。温饮则火因寒气而下降，热饮则茶借火气而升散，又兼解酒食之毒，使人神思爽，不昏不睡，此茶之功也……"茶疗的应用范围几乎遍及内、外、妇、儿、五官、皮肤、骨伤各科及养生保健等。此外，茶疗的剂型已由原先的汤剂，发展为散剂、丸剂、冲剂及以药代茶饮多种。

（二）近代茶疗的发展

近代以来，茶叶中的营养成分和功效不断被人们发现，茶疗体系日益完善。但受西医文化思想的冲击，中国传统中医在一段时期被国人所忽视，经历了一个由中西汇通向中西结合的理念转变过程。在这种背景之下，茶疗步入一个全新的发展时期。在药理及生化等新型科学实验方法的积极推动下，我们已知茶叶中含有茶多酚、生物碱、茶多糖、茶色素、维生素、氨基酸、矿物质元素等多种有益人体的化学成分并了解了其功效。随着中药炼制技术的不断进步，将茶叶中的有效成分制成胶囊、冲剂等保健品已成为时下的流行趋势。袋泡茶、速溶茶、浓缩茶及罐装茶等更为简便的饮茶方式，以及近年来异军突起的调饮茶越来越受到现代人的青睐。以茶代药，茶疗养生的观念已为更多人接受。

三、疗效之神奇

（一）各类茶叶的主要疗效

中国茶叶种类繁多，名称各异。虽然不同茶类所含化学成分大致相同，但由于受到不同品种、产地、生长环境、采收时间及方法、制茶工艺等因素的影响，不同茶类在性味与归经方面存在着一定的差异，医疗功效自然也各有侧重。

（1）绿茶。性味：味甘、苦，性寒凉。中医归经：归心、肺、肝、胃经。功效主要有：清热解毒、除烦、生津止渴、提神醒脑、消暑利水、清利头目、治痢、治便秘、益寿。

（2）白茶。性味：味甘、苦，性寒凉。归经：归肺、肝、胃、心经。功效主要有：止咳平喘、清热解毒、平肝潜阳、生津止渴、消暑利水、健齿护牙。

（3）黄茶。性味：味甘、苦，性凉至温。归经：归脾、胃、心、肺经。功效主要有：健脾温胃、祛痰止咳、清热解毒。

（4）青茶。性味：味甘、苦，性凉至温（视发酵及焙火程度而定）。归经：归心、胃肝、脾、肺经。功效主要有：提神醒脑、解郁悦志、去腻消食、生津止渴、消脂、止泻治痢。

（5）红茶。性味：味甘、辛，性温。归经：归心胃、肾、肺经。功效主要有：活血通脉、温阳散寒、暖胃止泻、下气止逆。

（6）黑茶。性味：味甘，性温。归经：归脾、胃、肾、肝、心经。功效主要有：消滞去腻、解煎炙毒、温胃养胃、祛风醒酒。

（二）茶疗的适应病症

茶叶能治疗的疾病范围很广泛，但考虑到茶疗特点及其研究价值，我们把茶疗法的适应证归纳为以下四个方面。

（1）某些需要长期服用中西药的慢性病。茶叶有良好的降糖功效，而且饮用方便，如果可以代替中西药物，可以大大减轻患者的心理负担。除控制血糖外，茶疗亦可与中西药配合，减少中西药物的剂量，或帮助治疗糖尿病的并发症。

（2）某些运用现代医学方法疗效不佳的疾病。譬如，过敏性鼻炎。患者常因季节变化、环境污染、精神紧张等诱因而反复发作。运用茶疗法则可利用某种茶叶具有入肺经祛风解毒的功能，迅速缓解症状。同时，以茶为药，饮用方便，味甘气清，既可在短时间内舒缓症状，也可以长期饮用，以预防鼻敏感的复发。

（3）某些精神及心理障碍性疾病。例如抑郁症等。"身心并治，形神共养"是茶疗的一大特色。茶疗讲求"环境""心境""意境",在治疗身心疾病上,茶疗是一种适宜的治疗方法。

(4)某些反复发作的身体不适而查不出明确病因者。例如,偏头痛等。现代都市人由于工作时间较长,往往无暇煎药或针灸,导致不少人症状反复发作。茶疗对于一些头痛等不适症状,往往即刻见效,更是避免了患者长期服用止痛药所带来的潜在风险。

四、身心之滋养

茶,这一源自东方的千年神秘饮品,已升华为文化图腾。在现代快节奏生活中,茶不仅是精致生活的象征,更是滋养身心的良药。文人墨客在著述中谈论养生茶疗者颇多。唐代柳宗元在《为武中丞谢赐新茶表》赞道:"调六气而成美,扶万寿以效珍。"唐代颜真卿的《五言月夜啜茶联句》中提道:"流华净肌骨,疏瀹涤心原。"宋代吴淑在《茶赋》中写道:"涤烦疗渴,换骨轻身,茶荈之利,其功若神。"明代高濂在《遵生八笺》的"茶泉类"专论一章里,集中谈论了识茶、采茶、泡茶等茶事活动,带给人们一种亲近自然的养生状态。清代名医尤乘在《寿世青编》中提到的"十二时无病法",更是强调了茶在养生保健中的重要地位。

由此可见,茶养是一种有益于身心健康的滋养方式。在现代生活中,茶养让人们学会慢下来、静下来,去感受生活的美好与真谛。

(一)茶叶冲泡与品饮:清香溢杯,品味悠然

泡茶技艺的学习,不仅是锤炼观察力与动手能力的过程,更是一场对茶艺美学的感悟之旅。品茶的仪式感,让忙碌的生活瞬间变得宁静而从容。在喧嚣的都市中,走进一间布置雅致、气氛宁静的茶室,品茶成为一种难得的静谧时光。茶室内,古色古香的家具、简约而不失品位的装饰,以及窗外的绿色景致,共同营造出一种远离尘嚣的宁静氛围。

(二)茶道礼仪与精神:雅韵传承,心境和谐

陆羽在《茶经》中写道:"茶之为用,味至寒,为饮,最宜精行俭德之人。"首次明确地将茶性与人的美好品行联系在一起。茶道、茶礼、茶精神之培育,犹如春风化雨,润物无声。它教导我们以礼待人、尊重他人。在茶会之上,主客间相互敬让、谦逊有礼,这既是对中华民族传统美德的传承与体现,亦是对茶道精神的践行与弘扬。

（三）茶叶旅游与休闲：茶韵之旅，休闲心灵

茶叶旅游，是一场深入茶韵的心灵之旅。在这片宁静的茶园之中，人们得以悠然自得，尽享大自然的恩赐。在这里，人们与茶、与自然、与内心和谐共融，感受那份久违的宁静与平和。跟着制茶师傅采摘与制作茶叶，体验茶叶从绿叶到杯中香茗的蜕变。在翠影轻舞间，感受匠心独运的魅力茶韵之旅，这不仅是一次视觉与味蕾的享受，更是一次内心的洗礼与升华，也让人在品味茶香中找寻到生活的宁静与美好。

⊙ 参考文献

［1］卫民，何翠欢. 中国茶疗法［M］. 北京：人民卫生出版社，2021：11-12，82-104.

［2］吴玉冰，魏飞跃. 浅谈中医茶疗史［J］. 中医药导报，2010，16（2）：4-6.

［3］林乾良. 茶疗专题讲座——第一讲 茶疗概述［J］. 茶叶，1993（3）：47-51.

［4］马冬梅. 以茶养智、以茶养性、以茶育德——茶艺教学在中职学生素质教育中的功能探讨［J］. 科技资讯，2014，12（23）：243-244.

［5］万桐豪. 以茶润心，以茶养德［J］. 环境教育，2024（4）：93.

［6］徐波. "以茶养德"与"以德治国"［J］. 茶叶，2001（2）：52-53.

［7］夏思营，李果，李肖宏，等. 浅谈中医茶疗的研究进展［J］. 广东茶业，2020（5）：6-9.

［8］姚丽梅，范文昌，李丽娜，等. 茶疗"治未病"在养生保健中的应用价值［J］. 食品界，2023（4）：59-61.

✎ 作者简介

高小芹，女，三峡旅游职业技术学院酒店烹饪学院党支部书记，教授，主要研究方向为旅游餐饮。

陈明，男，三峡旅游职业技术学院酒店烹饪学院教学二级主任，主要研究方向为茶树栽培与茶叶加工技术。

茶产业助力宜昌乡村振兴发展研究

◎景振华　陈　明

摘　要：实施乡村振兴战略，是以习近平同志为核心的党中央着眼党和国家事业全局作出的重大决策，是新时代新征程"三农"工作的总抓手。乡村振兴最重要的就是乡村产业发展，立足本地支柱性农业产业，做大做强做特乡村产业是关键。文章对宜昌市支柱性农业产业茶产业进行分析研究，探讨茶产业延伸发展问题。通过深入梳理与分析宜昌茶产业（涵盖茶文化、茶产业、茶科技）的发展现状，并立足于此现状，探析茶产业发展路径。茶业发展应找准产业重点和定位，明确发展规划，推进产业结构优化升级，健全专业产业链，从茶文化、茶产业资源整合、品牌打造、茶旅融合及茶产业科技创新等方面为宜昌茶产业现代化发展提出优化策略，全面提升其发展优势和市场综合竞争力，从而使乡村振兴战略得以贯彻落实，加快宜昌新农村建设进程。

关键词：乡村振兴；茶产业；资源整合；融合发展

一、乡村振兴的国内研究

乡村振兴战略不仅体现了党中央和习近平总书记对农村经济问题与社会建设的重视，还精准掌握了我国社会整体发展特征与情况，是国家促进新农村建设的重要目标与要求，也是美丽乡村建设的重要引领。

国内有关乡村振兴的研究最早出现在20世纪30年代，梁漱溟先生提出"参与式"乡村发展思想，并在山东省邹平市进行乡村建设实验，注重通过培养农民社会革新能力来推动乡村经济发展和社会进步并展开实践与研究。虽然这是在中华人民共和国成立前的探索和实践研究，但其出发点、实践探索和理论研究的落脚点均基于"三农"问题以及乡村发展。

中华人民共和国成立后，我国农村的公社化运动和集体经济的发展使得这一时期的乡村发展具有深刻的计划经济的时代烙印。自改革开放以来，我国乡村发展取得了令人瞩目的成就，但相对于城市来说还有较大差距。党中央一直都非常重视"三农"问题和乡村振兴发展工作。自2004年至今，中共中央每年发布的一号文件都是关于"三农"问题的。

2017年习近平总书记在党的十九大报告中明确将乡村振兴提升到国家战略高度。2018年，中共中央、国务院发布的《关于实施乡村振兴战略的意见》详细描绘了乡村振兴战略的美好蓝图和目标任务：截至2020年为第一阶段，乡村振兴取得重要进展，制度框架和政策体系基本形成；第二阶段到2035年，乡村振兴取得决定性进展，农业农村现代化基本实现；第三阶段到2050年，乡村全面振兴，农业强、农村美、农民富全面实现。

近年国内研究乡村地域特色产业发展和乡村振兴战略的论文和成果不少。其中刘合光在乡村振兴的战略关键点和方法上有较多研究成果。李明研究的方向主要在发展职业教育助推乡村产业发展和技术支撑进行乡村振兴方面的研究。李才研究员认为乡村振兴有赖于特色产业发展和人才的可持续建设与更新，乡村振兴建设与更新有赖于优势产业发展的服务供给。他提出引入技术媒介、打造乡村学习型、创新型社区，以及助力乡村"双创"、繁荣乡村经济与文化发展等构成了乡村振兴的主要技术与平台路径。还有很多专家学者对于地域优势产业发展和乡村振兴做了有效的分析和研究，从各方面提出了很多有针对性的建议和对策。

二、茶产业发展与乡村振兴的研究述评

在能够给出的多个乡村振兴战略中，结合当地优势产业，发展和打造乡村核心特色产业，带动"三农"发展，属于核心和重要方略。综合宜昌乡村振兴中地域乡村产业的发展实际，应因地制宜，优先发展具有持续增长力与综合带动力的特色主导产业。茶产业从农产品的生产加工、销售渠道到品牌属性、社会使用价值，从商品耐储存和较强文化的特性，再到围绕茶产业链发展的一、二、三产业融合并构建乡村产业体系等多方面来看，都是宜昌乡村振兴发展中不可缺失且不能被忽视的重

要抓手。

国内关于茶产业发展、乡村振兴和农村经济发展的分析研究如下：在《中国茶产业优化发展路径》一书中，张士康教授概括总结了中国茶产业发展过程中的各项关键要素，用创新思维对茶产业现代化发展提出优化路径；中国人民大学茶道哲学研究所王雅清教授结合在贵州、湖南、广东等地对茶产业发展情况进行实地考察的结果，对茶产业的未来发展提出了很多建议和对策；浙江大学农业与生物技术学院通过对径山茶与文化创意融合发展的分析研究，提出加大政策扶持力度、拓展电商营销渠道、挖掘径山茶文化内涵、发展深度体验茶文化旅游等对策和建议；安康学院陕南生态经济研究中心姬诺、刘乐等提出发展茶旅文化产业、延伸茶产业链条、发掘和利用整合茶文化优势资源为茶产业的发展提供助力；刘彦青结合当前媒体融合发展的时代背景，探讨了贵州茶产业怎样融合各媒体宣传平台，以呈现出更多元报道，达成跨界宣传模式的转变。类似以上这些从不同视角和研究角度对茶产业发展和乡村振兴进行研究的成果还有很多。

三、宜昌乡村振兴中茶产业现状及原因分析

（一）宜昌茶历史悠久，茶产业和茶文化底蕴厚重

宜昌地处长江中上游接合部，长江出三峡的西陵峡与江汉平原接壤处，产茶历史悠久[1]。从上古时代神农尝百草，发现茶的解毒功效，到西晋文献《荆州土地记》的记录："武陵七县通出茶，最好。"[2]从唐代陆羽《茶经》中的八出——"山南以峡州上"，到北宋曾任夷陵县令欧阳修留下的"春秋楚国西偏境，陆羽茶经第一州"的美誉可见，宜昌自古就是茶产业和茶文化的重要发祥地。特别是17世纪开始，鄂西地区（以湖北的宜昌市、恩施土家族苗族自治州和湖南的石门县为主要生产区域）的毛茶通过五峰渔洋关集散、精制、包装，然后通过水路转运至汉口连接中蒙俄万里茶道[3]，因而五峰古茶道也成为武陵山产茶区到蒙古国、俄罗斯万里茶道的重要茶源和组成部分，该茶路也被称为"宜红古茶道"。明清时期，以上述鄂西地区所产"宜红茶"为代表的宜昌茶叶已成为朝廷贡茶。"宜红茶"是具有鲜明地理特征的传统出口红茶，通过万里茶道远销俄罗斯和欧亚大陆，"宜红"也成为丝绸之路和万里茶道上重要的茶叶品牌，与祁红、滇红齐名，并称我国三大传统工夫红茶，驰名中外[4]。明清时期，以宜红茶为代表的宜昌诸多茶品种和茶品牌就已成为朝廷贡茶，并享有很高的社会知名度[5]。宜昌地区具有独特的茶产业生态优

势，要充分发挥好这个优势。

（二）宜昌茶产业现状分析

宜昌因地制宜发展茶产业是巩固拓展脱贫攻坚成果同乡村振兴有效衔接的必然要求。作为湖北甚至全国重要产茶区和传统名茶主产地，2022年，宜昌茶叶种植面积就有95.97万亩，产量高达9.27万吨，综合产值超120亿元人民币。茶叶产量和种植面积居湖北省第二位，综合效益居湖北省第二位。宜昌茶叶主产区茶叶收入占农民纯收入的一半左右，茶产业是部分县市脱贫攻坚的支柱产业和山区经济的重要支撑。宜昌的茶叶种植和产量虽在国内排在前列，但"宜红"这一传统优势地域品牌的没落，直接导致宜昌在茶叶贸易和茶文化研究、茶产业发展中的影响力逐渐减弱。茶叶生产企业和地方政府在发展过程中缺乏整体定位和战略眼光，各自为政。近年成立的茶叶龙头企业宜茶集团虽通过资本收购尽力整合了较有名气的采花毛尖、萧氏毛尖、昭君白茶等特色小众品牌，但因为没有围绕"宜红"这一传统知名优势品牌完成市场整合和重塑与品牌再造，导致在竞争日益激烈的茶叶市场上缺乏竞争力，错失了"东湖会晤"等历史性发展机遇，产业发展受阻。

（三）宜昌茶产业发展后劲不足的原因分析

1.僵化的管理体制导致最具优势的宜红品牌发展式微

宜红品牌的坎坷命运与宜昌历史上最具优势的宜红茶产业发展的式微，其外部原因包括近代以来交通运输业的跨越式发展，改革开放后沿海与内地经济发展的不平衡，传统宜红出口的俄罗斯等地经济发展的缓慢等，这些因素致使宜红品牌没有得以大规模发展。中华人民共和国成立后，在长期计划经济体制下，宜红品牌和茶产业发展与管理都过于僵化，政府在生产、资源分配以及产品出口方面的指令性政策使宜红脱离传统产区，计划行政主管部门独家经营和使用"宜红"茶商标，导致"宜红"茶的生产区域管理和出口管理都出现严重的缺位、错位。改革开放以后，与其他茶叶品牌近二十年的发展比较，宜红品牌主管部门的管理运营不善和管理错位也束缚了相关企业的发展积极性。这使得至今为止在宜红品牌的资源整合上办法不多，错失了较多发展机遇，宜红茶也难以实现颠覆性的技术进步和品牌革新。

2.茶产业资源整合不足，产业布局缺乏整体定位和长远规划

谈到宜红茶的历史荣光，再比较今天宜昌的茶产业现状，不难发现，宜昌近二十年的茶产业发展，从培育茶树品种到企业品牌打造，无论政府还是企业，早期对茶文化、茶品牌在茶叶市场和茶产业发展中的作用都缺乏长远和整体的发展眼光，主要表现在对传统宜红品牌的宣传、挖掘和打造上的滞后。茶叶生产企业各自

为政,没有打造统一茶叶品牌的意识和战略,导致宜红茶文化厚重但与茶产业深度融合不够。目前经过宜茶集团这一龙头企业的整合,虽投入巨大,但在新媒体营销和品牌推广上仍然办法不多,在竞争日益激烈的茶叶市场上还是实力薄弱缺乏竞争力,产业发展受限。茶产业发展统一规划不足,茶文化与茶产业深度融合不够,从政府层面到企业至今都没有从长远上布局以宜红茶为代表的茶产业和旅游业融合的高效双赢融合发展,主管部门缺少融合发展的衔接和实际的沟通,解决如何整合区域特色优势资源,实现产业融合发展的问题,才是现今地域经济发展和乡村振兴中产业品牌打造的关键点和着力点。

3. 茶产业链和茶叶科技发展水平不高、创新意识不强

宜昌茶产业不缺龙头,但龙头企业的品牌引领不足,对茶文化历史的挖掘和宣传不够,创新能力不强。这导致改革开放以后的三十多年宜昌茶园的产品质量反而低于过去,茶叶生产进行的"红改绿"及后来经济效益的降低导致茶叶种植结构不合理,茶产业加工的工艺设备在配套标准方面存在问题,茶叶的科技含量、综合开发和精深加工应用不足,导致宜昌的茶叶产品总是被收购后做了外省优势品牌的贴牌产品,茶产品整体处于出口外销和产业链产业分工体系的底端。没有充分挖掘宜红茶历史和品牌的独特价值,茶历史文化挖掘、利用、宣传不够,在茶品牌建设上管理粗放,品牌多、杂、乱,而网络销售平台上的渠道打造和品牌宣传能力不足,营销平台和方式单一,缺乏"互联网+"整体思维,茶产业整体的科研和科技水平不足,茶叶及其相关茶文创和茶叶健康、茶保健衍生发展产品产业的深加工、精加工和一体化发展不足。

四、宜昌茶产业在乡村振兴中的发展建议

就如何挖掘和传承宜昌茶产业在茶产地和茶文化的重要历史地位和价值,巩固和拓展脱贫攻坚中茶产业的良好发展基础,做好宜昌茶产业助力乡村振兴,推动具有优势的地域特色茶产业链延伸和拓宽,需要进一步加大茶文化、茶产业、茶科技的资源整合与统筹融合发展,进而开展茶产业助力乡村振兴战略的研究。

(一)茶产业的发展战略和标准化建设

1. 宜昌茶产业的核心发展产品定位必须明确

农产品和其他商品的产品特性和品牌具备一个天然的区别和优势,那就是地域优势。农产品得到市场认可和消费者认同的首先是得天独厚的区域公共品牌,在区

域公共品牌的影响和推动下，当地的龙头企业和特色拳头产品将这种优势化为自身的竞争优势，变成当地的超强支柱产业。这区别于普通商品和知名企业依据自身单一的企业实力塑造的市场品牌。

宜昌产茶，众人皆知。鹿苑黄茶、采花毛尖和九畹溪云雾历史知名，邓村绿茶、萧氏毛尖等产品作为绿茶典范，以及近年打造的长盛川青砖茶和昭君白茶也已在全国享有一定的知名度。但宜昌茶产业最知名、最具地域优势的区域品牌是与祁红、滇红齐名的宜红，这就使宜红成为宜昌茶产业中如同三峡大坝在旅游行业一样具有优势地位且独一无二的区域品牌。宜红作为茶文化和茶产业发展历史中不可多得的品牌，可谓既是第一又是唯一的茶产业和茶文化综合体，所以在宜昌茶产业发展中，应根据这一优势制定明确的茶产业发展定位和发展战略，应加大对宜红品牌的扶持培育力度，做好产业定位和发展战略后制定标准，以此扶植龙头企业——宜茶集团，利用这一优势公共品牌来打造具有企业竞争优势的产品和企业文化，让更多的茶企因为投资、经营、建设宜红区域优势公共品牌而分享其发展带来的影响力和竞争力。因为宜红的影响力能让更多消费者了解体验到采花毛尖、萧氏毛尖、昭君白茶和鹿苑黄茶等企业品牌和特色小众品牌。

2. 茶树品种的改良和优化

加快对宜昌宜红、采花毛尖、昭君白茶和鹿苑黄茶等茶叶品种和种植的区域布局调整和结构优化，对低产园和衰老品种进行改良和更换，抓好无性系良种选育。建设一批高标准无性系茶园，实行各茶叶品种有机茶树的统一标准的种植管理，通过完善的茶叶种植、收购、制茶系统的监管和追溯平台，做好茶叶产品的品质把控，以确保茶叶质量安全，提升其品质标准。

3. 逐步建立完善的宜昌茶产业国际标准体系

借鉴国内外优秀农产品标准和质量控制体系，按照国际绿色及环保认证标准，出台宜昌茶地方性法规，制定严格统一的宜昌茶质量标准体系，打造宜昌各项茶品种特别是宜红茶的国际标准，以此指导宜昌茶产业发展。同时，针对包括农残超标、重金属超标、以次充好等问题在内的茶叶质量问题制定规范。使宜昌茶产业具备与具有国外先进标准的茶产地竞争的资本，逐步走出去恢复和开拓国际市场。

4. 茶产品的改良和创新

茶产品除传统地产品生产和销售渠道外，应积极研究和探索适合市场和消费者需要的新产品，增加茶产品的创新发展，除现在红茶市场出现的红碎茶、"红砖"茶、"米砖"茶外，还要逐步开展适合年轻人和女性的调味茶、果茶、花茶和袋泡茶及相关新兴发酵茶类及其他茶类衍生产品的研发和创新，并推出相关产品，鼓励推动龙头企业例如"采花"向"喜茶""奈雪"学习经验，创建宜昌宜红的品牌网红茶饮店，打造一批将宜昌宜红、宜昌茶企业自有品牌与文化相融合且与宜昌旅游文化特色相联系的文创系列产品，尝试进入更多的大众消费渠道。

（二）茶文化的资源整合、挖掘和创新

1. 宜昌宜红茶文化的挖掘和资源整合利用

建议由市政府牵头，成立由政府企业共同参与"宜红茶品牌促进会"，制定宜红的专项发展规划。探索建立以市场为导向、以宜红为核心品牌、以其他企业特色品牌为辅开拓市场，以产业化、科技化和标准化为保证的生产经营宜昌茶产业的战略机制。

培育和打造好"宜红"这一具有明显地域特色和优势的区域公共品牌。用市场手段推动品牌整合，形成茶产业名牌产品集群。加大在项目资金补偿与扶持、品牌宣传推广、专业技术人才与科学技术等方面的支持力度。在茶园和茶叶基地实施品牌化标准管理，推进企业产品品牌化、茶文化品牌化、茶产品品牌化的三位一体品牌化规范管理战略，推进以宜红茶为主，其他知名茶叶为辅的宜昌茶产业区域品牌地理标志、原产地域保护、知名品牌创建示范区建设。

2. 加强宜红文化研究来提升茶产业品牌内涵

任何商品的品牌建设都离不开品牌文化的挖掘和打造，宜红品牌内涵的提升也需要宜红的文化建设来支撑，加强宜红文化的硬件和软件建设，建议在政府引导下，以宜昌茶叶协会和三峡茶文化研究会、三峡茶博馆（峡州茶学院）为主体，以宜红品牌文化研究为重点，加强政府、高校和茶企的合作与联系，对宜红茶文化的丰富内涵进行挖掘与整合研究，编撰出版宜红茶文化书籍和宜昌茶文化题材的文艺作品。通过茶事活动和现代融媒体技术进行宜红品牌与宜昌茶文化研究的展示，进行全方位的品牌文化宣传和推介，以此来提升以宜红茶为代表的宜昌茶产品在全国乃至全世界的品牌影响力。制定保护"宜红古茶道"规划，规划建设高标准的"宜红博物馆"，使宜红文化和宜昌茶品牌发展成为中国茶文化的典型活态历史代表。

3. 推进宜红文化与茶产业、茶品牌的深度融合

整合、挖掘、研究宜红茶文化历史，除推出宜红茶文化题材的书籍和文艺作品外，更重要的是以普及和宣传宜红茶文化为主题，与三峡茶博馆（峡州茶学院）合作，传播茶艺和茶礼仪、喝宜红茶健康等内容，通过系列"小手牵大手"活动组织研学，让学生把宜红茶文化和历史从学校带进机关和社区。

积极申报国内和国际茶叶博览会，筹办国际茶叶茶产业高峰论坛，开展宜红文化和宜红茶产品产销对接的系列活动，打造具有鲜明特色的、极具旅游吸引力的宜昌地方宜红茶文化节。把人们通常在茶产业和展销会的看茶、喝茶、吃茶、品茶活动，与具有宜红和宜昌地方特色茶文化的诗词、曲艺与歌舞和书画活动相结合进行展演，在茶文化消费中展现出宜昌的茶文化渊源、茶文化底蕴和茶文化内涵，走"产""学""研""旅"深度融合发展之路。

4.支持茶产业、茶文化与旅游业融合发展

建立文化旅游和茶产业融合发展的协调机制，积极支持扶持茶企业和文化旅游企业的合作，开展集茶叶种植、生产、制作、运输、品牌、茶艺礼仪和茶文化、旅游、体验于一体的现代茶产业示范园区建设。开展"最美茶乡"和茶旅小镇的旅游资源开发，瞄准茶旅融合的发展前景，规划在宜昌部分茶乡筹建打造以宜红茶叶研发、生产、加工为核心，以宜红茶文化推广及旅游为亮点，以茶园、茶馆、茶街为载体，联合打造宜红古茶道特色国际精品旅游线路等旅游产品，开发自驾游项目，促进茶旅与文化产业的跨界跨业深度融合发展。

5.茶产业的文化发展与乡村文明建设相协调

在乡村文明建设中，推进宜红茶和宜红古茶道与拥有地域文化特色的民间曲艺和戏曲、民间民俗艺术等文化遗产传承融合发展，把带有宜昌特色茶文化的茶诗、茶歌、茶礼和茶俗活动与宜红的文化渊源、茶文化底蕴和内涵融合在乡村和乡风文明建设中，茶产业的振兴和发展对农业发展、乡村振兴和农民增收至关重要，通过宜红品牌的建设来做大茶产业、大扶贫、大旅游、大健康、大文化是乡村振兴发展的方向。把美丽茶乡建设成城市的后花园，把宜红古茶道、古村落、古遗址保护开发与改善茶山农村人居环境、茶农精准扶贫脱贫、茶旅文化旅游、休闲旅游、体育运动等有机结合起来，助力乡村振兴[6]。

（三）茶科技的不断创新发展和应用

1.统筹规划，加强宜昌茶产业品牌的媒体宣传推介

在政府的统筹规划组织引导下，重点研究如何以现代媒体为依托，做好宜昌茶产业品牌有重点定位和规划的统一宣传和推介，在交通、商务、旅游、工商、民航等行业部门做好宜红茶产品和品牌的展示展销，在三峡机场、高铁站、城市广场综合体、酒店、重点旅游景区、高速公路服务区、特色餐饮店等设置茶产业宣传专销渠道，推动和支持宜昌茶产业品牌在电视电台、车站、机场和户外等媒体的广告宣传。

2.要结合大数据和网络宣传推动宜昌茶品牌建设

积极利用大数据和网络平台,加快"宜红古茶道"和宜昌茶品牌的数字化网络建设,筹建"宜红古茶道"和宜昌茶品牌的电子信息系统。要着力打造"宜红古茶道"和宜昌茶品牌的公共文化空间。加大宜昌茶品牌的茶叶电商和出口建设推广力度。支持宜昌茶品牌企业、经销商开设宜昌茶品牌茶庄、茶楼、茶馆,创新宜昌茶品牌茶叶营销体验模式。

3.推动茶科技的不断创新发展和应用

在精准推出和实施宜红茶精品名牌战略时,除打造传统高端礼品茶和商务茶双向产品外,鼓励并推动宜昌茶企业进行深加工和科学研究,使茶叶及其他茶类衍生产品在饮品、食品、保健、医药、建筑、化工等领域发挥作用,造福社会。借助新工艺、新材料、新技术做大做强茶科技,为宜昌茶产业和旅游城市的深入融合发展作出贡献。

乡村振兴战略是美丽乡村建设的重要抓手。针对宜昌茶产业发展的现状和产业链延伸发展的路径笔者提出以下建议:积极探索和研究挖掘宜昌茶文化深厚的积淀,助力茶乡打造乡村旅游主题特色文化品牌;因地制宜促进"产""学""研""旅"深度融合发展;通过深度挖掘"宜红古茶道"的历史文化来带动茶产业的传承和创新发展;通过"宜红"这一地域公共品牌带动茶产业茶文化协调发展;借助新技术做大做强茶科技,茶旅文化特色区域和产业融合发展,把文化旅游和农业产业、现代服务业和茶产业的突出优势相结合,统筹茶产业、茶文化和茶科技融合发展,为宜昌乡村振兴和突出地域特色的茶产业和茶文化优势融合发展作出贡献。

⊙参考文献

[1]湖北省地方志编纂委员会.湖北省志·贸易[M].武汉:湖北人民出版社,1992:800.

[2]张耀武,龚永新.宜昌历史茶文化资源及其旅游价值[J].重庆文理学院学报(社会科学版),2010,29(6):85-87.

[3]陈文华.湖北在万里茶道中的地位与品牌复兴的路径选择[J].决策与信息,2016(6):16-24.

[4]曹绪勇,张新华,许爱国,等."宜红茶"源流考[J].中国茶叶,2017,39(5):48-52.

[5]黄柏权,黄天一."宜红古茶道"初论[J].农业考古,2018(2):215-

220.

［6］黄柏权，肖竹. 试论"宜红茶区"线路遗产地方社会价值及其保护利用［J］. 烟台大学学报（哲学社会科学版），2019，32（3）：102-111.

◆ 作者简介

景振华，男，三峡旅游职业技术学院酒店烹饪学院院长，三峡旅游研究所秘书长，主要研究方向为茶文化、旅游市场营销。

陈明，男，三峡旅游职业技术学院酒店烹饪学院教学二级主任，主要研究方向为茶树栽培与茶叶加工技术。

宜昌茶俗漫谈

◎ 何宏江

摘　要：本文重点介绍了宜昌茶俗，简要说明了宜昌地域特征和历史名茶，展现独具峡江特色的三峡茶文化。生活在古峡州地带的宜昌人茶饮方式，既有汉族崇尚的清饮，也有土家族独特的油茶汤和罐罐茶。宜昌人的婚丧嫁娶、日常待客、祭祀、大型仪式、茶楼、民歌中体现的丰富的"茶礼"，表明茶在宜昌人心目中不仅是饮品和礼节，更是敬神待客的尊崇之物。

关键词：宜昌茶俗；饮茶方式；饮品；礼节；茶俗发展方向

一、宜昌茶、茶文化及茶俗

说起宜昌茶俗，不得不从宜昌茶说起。宜昌自古以来就是茶乡，拥有丰富多彩的茶文化和茶俗，今天重点介绍宜昌茶俗。

"茶者，南方之嘉木也。"茶圣陆羽的《茶经》开篇之语（出自《茶经·一之源》的第一章），而今已是诸多茶人耳熟能详的名言名句。"茶之为饮，发乎神农氏，闻于鲁周公。"传说，"神农尝百草，日遇七十二毒，得荼而解之"。这是迄今为止发现的关于茶的最早文字记载。陆羽的这段话说明，早在远古时期，三峡一带的祖先已学会利用茶的药饮价值。

历史上的宜昌，出现过许多名茶，诸如唐后期贡茶峡州明月、碧涧、茱萸、芳蕊、小江园等，因李白《答族侄僧中孚赠玉泉仙人掌茶（并序）》（引用自《谈古论今：李白与他唯一的茶诗》）而闻名遐迩的当阳玉泉寺仙人掌茶，清时贡茶远安

"鹿苑茶"，以及诞生于18世纪中期被称为"贡熙"的"宜红茶"……众多的文人雅士茶客也与宜昌结下茶缘，留下许多脍炙人口的茶事佳话。茶，无疑是宜昌的一张绿色生态名片。这张名片，刻满了几千年的历史风霜印记，却仍旧青葱碧绿，散发着悠悠茶香。历史名茶、名山、名水、饮茶习俗、制茶技艺、饮用方法，汇成独具峡江特色的三峡茶文化。生活在古峡州地带的宜昌人的茶饮方式，既有汉族崇尚的清饮，也有土家族独特的油茶汤和罐罐茶。

二、宜昌区域婚俗中的"茶礼"

旧时婚俗中，自始至终许多礼俗都与茶有关联，以致有些地方把婚礼看作"茶礼"；女子受聘于男家则说是"受茶"。这一切，似乎都是从男家请媒人去女家"送茶"开始的。长江三峡之东的鄂西南地区（包括湖北宜昌市属各县及鄂西恩施土家族苗族自治州），地处长江、清江与巴山、武陵山脉之间，沟谷纵横，云雾缭绕，是一个著名的茶乡。这一带所产的宜红茶、容美茶（"容美"当与改土归流前的"容美土司"有关）、巴山茶、玉露茶、清江茶等，都颇有名气。当地民众喜茶爱酒，蔚然成风。因而，在传统婚俗中，茶在其中自然担负重任。按照古朴风习，这一带的婚嫁礼仪大致分为"放话""过路""朝年""求喜""过礼""陪十兄弟""陪十姊妹""发亲""迎亲""拜堂""圆房""回门"等十多道程序。几乎每一道程序都要设宴饮酒、好茶待客。限于篇幅，这里我们只说男家向女家的"求喜""过礼"——"送茶"。男家向女家定亲（实际上是求婚，即"求喜"）行聘，要用猪肉、羊肉、牛肉、茶叶等贵重礼物。因山道崎岖，贺喜、"送茶"的人前呼后拥，所以只能把这些"茶礼"全放在一个大背笼里（俗称"羊背酒"）。到了女家，由男家"执事"向女家先呈"立菜单"，而后再把礼物逐件奉上。媒人则领着未来女婿拜见岳父岳母。女家设宴，盛情款待未来的"东床佳婿"。

有关"放话""朝年""求喜""过礼"等婚俗，明清之际的《湖北通志》有所载述。清同治年间《长阳县志》《长乐（今鄂西南五峰土家族自治县）县志》亦有载录。略谓："男女幼时便议婚姻，谓之'放话'。聘定后，每于年节必多备酒盒遍送女家族戚谓之'朝年'。将娶，前数月报吉，谓之'求喜'。前数月（或日）纳采，谓'过礼'……既定盟，有力者每逢年节相馈遗。男女成人，男家具茶礼，请媒领其子正月至翁家拜年……前期行纳采礼，具服饰、钗环，随贫富为差，曰'过礼'……"这些典籍资料所载虽与前述口承文化大体相近，但两者的区别也较为明显。前者的"茶礼"及"纳采礼",突出的为"服饰""钗环"之类贵重、典雅的礼物,显然代表中上层家庭的婚姻礼节;而后者的"送茶"礼物,则是"羊背酒"及茶叶一类的土产山货,代表的自然是贫苦下层人家的婚俗礼仪。

现在宜昌不少地方办红事,流行吃"鸡蛋茶",即随份子之外另外增加的人情钱。酒席上专门有人端着茶挨个敬。受茶之人要有所表示,少则几十元,多则百元以上。当然,也有更省事直接的,那就是每桌发个本子和一支笔,轮流奉上"鸡蛋茶"礼金并记账。家住宜昌市西陵区窑湾乡沙河社区的杜乃群女士告诉笔者:她曾经与邻居到周边夷陵区分乡去送情,面对他们并不了解的"鸡蛋茶",他们集体拒绝了,算是对社会上增加经济负担的不好风俗的抵制行动吧!虽然有点儿不近人情,但也是对打着"茶礼"旗号的不良习俗的改革呼唤吧!

三、宜昌"锅巴礼性"(宜昌方言,指规矩、面子)多,开门待客"泡茶"头一个

据宜昌地方史志及民俗研究者王念时先生介绍,在宜昌,家里来了客人,欢欢喜喜地迎进门,冲着自家堂客(妻子)、大女幺妹喊一声:"烧开水,泡茶!"宜昌城区泡茶的器具随着时代发展而变化,从最开始的陶瓷杯过渡成玻璃杯、搪瓷杯,再从塑料杯、紫砂杯转换到陶瓷杯。也就是宜昌老话里所说的:"三十里玩龙灯,转哒一圈又转回来了!"印象最深的普通家庭泡茶使用较多的是搪瓷杯。20世纪70年代前,宜昌城区住房多半还是板壁房、土墙房、单砖平房,到了冬天不生个煤炉子就得架个火笼。先不管家里熏得"乌漆麻黑"(宜昌话"很脏"),反正"热乎"才是第一位的。如果有客来访,泡茶的时候先把家里的大瓷缸子(搪瓷杯,城区称作"茶缸子")洗净擦干,把茶叶放在大瓷缸子里煨在炉子或火笼旁边烤边摇动,待茶叶烤出了香味,就冲开水进去,然后分装小瓷缸子(城区称作"茶杯子")递给客人喝。20世纪80年代后,物资供应慢慢充裕,国家也慢慢富强,民众也慢慢有钱,泡茶也慢慢变得讲究了。泡茶有规矩,喝茶也有讲究。据说饭后茶消食,空腹茶利胃;但午茶提精神,晚茶难入寐是事实。因为伤五脏应该不喝烫茶,还是温茶最好。要是想喝凉茶,在宜昌最值得推荐的还是宜昌以前家家户户都有的"一匹罐"(宜昌话叫"凝清茶"或"林檎茶")。"一匹罐"寄托着宜昌人的记忆与乡愁。宜昌民俗专家杜心宁先生在其《漫谈宜昌的饮品》(宜昌炎黄文化研究会2021年11月7日文章)一文中专门介绍,在外地生活的宜昌籍人士彭海文还用心考证了林檎树的发源地及特性。

宜昌俗语说得好："头道烟，二道茶。"还有说："烟抽头一口，茶喝第二杯。"宜昌人喝茶有一些不成文的规矩，比如茶泡好后，要细咽慢饮，品尝其味。喝茶时如果水太烫，要静等水冷一些了再喝，而且喝茶不能把茶水全喝干，大约喝到茶水六成就又要"掺水"（宜昌话"加水"），二道茶的美味尽在其中。

笔者的家乡长阳及邻县五峰等区域是土家族聚居的地方。这些区域的乡村古来盛行土家"罐罐茶"，即在火笼屋里的柴火坑里用陶罐或砂罐煨泡茶水。基本程序就是先用高温烘干砂罐，然后放入绿茶，继续在火笼的火中抖动砂罐，此时散发出浓浓的茶香，注入热水后就可以喝了。这与王念时先生介绍的宜昌城区用搪瓷缸子烘烤泡茶有异曲同工之妙！这些年代久远的土家罐罐、搪瓷缸子虽然陈旧，却承载着家族的记忆与人间烟火里的温馨。笔者家里就收藏了父亲遗留下来的煨茶罐。父亲曾经告诉我，这个罐子传到他手里已历经三代人了！

土家族人特别爱茶，具有独特的茶礼，且茶礼繁多。最高贵的茶礼则是"筛茶"，贵宾临门都会用筛子装上碗，碗里盛上满满的茶或者油茶汤让客人享用。土家人信奉"积德有德在"，认为"施得三年茶，不生娃的也生娃"。因而这种施茶习俗一直保留至今。邻近宜昌的恩施土家族苗族聚居区域，则有来了客人之后，主人递过来一个茶缸轮流喝的习俗。笔者有亲戚在恩施，亲自体验过此习俗，这表达的是一种亲近感，但在当下，特别是年轻群体中恐怕不能被接受。也许这是需要改良的茶俗。

民歌中也能听到茶风俗的声音，了解到茶风俗的内容。宜昌关于茶的民歌实在太多，多是描写爱情的。宜昌非遗传人、民俗专家文耀棠先生创作的一首烧水泡茶时唱的五句子歌写道："水瓢清早把水下。火钳火笼把火架，炊壶装水钩上挂，铜罐儿炕在柴火架，请君品尝农家茶。"还有一首更好："鸦雀子尾巴撒。飞过去呀加几加，飞过来呀加几加，小幺妹，你忙烧茶，外头客来哒！"有些戏文唱得不错。比如某花鼓子戏，生角先说开场白，然后旦角唱："手把板凳拖两拖，敬请丈夫你上坐，等我倒杯茶来喝。走到厨房打一转，没有茶盘用手端，端到我的郎面前，敬请郎君把茶喝……"但民歌大多是即兴而为。比如正月十五闹元宵玩龙灯，城里商家都会首先给玩龙灯的一人一杯茶，玩完了给"打发钱"（宜昌话"辛苦费"）。可是有的商家想要龙灯在他门口多玩一会儿，磨磨蹭蹭不给"喜钱"，龙灯领头的就会唱："吃了茶来多谢茶，吃茶不能算打发。老板打发出了手，游春好去拜别家。"

宜昌也有在茶楼喝茶听戏的风俗，也许是因为宜昌地处巴楚咽喉的缘故。据《三峡日报》刊载宜昌民俗专家罗洪波先生的文章介绍：宜昌旧时戏院茶楼有民间说唱、唱本子、讲善书、唱小曲、说评书、打鼓说书等，其中，以演唱宜昌本地孝子、孝媳故事的居多，如《朱氏割肝》《安安送米》等。也有一些唱本是歌颂民族女英雄的，如《穆桂英大破天门阵》《十二寡妇征西》《刘金定杀四门》等。民国时期城区茶馆遍地，20世纪抗战胜利后已达到三四百家之多。宜昌的茶馆特色鲜明，主要有"油货茶馆""景区茶馆""帮会茶馆""行业茶馆""戏院茶馆"，每一种茶馆都衍生出独具特色的文化与民俗。现代宜昌茶馆种类繁多，主要集中在三大茶城（茶叶集散中心）。笔者曾经在宜昌老火车站附近的写字楼开过茶会所，主要是读书会加品茶的形式，有时候还有艺术品鉴雅集等活动，吸引了不少喜欢传统文化和品茶的朋友。茶在现代生活中更是一种文化载体和生活方式。在一些代表宜昌历史文化和地标符号的地方，如长江葛洲坝附近的镇江阁里面，东晋郭璞所建的天然塔旁边，都有茶楼。除了市民可以在此饮茶观景，也成为接待国际友人的理想场所。笔者曾经在2010年受委托策划了接待外国贵宾的茶会，主题是宜昌历史文化和工夫茶品饮，受到好评。茶与地方历史文化一起，成为社交的重要核心元素。

在众多宜昌乡村和土家人眼里，茶不仅是饮品和礼节，更是敬神待客的尊崇之物。土家谜语"言在青山不见青，二人土上说原因，三人骑牛少只角，草木中间有一人。"（谜底：请坐奉茶）"土家人礼性大，进门就把椅子拿。毛把烟、砂罐茶，开口说话哦嗬啦""来客不筛茶，家里无'达沙'（方言，指无礼节）"，直白的方言民谣唱出了土家人来客敬茶的基本礼节。

土家人常将茶作为祭祀贡品。"高山出细茶，河下出棉花，窑里出大碗，碗上画莲花。"逢年过节，婚丧嫁娶，土家族人将鸡蛋茶、葛粉茶、面食茶、米子茶，还有绿豆皮子茶、瓜籽果碟茶等丰富茶食，以莲花碗侍奉上供茶。

土家人还有设路边茶的习俗，大路边、店门前、凉桥头、树荫下，一张方桌，一个大陶钵装着熬好的茶水，一面竹筛扣上，一把竹制浇筒，配上两三个瓷碗，就这样让过往的行人自由取用。设路边茶，正是宜昌区域土家人质朴为怀的信念使然，也是茶成为礼仪用物、施惠之物的明证。

四、宜昌茶生活展望

在宜昌生活了几十年，从事与茶相关的行业经历也有十几年，笔者对宜昌茶风俗历史文化有着浓厚的兴趣，也在观察当下及未来宜昌茶风俗的特性与走向，笔者认为有三大特征：

一是宜昌茶生活会更加大众化、市民化,更加凸显商业性与文化性,雅俗共赏的格局会更加明显。传统茶道会受到推崇,逐步走入茶馆、会所、书房。专业技能培训以各种形式普及,受训人群涵盖老年人与少年儿童。

二是专业人士与文化艺术界推动茶文化的发展及普及。目前已出现湖北省手工制茶非遗传人栾师傅创办的手工制茶传习所等,还有众多的茶艺培训机构。宜昌一批中老年艺术家如杨小强、廖光荣、代先洲、万双全等人率先在其书院或工作室设立茶舍,一批新媒体人士如覃啸洪、王坤等人士在工作室或家中布置茶室,品茶,传播茶文化茶风俗。

三是除了传统的家庭茶接待、茶话会,更多个性化的茶会日益丰富。如户外茶会、无我茶会、艺术茶会、茶山茶园主题活动等。

时代在飞速发展,茶生活茶风俗也在与时俱进,我们在享受茶带给我们的乐趣的同时,应该坚守茶的本真与宁静,传承良好的茶俗,创新更多的茶生活方式。

⊙ 参考文献

[1] 陆羽. 茶经[M]. 长沙:岳麓书社,2011:50.

[2] 文耀棠,文彦博. 说唱宜昌五句子[M]. 北京:团结出版社,2019:20.

✎ 作者简介

何宏江,男,"宜昌茶叶网"总编辑,《吃茶去》杂志湖北特约撰稿人,三峡茶文化研究会理事,中国楹联学会会员,宜昌市楹联协会副主席。曾参加第五届世界禅茶大会,策划"重走茶马古道""寻找宜昌手工制茶人"等活动。

茶叶的中国与世界源流

◎ 楚 庄

摘 要：茶叶无论作为植物还是饮料，以及由它们派生出的丰富文化，都对人类生产、生活产生了广泛、持久、深刻的影响，并仍将深远地影响、惠及人类。然而茶叶及其文化并非一开始就呈现出如今这样的形态，它们经历了漫长而复杂的演进过程。在这个过程中，尽管有些时代充满了和平与繁荣，但也不乏血腥和罪恶。本文全面阐述了茶叶及其文化从远古到当今、从中国到世界的源起、繁衍、流播之脉络，其与生产力、经济发展相互依存、相互促进之关系，为把握茶文化纲目、增强茶文化自信、推进茶文化发展提供参考。

关键词：茶树；茶叶；茶文化；源流；中国；世界

茶叶在当今世界，是一种怎样的存在？无论它作为植物，还是作为初制、精制加工而成的产品从而表现出形式多样的类别、形态，以及最后作为饮料带给人类生理健康与精神享受，它都是随处可见的。

我们可以从一组数据，来真实感受一下这一强大事实：目前，在全球60多个国家，年产茶叶近600万吨；有160多个国家（地区）的30多亿人，长期保有饮茶的习俗；如果谈到人均饮茶量，则已经达到1.6千克了。这种强大的存在，似乎还没有哪类饮料，能与之相提并论。

然而，往前1000年，哪怕是300年，有关茶叶的这种情形——饮茶人数之众与植茶国家之多，都是无法想见的！

茶叶及其文化，之于人类社会，是一种极其神奇和独具特色的存在。它的起源与流播，它给予人类的福泽，无疑是人类文明史上的一大幸事。

一、茶树起源：从劳亚古大陆到中国西南地区

茶树是地球上现存较古老的物种之一。

距今7000万—6000万年前，是被子植物繁盛的时代。在劳亚古大陆的热带和亚热带地区，分布着一些山茶属植物。那里气候炎热，雨量充沛，是热带植物区系的大温床。

那是白垩纪最后的时代，劳亚古大陆板块，被不可想象的力量分裂成今天的欧亚大陆和北美大陆。在此期间，众多植物在其他大陆和陆块都遭到了毁灭性打击！十分幸运的是，欧亚大陆的华南陆块，成了茶树先祖们绝无仅有的避难所。这个地区，就是今天中国的四川、云南、贵州一带。

漫长时光缓缓推进。到了第三纪中期，随着地质变化，随之而来的气候变化，华南陆块的茶树先祖，产生了同源分居现象，它们分别努力适应着当地的生态环境。

又过了大约3000万年，仍缘于上述原因，茶树先祖自身出现了一些不易觉察的生理和物质代谢变化。这些变化慢慢显现在外部形态上，导致它们形成不同的生态类型，于是就出现了热带型、亚热带型的大叶种和中叶种，以及温带型的中叶种、小叶种。

我们没法想象它们变化的目标究竟是在哪一天实现的，但它们最终演化成了现代意义上的茶树。地质学家们说，那一时期属于地球的第四纪，在距今约260万年前。那时，人类正走在由南方古猿过渡到直立人的路上，距离成为真正的智人，还有遥远的旅程。

据此，我们产生了一个印象：茶树发源于现在的中国，具体来说是中国的西南地区。

二、茶叶利用：启蒙与自觉

在华夏大陆，人们与茶发生关联，是在那之后的260万年，或者说，是在6000年前新石器时代的河姆渡文化时期。我们这样推断，是因为考古学家们曾在先民的食器里，发现了确认为茶叶的碳化物。关于华夏先民与茶的关联，或许有更早的存在，未来进一步的发现也许能证明。

但是，一直以来流行的说法是：中国人的祖先之一炎帝神农氏，在距今近5000

年的时候，首先发现并使用了茶叶。这个观念能得以代代相传，似乎更在于它在文化上所拥有的巨大的符号意义。

可能是在某一个夏天，可能源于对各种植物特性的大量研究，这位中华农耕文明的始祖，不幸中了很多种毒素。情急之下，他随手抓来身旁一棵树上的叶片，不断放进口中咀嚼并吞咽。结果，疼痛减轻，最后痛感居然消失了！

人们深信的这一传奇故事，体现出了茶叶之于原始社会人类的极端重要性。我们可以想象得到，在遥远的无医无药的古代，它甚至是不可或缺的，关系生命的存活。正是因此，中华先民在他们的劳动与生活实践中，第一次获得了茶叶及其药用功效的启蒙。

这是十分伟大的启蒙。基于这个认识，当然还有以此为发轫，华夏族人有了更多经验累积并作为支持，茶叶作为中医独有的一味清热解毒药方，被沿用至今。比较令人惊奇的是，在当代，在世界范围内的科学家对茶叶进行系列研究之后，他们给出的结论，也为中国人对茶叶药用的经验，从科学上提供了强有力的支撑。

尽管炎帝，当然还有追随他的那些部落子民，之于茶叶有了初步认识，但这并不意味着更广大范围的人们对茶叶会有了解，能方便、持久地得到它们，以此获得帮助。

一方面，茶树虽已走出西南，但仍零星地生长在少数地区，更多的人无从得知这一独特植物的存在；另一方面，即使无茶地区的某些人偶有接触和使用到它，他们包括这个地区更多的人，仍然无法直接获取，从而受益。显而易见的原因，是当时的人类还没有足够的能力去实现茶树的人工种植。

有关中国茶区在古代如何成形，尽管并没有资料加以翔实描述，但它最终的结果，我们能直接从唐朝茶学家陆羽所著的《茶经》一书中查证得到。这部著作的《八之出》显示，在约1300年前的中国，有茶的地区已与我们现今范围基本相当了。

也就是说，由原产地中国西南地区出发，茶树在历经260多万年，在至少距今6000多年前来到了河姆渡文化遗址，即今天浙江的余姚地区；之后继续向前，特别重要的是后期不到1000年的人工快速扩散，在由南向北，跨越华南、东南、江南，推进至江北部分地区之后，因为气候寒冷、干燥，它们停下了步伐，在1000多年前的唐朝中期，完成了中国茶区繁衍成形的使命。

伴随此漫长历程的推进直至最后完成，中国人不仅实现了对茶叶最初的启蒙，更重要的是，这一历程同时也意味着我们还完成了由初始启蒙向自觉利用的过渡转化。固然是强烈需求的刺激与推动，但无疑，由此一来，茶叶得以由庙堂进入百姓之家，开启了真正济惠生民的道路。

三、茶饮轨迹：华夏 5000 年的演进

我们了解到华夏族人对茶叶的利用，在最初发现及后世流传上，首先在于它的药用价值。

从可见古籍的粗略描述可以判断，大约从周朝开始，中国人习惯于将采回的茶叶清洗后，放进锅里与其他可食植物的叶、籽实混煮，然后吃下，谓之"生煮羹饮"。这显然不是单纯的药用，它已是一种全新的应用方式，更多体现的是茶叶的食用价值。

那么，是否因古代食物匮乏，才导致人们如此煮食？或者，它仅仅是一种临时用来充饥、解渴的食物，并不意味着它取代了主食。或者，它就是一种习以成俗的待客之"礼"。不得而知。可以肯定的是，这一时期，还没有出现像后世那样将茶叶作为纯粹的饮品，从而发明出可以长期保管且随取随用的加工工艺。

但是，应该源于不断增长的需求，以及这种需求的长期、持久化，到了汉朝，茶叶原始的加工方法出现了。一定也是通过不断地探索之后，人类历史上第一片成品茶，被制作成了一个小型的圆饼。我们现在一般称之为"蒸青团饼"。它的重量大约为 1000 克的 1/10，或者更少。

它的好处是显而易见的——便于长途贩运，便于保存，便于携带，便于一年四季的随时取用，等等。而在食用上，人们一改过去依赖的鲜叶，使用现成的干茶按量研磨，然后与葱姜豆等一类混煮，还适当地加点儿盐，而后吃下。

"混煮而饮"相习成风，历经数百年不衰。对此，我们有必要明确的是：在那样的一些朝代，并非每一位中国人，都配得上享用茶叶。在隋唐以前，只有少数的人，只有那些具有较高社会地位和富有的人，诸如皇室成员、达官显贵、文人学士、巨商富贾等，作为身份的标配，他们才得享茶叶。

这在今天看来，是一种极为罕见且极不平等的现象，但在当时是客观现实。这显然与那些时代茶业生产力水平低下，茶叶产出与流通极端受限，有直接关联。如此，就不难理解普通大众何以无缘于茶了。

茶叶食用上的"特权"状况，直到隋唐时期，才被彻底颠覆。是生产力水平的空前提高，使得成品茶得以源源不断地被加工出来，还是因为贯通的京杭大运河，使中国南北交流显著便捷，南方茶叶可以迅速运往北方，或者还因为其他？总之，

从隋唐开始，普通百姓有了更多机会接触、饮用到茶叶了。

按照陆羽的《茶经》所述，彼时，出现了家家户户都饮茶的"比屋之饮"景象；而且，还出现了比他稍晚一些的代表性人物封演所说的情况，即人们之于饮茶竟然到了"穷日尽夜"的地步。城市如此，偏远的乡村也仍然如此。

这是全民皆饮且狂热追逐茶叶的景象。这个景象的出现，得益于上层人士"特权"的被打破，平民终获茶叶饮用之平等权利，从而产生巨大的溢出效应；同时，茶叶供给的富足及普通人生活的富裕、闲适共同构成了其生发的基础。无可疑虑的是，"举国而饮"使得中国成为人类历史上绝无仅有的"饮茶大国"。

隋唐时期出现了一个极明显的分水岭。一方面，大多数人还坚持传统的"混饮"方式；另一方面，以茶圣陆羽为旗帜的少数"改良派"，主张茶叶必须"清饮"，即仅以茶与水二者来煮饮，不再放入其他植物乃至于食盐来"混煮混饮"。这个新的煮饮方法，当代学者称之为"煎茶法"。

陆羽对"混煮混饮"的茶汤，斥之如同"沟渠"之水，鄙薄至极。体察陆羽的观点，他主张清饮的要义，在于强调茶汤的纯正性，在于品饮茶叶本真的香气、滋味。我们由此可以明显地感到，陆羽是倡导将茶叶作为纯粹的饮料来对待。由是，便衍生出了除药用、食用之外，茶叶的第三大功能"饮用"。

陆羽有关茶叶的主张，在《茶经》里都有清晰的阐述。他甚至还将饮茶上升到修身层面——饮茶对于那些力行"精行俭德"之人，是大有裨益的。

截至目前，我们已经数次提到陆羽和他的《茶经》。这个从一名弃婴成长为前无古人的茶圣的人，他的卓越成就，在于史无前例地确立了茶树种植、茶叶加工与品饮、茶具制备及运用等一系列规范，从而使得茶叶产业与饮茶文化，在他耗费20年心血撰就的《茶经》这部著作的基石上，不仅获得了更加迅猛的发展，更是分别形成崭新的产业门类。这为当今经济与社会繁荣，起到了无法低估的推进作用。

陆羽一生的成就以及他最显赫的《茶经》所展示出的，远远超出了我们现在所提到的这些。正因此，他成了一名伟大人物，千百年来为世人所尊崇。

现在，我们特别有必要就茶具做一些阐述，不仅仅因为陆羽通过《茶经》，首次明确指出了它们作为专门工具的必要性，同时还因为，它们衍生到后来，竟发展成一个独立的集实用性与艺术性、收藏性为一体的产业门类，产生了出人意料的影响。

我们知道，饮茶所需的一应器具，在陆羽的朝代之前，实际上并没有单独存在；在需要时，不管是药用还是食用，人们通常是把炊具、餐具拿来借用。这一时间跨度有4000多年。

等到了陆羽这里，他第一次界定了饮茶所需的相关器具及其制备规格。他进一步指出，必须努力地备尽其器，尤其城市里的"王公之门""二十四器阙一，则茶废矣！"从他的表述，足见他是高度重视茶具的专业性的。而这些器具在当时，却需要饮茶者自己动手来制作。

专用器具煮制出的茶的色、香、味，及品饮者在生理享受之外的精神感悟，的确很好地服务、诠释了"饮茶"这个内容。我们看到，哪怕在京城的皇宫，工匠们也依照规制，打造出供皇帝茶饮的各式茶具，虽然都是用极尽奢侈的纯金来制作的。

再后来，在宋朝，专门制造便于广泛应用的饮茶器具的"五大窑口"诞生了。

我们谈论专用茶具的起源，十分关键的一点在于，大约始自唐末，由于它们的专业性，由于脱离了原有对厨具、餐具的借用，饮茶方式再次发生了重大变化，进而风行整个宋朝、元朝。不同于以往煮沸后再饮的煮茶法、煎茶法，宋朝的点茶是将饼茶按量撬下、碾碎筛末之后，定量放进专用的茶碗内，以汤瓶现烧的开水来冲饮。

这样的泡饮方式，已极其接近我们现代的饮茶方式了。如果要说不同，那也只是我们现在选用的大多为原叶茶，而非彼时的茶末。但是，这种方式后来并没有传承下来。倒是在日本，自从在宋朝将中国的饮茶法带回以后，"点茶"形式被完整地继承，形成了他们的"茶道"；自然，直到现在，他们使用的仍旧是茶末。

宋朝点茶不仅是一种泡茶形式，更是一种极富技巧的技能。这项技能的魅力，在于引发了上至帝王将相、下至平民百姓无比的热情，无论谁都踊跃参与其中！实际上，它是一项具有极强胜负色彩的竞赛，人们又将其称之为"斗茶"。

斗茶首先是多人共斗，至少也要两人成对；其次，各以所藏之茶来轮流烹煮，相互品评；最后决出高下。观战人数之众，犹如现代观看球赛一样的热闹。

斗茶的极致，叫"茶百戏"。斗茶者在将开水注入茶盏的同时，快速搅动茶末，使汤花在极短时间内，显示出山水云雾或花鸟鱼虫的图案来。这种高超技能，既需娴熟的点茶技法，还需兼备扎实的绘画功底，才能在点茶时于茶碗水面形成一幅画作。此等至高境界，非一般人所能达到。

到了元朝，宋人狂热若此的饮茶风尚，毫无意外地被汉人延续了下来。但是，由于元朝统治者来自北方漠地，他们自然也带来了富有民族特色的饮茶习俗。比较典型的，是以奶入茶熬制而成的"酥油茶"在当时的宫廷与民间颇为盛行。

然而元朝的饮茶，并非上述风格分明的二元并立。从形式上看，它们有"煮茶""煎茶""点茶"的并存；从内容上看，"煮茶"添加辅料，"煎茶"纯以茶芽、茶末和水同煎，"点茶"则与前朝无异。

　　元朝的饮茶，似乎可以看作无论从形式还是内容，为历朝风格之集大成。他们还有创新，因为出现了"茶芽"。这类以原叶茶泡制茶饮的做法，此前不大见到。它的出现，似乎又可视为明朝散茶冲泡法的滥觞。

　　至此，中国的茶文化由业已论及的元朝上溯，在我们的视野中耸立起两大高峰——唐朝、宋朝。

　　中国饮茶文化前进的脚步并没有停止，在进入14世纪下半叶时，它又迎来了一次深刻的变化，并持续影响至今。

　　这一次变化是由明朝开国皇帝朱元璋的一纸诏书引发的。

　　此前自汉朝以后的各个朝代，虽然早从唐朝就有了散茶的存在，但历朝主流的成品茶实际都是饼茶。然而很不幸，一来，它的加工耗时费力，成本代价较高；二来，借贡茶之名层层加码地大肆索取，以致下层官员压力巨大、茶农负担日益沉重。

　　因此，唐末以来，诟病贡茶之奏愈来愈多。作为农民出身的皇帝，朱元璋执掌政权以后，便以一纸文诰否决了团饼茶。他诰令此后上贡，一律改为散茶。

　　朱元璋的改革无疑是正确的。之前数百年间，由于不堪重负，茶农对茶园的大量抛荒和茶区基层官员的不断去职，严重打击了茶业经济和延续千百年来的贡茶体制。而改革不单给予了它们以喘息之机，散制成茶的加工效率空前提高、成本大为降低，它又出人意料地使得茶业与饮茶文化得到较好恢复，进而又走向了一个全新发展的方向。

　　最显著的，是在绿茶炒制成为茶叶加工的主流后，相继诞生了黄茶、黑茶、红茶的加工技术，以及在下一个朝代还出现了青（乌龙）茶、白茶技术。

　　这些创新技术意味着茶叶加工由此突破了现代茶学理论定义的不发酵的绿茶范畴，创制出了不同发酵程度的系列发酵类茶；意味着由此一来，它们极大地丰富了中国以及世界成品茶的类型，为人们在饮茶上获得更多体验提供了更为多元的选择。当然也毫无疑问地，还为当代陈椽教授六大茶类理论的形成与构建，提供了系统、完整的实际依据。

　　由于散茶的出现，"泡饮"应运而生。

　　这种被今人称为"泡茶法"的方法，与中国人现在的泡茶几乎一模一样，即将适量的茶叶放入碗盏，然后注入开水，就可以饮用了。这是一种对茶叶极其简洁的饮用方式，自然是得益于成品茶外在形态的原叶化。

四、外传：走向世界的茶叶与饮茶文化

对于中国来说，茶叶与饮茶文化外传意味着我们对于人类文明做出的独特贡献，它同时还体现着我们独创的"茶和天下"的宝贵价值理念，我们相信这种价值观对未来的影响，将是持久的和深远的。

在汉朝，中国人尝试性地与异域交往，发生过许多经典的事例。这当中，有一条横跨欧亚大陆的文化与贸易通道，人称"丝绸之路"。依赖于马与骆驼，汉朝的各种食物、美器、玉帛……从京城长安出发，跨越茫茫戈壁、草原与莽莽群山，抵达罗马帝国。这是位于北方的"丝绸之路"。

另外还存在南方的"丝绸之路"和航行在大海之上的"丝绸之路"，从陆上抵达印度或从海上远达非洲东海岸。

2000多年前的这些"丝绸之路"的开辟，是有史以来东西方文明最早的握手被证明。它们开拓性地掀开了人类文明史上相互交往的崭新篇章。茶叶作为东方帝国独有的文明标志之一，因为这样的交往，第一次被遥远地方的人们所认识。

隋唐时期，随着边贸市场的壮大以及借鉴数百年前丝绸之路的经验，中国茶叶的输出，主要以茶马交易的方式进行。茶叶经中国西部，向南亚、西亚、中亚、东南亚乃至欧洲输送。这些线路被称为"茶马古道"。

据称，茶马古道有青藏道、滇藏线、川藏线三条。它们是世界上地势最高、山路最险、距离最遥远的关于茶的对外传播的文明古道。它们的出现，不仅使耸立于地球之巅的青藏高原不致封闭、孤立，更使得东西方关于茶的文化交流，再一次得到了延续。

如果说，上述是华夏茶文化对外发起的主动传播，那么，最早从域外来到中国获取茶叶与文化的，又会是谁？

有一种说法，首个来华的域外客人来自朝鲜半岛。据说，在2000年前的中国汉朝的某个时期，茶叶被一位在此学佛的和尚带回半岛。然而这个说法，我们尚找不到更多明确的证据。比较确切的，半岛茶叶是在中国的唐朝和同时期半岛的新罗时代出现的。这一时期，朝鲜半岛的百济、新罗，是与唐朝通使往来最多的邻国之一。

唐朝时，其高度发达的生产力及丰富多彩的文化，吸引了无数慕名而来学习的周边国家和地区的人们。朝鲜半岛得地利之便，新罗使节大廉将茶籽带回了国内。由此，他们种茶的历史便开启了。

日本曾派出大量的遣唐使和学问僧，西渡求学、修行。归国时，他们也将茶种、播种技术、茶叶与煮泡技艺带回，由此使得植茶、饮茶之风兴起。这当中比较著名的人物，是一位名叫最澄的高僧。

到了小商品经济勃发的宋朝，日本另有一位研究佛法的禅师两度前来求学，回国后写下了他们的第一部茶书《吃茶养生记》。这位叫荣西的禅师被日本人奉为茶祖。日本16世纪以后形成的国粹"茶道"，其肇始之源便是中国的唐朝、宋朝。

15世纪上半叶是东亚帝国的航海活跃时期，15世纪末及16世纪是欧洲列强的航海活跃时期。他们先后以各自方式开辟海上航路，或如前者摒弃长久以来生产、生活上的农耕模式，开启国际平等的商品互通与交易；或是后者以"地理大发现"打通国际路线，发展新生资本主义，进而推行殖民主义与自由贸易主义。

中国是最初海上平等贸易的开创者。人们耳熟能详的明朝郑和，曾经率领庞大的船队七下西洋。他的航海行动比西方早了近乎一个世纪。作为第一人，是他将中国的各种土特产品，通过海路带去了更为遥远的国度。他的船队途经并访问了现今的东南亚、南亚、中东等国家和地区；目前已知最远的，到达了东非、红海。极为宝贵的是，每到一个国家，他都代表明朝皇帝赠送礼品，表达希望友好往来的理念。这一点与欧洲人大为不同。毫无疑问，郑和对世界文明的跨洋交流作出了杰出贡献，但我们不能忽略，是他第一次把中国茶叶连同和平思想，带给了世界。

17世纪的海洋霸主荷兰人从中国大量采购茶叶，也许是从澳门，也许是从广州装船后，再运回阿姆斯特丹。从那时开始，欧洲的饮茶之风，在荷兰首先出现，并于稍后流行起来。17世纪中叶，荷兰人还将茶叶传至东欧，再传到了俄、法等国。

值得一提的是，同样是在17世纪，茶叶与其饮用文化，又随欧洲移民被传到了美洲。

这里需要我们甄别的是，截至现在所述，茶叶在国际的传播，其实是以作为茶饮原材料的成品茶面目出现的，而非茶树。由于气候原因，欧洲、北美及大洋洲，都无法种植茶树，因而也无法自产茶叶，即使是在现在。

在欧洲，还有一个不得不提的国家是英国。对于在17世纪已经完成资本原始积累和基本确立海洋霸权的英国来说，茶叶最初是以不同途径进入他们药店，而后再进入咖啡店的。而且，那时价格昂贵到"只有王公贵族才能享用"。大约同一时期的1658年，伦敦还登出了第一张介绍茶叶效用的报纸广告，说茶叶是"所有医生推崇的美妙饮料"。

由此看出，在欧洲，至少在英国，人们在茶叶使用上如茶叶的母国——中国，起初作为药品，然后才是作为饮料来对待的。

17世纪，英国兴起了茶风。英国人最开始接触到的也是绿茶。随着海洋地位的逐步获得，当18世纪前期茶叶被大规模输入时，它终于被去掉了"奢侈品"的标签。这样，得益于廉价与普及，他们后来便发展出了极具特色的"下午茶"习俗。此时，人们已改喝红茶。

有必要说一说这个极具代表性的"下午茶"。它的原创者是来自葡萄牙的公主凯瑟琳。她在成为查理二世的王后以后，特别推崇饮茶，使之成了宫廷生活的重要组成部分。由于她的表率作用，英国人自上而下，养成了在下午时段享用茶饮与休闲的习惯。而"下午茶"的标配，是各式糕点加一杯调制过的红茶。

或许是因为彼时英国的强大？这种调饮红茶渐成时尚，风行于欧洲大陆及他们在世界各地的殖民地，延续下来竟成为当今世界茶饮的主流。

但是，英国人依赖于茶叶并非一味地为了饮用。在18世纪及19世纪，他们借助于茶叶，在世界范围内攫取了巨额财富：一方面，他们凭借广大殖民地宗主国的地位实行倾销；另一方面，他们强力扶持了印度这个新的茶叶种植产区包括少量的非洲产区，在极大降低原料成本的同时，最大限度地打击了世界市场的对手——中国。

关于欧洲尤其是英国在全球茶叶贸易的历史，实际上充满了血腥与杀戮，他们至少为此爆发过数次战争。一款和平的饮料被欧洲人传播至于斯，这不禁令人唏嘘！

行文的最后，我们有必要说一说遥远的非洲。

由于炎热与干旱缺水，人们认为非洲也许并不适宜于种植和饮用茶叶。而令许多人意外的是，非洲不仅是茶叶最早抵达的大陆之一，而且也是现今种植茶叶的大陆之一。

从可检索的资料来看，我们发现植茶被引入非洲，已经在很晚的20世纪了。20世纪初，当然是为着更大的利润，欧洲殖民者起先是在肯尼亚，或许过后才是坦桑尼亚等其他国家，陆续地种植出了茶树。这比同为殖民地的南亚晚了一个多世纪。

非洲很多地方的确不适合种植茶树，哪怕到了现在，自产茶叶的国家也只有10多个，约占全部非洲国家的1/5。这个成绩还包括中华人民共和国成立以后，中国人所做的无偿援建在内。但是，非洲是幸运的，他们成了全球为数不多可以种植茶树的大陆之一。

非洲最具代表性的茶叶之国非肯尼亚莫属。这个国家有茶的历史虽为短短的

100年，但在那个热带大陆，它却是最大的种茶、产茶国；值得惊叹的是，它同时又是世界第四产茶国和最大的红茶供应国。特别富有意味的是，现在这个国家，每年还向中国出口数百万公斤茶叶。这不能不说是茶文化传播史上的一个奇迹！

纵观当今世界，从亚洲到非洲，从南美到中东，凡是能够植茶的地方，均已建造和正在开建人工茶园。而今全球已有60多个国家拥有480多万公顷茶园，年产茶叶近600万吨；有160多个国家和地区的人民有着饮茶习俗，饮茶的人口数量已达30多亿。

茶叶，曾经深刻地影响和改变人类生活，这一趋势将继续下去，且不可更改。在对既有的不断延续与日益强化中，茶叶将使人类社会更加趋向和更加贴近美好。我们有理由相信：世界因茶而和平安宁，人类因茶而健康快乐！

⊙ 参考文献

［1］陆羽.茶经［M］.杜斌，评注.北京：中华书局，2020：206.

［2］陈文华.茶文化概论［M］.北京：国家开放大学出版社，2013：185.

［3］余悦，中华茶文化丛书［M］.北京：光明日报出版社，1999.

［4］丁以寿.中国饮茶法源流考［J］.农业考古，1999（2）：120-125.

［5］盛敏，刘仲华，林海燕.近代中国茶文化向西欧的传播与中西文化交流［J］.农业考古，2017（5）：32-37.

［6］艾媒网.2020年全球茶叶行业生产、进口、出口数据分析.［EB/OL］.（2021-06-23）.https://www.iimedia.cn/c1020/79319.html.

◆ 作者简介

楚庄，男，本名刘云魁。曾任湖北省陆羽茶文化研究会副会长、《陆羽》杂志主编，现为湖北省陆羽茶道院院长。主要研究方向为茶文化、《茶经》。

民俗茶艺创编初探
——以创新茶艺《梦回清江》为例

◎闫雅琪　王安琪

摘　要：中国五十六个民族有着各自独特的文化。研习民俗茶艺可以传承弘扬各民族优秀的传统文化。该作品以创新茶艺《梦回清江》为研究对象，从主题阐释、民俗茶艺作品要素设计、表演流程与解说词、冲泡技巧、意境烘托五个方面探讨湖北土家族民俗茶艺编排流程和技巧，意在夯实民俗茶艺编排理论体系、挖掘土家族民俗茶艺元素，为民俗茶艺创编提供一定参考。

关键词：民俗茶艺；土家族；油茶汤

随着少数民族文化事业的兴旺发展，各民族之间的凝聚力不断增强。根据中华人民共和国国家民族事务委员会所提供的2020年第7次人口普查数据可知，土家族总人口为9 587 732人，其中湖北省主要分布在恩施土家族苗族自治州以及宜昌市的长阳、五峰两个县。长阳常住人口共33万人，土家族等少数民族占65%。少数民族以茶为媒，通过民俗茶艺创编展现了土家族的日常生活，使得优秀的民俗茶文化百花齐放，丰富了民族文化底蕴，也为中华茶文化的发展源源不断地注入动力。

一、主题阐释

清江是土家人的母亲河，它是土家族人精神和物质文化生活的纽带。清江流域的土家族人爱茶敬茶，有做油茶汤招待客人的习俗。民俗创新茶艺《梦回清江》以生活在长阳清江的土家族小姐妹童年生活为主线，展示了姐妹俩一起用清江水做油茶汤招待客人的情景。

二、民俗茶艺作品要素设计

（一）茶品

中国茶文化源远流长，每个少数民族的饮茶习俗各有千秋。在湖北土家族中以油茶汤为典型代表，土家语称"色斯泽沙"[1]，是土家人民待客之道。本作品选用的主茶品是粗绿茶，若选用芽茶易煳，炸香的时候经不起油锅高温；配料为猪油、姜末、盐、白胡椒粉、核桃仁、苞谷粒、蒜苗。这样的油茶汤口感鲜美香脆，且因其有饮有食、风味独特而受众广泛[2]。故有"不喝油茶汤，心里就发慌"的说法。

（二）茶席空间

民俗主题的创新茶艺表演要尽量围绕朴实的日常生活来设计故事背景和泡茶流程，通过演绎故事情节的发展来突出主题，让观众在民俗茶艺表演中感受民俗风情，增进对少数民族茶文化知识的了解[3]。

本作品的茶席空间设计为左、中、右三个部分。空间最左边用轻软的白色薄纱铺在地面上代表清江河水，薄纱旁边放一木桶，一个木瓢放在木桶里；中间是主要泡茶空间，配置有黑色带盖小铁锅、酒精炉、火盆、老式炊壶各一个，铁锅里有一把木勺，炊壶用铁架固定在火盆上方，木靠背椅两把，火盆旁有竹背篓一个，干柴木块若干；右边是备茶区域，备茶桌上先铺一层亚麻布为底布，再叠铺一块红色扎染印花布作装饰，茶席左侧挂有玉米、辣椒等五谷挂件，勾勒出浓浓的土家民俗风情，寓意土家人民对美好生活的向往。

（三）茶具

在茶艺师入场表演前，茶具都放在备茶桌上。因2017年湖北省茶艺技能竞赛评委有九人，为表达对所有评委的一致尊重，选用九个深棕色的全釉土陶碗作为茶碗，十个半釉瓦钵盛放油、盐、花生等配料，一个与茶碗同色系的陶罐装茶叶，一把棕色木勺。此外还有油茶汤制作过程中所需的砧板和菜刀、奉茶用的竹木方茶盘（见图5-1）。

只有把土家生活元素融入民俗茶艺表演的空间设计中，才能更完整地还原土家族民俗茶艺，从而更充分地展现民俗文化[3]。

图 5-1　2017 年湖北省茶艺师技能竞赛团体赛《梦回清江》茶席设计

三、表演流程与解说词

茶艺解说必须与表演流程同步进行，解说是对表演程序、动作要领、茶文化知识的说明。要想写好茶艺解说词，必须掌握茶艺解说词的结构和写作内容[4]。民俗茶艺表演的解说词要简明扼要，介绍清楚冲泡流程、饮茶风俗等，让观众能看清冲泡要领，更进一步了解民族文化。本作品为团体双人茶艺，解说词见表 5-1。

表 5-1　茶艺解说词

步骤	解说词
旁白	清江是土家人的母亲河，它承载了我们族人世世代代的回忆。50 年前，我顺着清江嫁到鄂西利川做媳妇，每每喝到这里的油茶汤，我的脑海里总是回想起小时候和姐姐在老家长阳，一起用清江水做油茶汤招待客人的情景
姐姐备水 妹妹备茶	（妹妹背着背篓在茶园采茶，姐姐在清江边舀水。准备完毕之后，姐妹俩随着巴山舞的音乐跳着摆手舞回到家）
姐妹二人行礼	姐姐："幺妹儿，来跟姐姐学泡茶哟。" 妹妹："好撒！"
姐姐：配料 妹妹：烧水	油茶汤是一种似茶饮汤之类的小吃，是土家人钟爱的传统美食。有民谚说："不喝油茶汤，心里就发慌，一日三餐三大碗，做起活来硬邦邦，一日不吃油茶汤，满桌酒菜都不香。"土家人要是几天不喝油茶汤，做起活来就懒洋洋，没有精气神儿。打汤时，先点火，将铁锅加热

续表

步骤	解说词
姐姐：热锅化油 妹妹：辅料爆香	再加少许猪油，放入锅中烧热。待油温升至六成时，把姜末放入油中爆香
姐姐：赏茶、注水 妹妹：闻香	然后放入茶叶翻炒，炒香后加入适量水煮沸一会儿，再加满水，待水烧开
姐妹二人温具	油茶汤的制作有三巧：一是巧用火。炸茶叶的时候，油要烧热，却又不能太热，否则茶叶就会煳。二是巧用茶。茶叶宜选用粗茶，芽茶、毛尖等细茶太轻薄，是经不起油锅的煎炸的。三是巧用油。炸配料用菜籽油，打汤则要用上好的化猪油，这也显示了油茶汤的土家特色
姐姐：舀料 妹妹：调味	水烧开之后放适量盐，白胡椒粉调味就可盛汤入碗。最后依次放入事先用菜籽油炸好的核桃仁、苞谷粒、阴米子和蒜苗。这样就可以一边喝茶汤，一边享用汤中的美食，吃起来那感觉是满口余香，回味悠长，滋味无穷，顿觉神清气爽
姐姐分汤 妹妹装茶	油茶汤食材品种多样，清香可口，能生津止渴，具有很高的营养价值。油茶汤中含有多种人体所需的营养元素，油茶汤提神醒脑又解热，是土家人在山坡上劳作时的最佳茶品
姐妹二人奉茶	（姐姐端茶盘，妹妹用土家方言奉茶）：请喝茶哟
姐妹二人谢茶	姐妹二人一起跳巴山舞，行礼退场

四、冲泡技巧

民俗茶艺在构思阶段应充分了解该民族风俗和茶品制作过程，突出民族特色。油茶汤是土家族的一大特色，构成了土家族饮食文化的重要内容。同治年间的《来凤县志·风俗》记道："土人以油炸黄豆、苞谷、米花、豆腐、芝麻、绿焦诸物，取水和油，煮茶叶作汤泡之，饷客致敬，名曰油茶"[5]。油茶汤是否好喝最重要的三点是茶、油、火。茶品宜选用粗茶；炸茶叶的油宜选用猪油，这样汤味饱满；火候要恰当掌握，不宜过大，否则茶叶易煳。这三个关键也体现在解说词中。其他配料如蒜苗、花生米等，则可根据个人喜好和季节等因素自行选择。

五、意境烘托

（一）背景音乐

背景音乐的选择应和茶艺主题相符，是衬托茶艺表演听觉欣赏的要素。本作品的背景音乐选取的三首歌都非常具有土家特色。第一首是童小霞的《喊巴山喊清江》，用在备水备茶阶段，配合音乐编有一段土家摆手舞，作为茶艺的开场吸引观众注意力。第二首是金珊珊的《土家妹子》，这首歌曲贯穿了整个冲泡过程。第三首是野马的《请到土家来》，用在奉茶阶段，歌曲情绪激昂，引人入胜至高潮。三首歌承前启后，让观众始终沉浸在土家茶文化的氛围中。

（二）背景视频

背景视频是衬托茶艺表演视觉欣赏的要素之一，视频选择要围绕茶艺主题，且要和现场茶艺表演过程相对应。本作品的背景视频选择有土家人民采茶的图片，与表演开头妹妹背着背篓采茶的情景相对应。泡茶过程中选用土家吊脚楼的图片为背景，营造了土家族的生活气息。最后奉茶环节是土家人民跳巴山舞的视频，以此渲染结尾。

（三）民族服饰

每个民族都有自己独特的服饰，而民族服饰不仅是一个文化符号，还能通过服饰的展示功能给观众带来视觉享受，因此在选择民族服饰时，茶席设计要考虑和主题思想相符，并在舞台上有很好的表现力[3]。本作品中的土家姐妹上身着红色左襟大褂，袖口和裙边滚两三道花边，下身着八幅罗裙，头戴土家族头饰，并扎有麻花辫，脚穿黑色布鞋，符合土家族服装特点。

（四）民族舞蹈

茶艺表演过程中表现美的形式是多样化的，如茶艺师的形体举止、服装的款式搭配、茶席的空间布置等。总的来说，在茶艺表演中静态美偏多，适当地加上一些舞蹈动作能够给人眼前一亮的感觉。土家摆手舞具有浓郁的民族性和地域性特点。经过人们不断地探索与创新，民俗茶艺将民族舞蹈与茶艺表演相结合，既是创新又是对两门艺术的宣传和推广，为民族舞和茶艺表演协同发展奠定了扎实的基础[6]。在本作品中，摆手舞用在了茶艺表演的开篇和结尾。

六、小结

习近平总书记说过："优秀传统文化是一个国家、一个民族传承和发展的根本，如果丢掉了，就割断了精神命脉。"习茶之人不仅要精进自己的行茶技艺，更要了解不同地域的民族特点，通过茶艺创编等形式，让不同地区的民族茶文化走进大众视野，使每个民族的茶文化充满生命力。

⊙ 参考文献

［1］孙小棠.少数民族特色文化发展探讨——以恩施土家族苗族自治州为例［J］.今古文创，2021（24）：63-64.

［2］孙万心.宣恩茶文化［J］.民族大家庭，2019（6）：89.

［3］符江红.云南少数民族茶艺表演作品编创探索［J］.玉溪师范学院学报，2017，33（7）：40-44.

［4］张秀英.如何撰写高水准茶艺解说词做好高品质解说［J］.河北旅游职业学院学报，2016，21（4）：89-90+95.

［5］黄柏权，陈延斌.土家族茶文化浅论［J］.三峡论坛（三峡文学·理论版），2016（5）：1-7.

［6］陈岑，全焉旖.民间舞在茶艺表演中的实际运用［J］.福建茶叶，2021，43（4）：96-97.

◎ 作者简介

闫雅琪，女，武汉经济技术开发区异趣教育学校小学语文教师，主要研究方向为小学教育。

王安琪，女，三峡旅游职业技术学院教师，主要研究方向为职业教育、茶文化。

图书在版编目（CIP）数据

三峡文旅研究. 2024 / 梅继开主编. -- 北京 : 旅游教育出版社, 2025. 3. -- （三峡文旅研究丛书）. ISBN 978-7-5637-4786-3

Ⅰ. F592.763.3-53

中国国家版本馆CIP数据核字第2025JU7299号

三峡文旅研究丛书

三峡文旅研究（2024）

梅继开　主编

策　　划	丁海秀　黄明秋
责任编辑	黄明秋
出版单位	旅游教育出版社
地　　址	北京市朝阳区定福庄南里1号
邮　　编	100024
发行电话	（010）65778403　65728372　65767462（传真）
本社网址	www.tepcb.com
E - mail	tepfx@163.com
排版单位	北京旅教文化传播有限公司
印刷单位	唐山玺诚印务有限公司
经销单位	新华书店
开　　本	787毫米×1092毫米　1/16
印　　张	17.25
字　　数	253千字
版　　次	2025年3月第1版
印　　次	2025年3月第1次印刷
定　　价	68.00元

（图书如有装订差错请与发行部联系）